雙 重 奏

評論藍雲・藍雲評論

藍　雲編著

文　學　叢　刊
文史哲出版社印行

國家圖書館出版品預行編目資料

雙重奏：評論藍雲・藍雲評論 / 藍雲編著.
-- 初版.-- 臺北市：文史哲, 民 106.12
頁, 公分 --（文學叢刊；387）
ISBN 978-986-314-398-7（平裝）

1.新詩 2.詩評

820.9108   106023157

文 學 叢 刊 387

雙 重 奏：評論藍雲・藍雲評論

編 著 者：藍　　　　　　雲
出 版 者：文 史 哲 出 版 社
　　　　　http://www.lapen.com.tw
　　　　　e-mail：lapen@ms74.hinet.net
登記證字號：行政院新聞局版臺業字五三三七號
發 行 人：彭　　　正　　　雄
發 行 所：文 史 哲 出 版 社
印 刷 者：文 史 哲 出 版 社
　　　　　臺北市羅斯福路一段七十二巷四號
　　　　　郵政劃撥帳號：一六一八〇一七五
　　　　　電話886-2-23511028・傳真886-2-23965656

定價新臺幣四二〇元

2017 年 （民 一 〇 六）十二月初版

弁　言

　　我生性魯鈍，不善交遊。平生別無所好，唯愛塗鴉而已。雖然學習寫了一些東西，卻都很膚淺，發表的並不多。不過，在已發表，或結集出書後，承蒙若干相識多年的老友，或僅見過一次，甚至迄今尚緣慳一面的朋友，不吝予以評介。其過獎之詞，雖令我愧不敢當，卻也給了我很大的鼓勵。對這些朋友的雅愛，我都一直心存感念，未敢或忘。

　　我是一個徒有愛詩熱忱，卻乏詩學素養的人。偶爾寫了一點略抒個人管見的短文，並無可取之處。也許混跡詩壇久了，不時接獲交往多年的老友，或並不熟識的青年詩人朋友，出書時慷慨見贈。我除了悉心拜讀，借鏡其優點外，不敢多所置喙。雖然有時也不自量力，冒昧地寫了一點讀後心得，恐有失言不當之處，盼能見諒。另外，有些初入詩壇的青年朋友，誤認我寫詩的時間比他們久一點，每每要我為他們出的詩集寫個序或評介。當我一再推辭不掉時，不得不勉力而為。所寫的一點芻蕘之見，未必值得參考，只能說是以之相互勉勵而已。

　　現在為保存上述詩壇好友給我的評論與指教，以及我的一些不成熟的拙作，將其一併結集付梓，名為《雙重奏》，以作紀念。

藍　雲　2017.10.12

2 雙重奏

雙 重 奏

—— 評論藍雲‧藍雲評論

目 次

輯二　藍雲評論

雲藍論評 一輯

卅年辛苦不尋常

── 劉炳彝（鍾欽）詩集「奇蹟」序

墨　人

　　在新詩誤入歧途，只有作者自己欣賞，使讀者陷入五里霧中，不知所云的那段相當漫長的日子裏，各報副刊都不登詩，中央副刊更不發表新詩作品。這是新詩作者自絕於人，自絕於社會，而不是報紙副刊對新詩的歧視。相反的，報紙副刊之不刊登新詩，正是給那些眼高於頂，自以為新潮的新詩作者一個反省的機會。因為那段幾近瘋狂時期的新詩，不僅是在創作技巧上犯了不可原諒的語文語意方面的錯誤，在意識形態上也是一片虛無，甚至故意造成錯覺。這兩種併發症同時發生，自然造成嘔吐，不僅是作者在嘔吐，讀者看了也跟著嘔吐。

　　文學作品的功用除了可以提升人的品質之外，首先應該給讀者一種美感，一種精神享受。某些新詩作者不此之圖，反而反其道而行，先把自己提升到半天雲裏，提升到如上帝一般地位，藐視芸芸眾生，他們所使用的語言，也是既非中國的亦非外國的語言，與自己的同胞無法溝通，與碧眼黃髮的西洋人亦無法交流，在這種情形之下產生的新詩，大多成為一種「絕緣體」。

　　文學是人間的，是入世的。文學必須與人息息相通，

不可相隔，一「隔」文學自然死亡。文學作品是寫給人看的，不是寫給神看的。文學作者應該求新、求變沒有錯，錯在某些新詩作者連路都不會走而急於要奪取世運會的百米金牌，反而自認為這就是「突破」。天下那有這樣輕易的「突破」？

　　幸好還有不少新詩作者，不這樣急功近利，不這樣浮躁囂張，一直腳踏實地默默地辛苦耕耘，不求聞達，寫作了三十年以上仍少有人知，因為他們從不拋頭露面「作秀」，如麥穗、劉炳彝先生等是。

　　由於有些詩壇的苦行僧的堅持，不標新立異，不走偏鋒，以及大多數詩作者迷途知返，近年來詩壇風氣已逐漸轉變，逐漸回復正常狀態，報紙副刊也普遍接納新詩。

　　我第一次拜讀到劉炳彝先生的長詩是七十一年十二月二十二、二十三、二十四日在中副連載的「奇蹟」以後又於七十二年四月二十三、二十四日在中副看到他的另一長詩「永恆的火炬」。這是中副繼刊登涂靜怡小姐的「從苦難中成長」後的大手筆。他用的筆名是「鍾欽」。我本不知道詩壇上有「鍾欽」其人？但從作品判斷，我敢肯定，他絕不會是突然冒出來的「天才」，因為能寫出這種作品的人沒有二、三十年的修養功力不行。最近在一個場合偶然碰到一位沈默寡言，態度十分謙虛的中年人，他和文曉村先生一道，涂小姐特別介紹說他就是鍾欽。他用過很多不同的筆名寫詩，早先的筆名是藍雲，和古丁、文曉村先生等同一時期寫詩，也編過早期的葡萄園詩刊。文曉村先生還說葡萄園詩刊名稱就是他取的。這樣一位詩壇老手，居然沉埋了這麼多年，後來我問他什麼時候開始寫詩的？他說是在民國四十二、三年間，算來已經三十年以上了。

　　他以前出過詩集，最近特將「奇蹟」、「永恆的火炬」、

「星的塑像」等三首敘事史詩和三十首短詩結集付印。涂靜怡小姐將「奇蹟」剪貼簿交給我，囑我作序，對於這樣一位不忮不求，默默耕耘的真正的詩人，我義不容辭，其人品詩品，都是我生平最樂於稱道的。

「奇蹟」這首史詩，共計五百二十六行，無論從內容和篇幅來看，都稱得上是大手筆。敘事長詩不好寫，在結構布局方面和小說一樣，必須面面俱到，不能有一點漏洞，而在造詞遣句方面，又必須運用詩的語言，不能用散文的語言，也不能用小說的語言，一行好，一節好，都不能成為好的史詩，必須通篇都好，才能稱為好的史詩。而且更重要的一點是：作者要有「史識」。這和抒情短詩，只要能表現一個小點大不相同。史詩必須點、線、面都要顧到，都要有突出的表現才好。作者以三十年的功力來經營這首長詩，他是達到了創作目的的。

「奇蹟」共分「序曲」、「美麗的畫面」、「可愛的情景」、「偉大的引力」、「坎坷的歷程」、「堅忍復堅忍」、「勤儉出奇蹟」、「開創新境界」、「奮發如旭日」、「尾聲」等十章。台灣之所以成為台灣，台灣奇蹟之所以造成，就可以從這十章架構中得窺全貌。

在第四章「偉大的引力」中，他寫了如下的詩句：

噢！在這星羅棋布的宇宙中
在自由與奴役對抗時
你是一顆關鍵性的棋子
恆放射著耀眼的光芒
．．．．．．．．．．．．．．．．．．．．．．．．．
祇要那些政治頑童
不再到處掀風播浪

　　你將永遠健康而無恙
　　永遠擁有那可愛的陽光
　　你不但是民主政治的大花園
　　也是三民主義的實驗農場

　　這就表現了作者的史識。這和那些藏頭縮尾,「目光如豆」的人不同。在語言運用方面也恰到好處,合乎敘事詩的要求。　在「開創新境界」這一章裏,他寫了這樣的結尾:

　　「在我們血管裏奔流的
　　永遠是長江、黃河的水聲
　　我們的根深千噚
　　我們的枝繁葉盛
　　一任風潮激盪澎湃
　　依舊萬古青山只麼青」
　　而在同一章裏,他是這樣開頭的:
　　「時代的輪子不停在前進
　　我們的一切也要日新又新
　　讓昨日的光輝剪貼在歷史的集錦簿裏
　　讓每一個明天都滿載著金色的希望來臨」

　　「在我們血管裏奔流的永遠是長江、黃河的水聲。」是非常具象而又鮮活生動的句子,是尋根的文學作品;「讓昨日的光輝剪貼在歷史的集錦簿裏,讓每一個明天都滿載著金色的希望來臨。」又很富有創意和希望。
　　從五百二十六行的「奇蹟」看來,可見作者經營的苦心,也可見作者三十年的功力,他的心血沒有白費。如果在結構方面把第九章「奮發的旭日」和第八章「開創新境

界」對調一下，似乎更好。

　　「永恆的火炬」共二百二十三行，分為「序曲」、「外侮來時，奮袂而起」、「老驥伏櫪，壯心未已」、「不為良將，便為良師」、「劍不能至，以筆致之」、「尾聲」等六章。這首詩是寫一個人的三種身份，由戰士而教師而作家，是我們這一代人的心聲，包括作者自己在內，雖然他的年齡沒有趕上抗日戰爭，但是他也在民族戰爭烽火中生長，只有生長在這個時代的人，才有這種以國家興亡為己任的襟懷，才能發出這種已經遙遠依稀的心聲。

　　在「序曲」中作者一開頭就寫：

　　　「半個多世紀，一彈指
　　　就變成了如霧似煙的回憶
　　　在綿亙五千年的長流裏
　　　那不過是涓埃一滴」

　　這開頭四行使我們這種年齡的人感慨尤深。現在的青年人，不知道過去那半個多世紀的真面貌，就是我們身歷萬里烽烟、遍地血腥的過來人，也已「變成了如霧似烟的回憶」，當年死於日軍砲火刺刀之下的夥伴同胞，早已化為塵土，倖存的又多在牛棚、公社中度日如年，求生不得，求死不能。例子太多，切身之痛，不必細舉。因此我們總覺得有一份未竟的責任。作者亦有同感，他在「序曲」的第三節如此寫：

　　　「而我念茲在茲的是
　　　我該如何燃燒自己
　　　燃燒自己成一把火炬
　　　在火光煜煜中找到生命的意義」

　　這是陸放翁、杜甫的襟懷，不像某些西化的現代詩人
把個人的名利放在國家民族之上，寫些脫離現實，乃至左
右逢源的作品，先把自己塑造成一個超越國家民族的超級
詩人形象，彷彿詩人就是超人。劉炳彝先生不然，他不是
那種詩人，他血管裏流的是長江、黃河的水聲，他對國家
民族有一份執著的感情，因此他說：

　　「我的筆不諳風花雪月
　　不懂得無病呻吟
　　祇知道刻畫生命的投影
　　敢於打擊一切敵人
　　我要讓我的筆成為迎接黎明的號角
　　吹奏出震聾啓瞶的聲音
　　將沉睡在迷夢中的人喚醒
　　共同向著那理想的目標邁進」

　　言為心聲，從這首長詩裏我們不但可以看出作者高尚
的情操和人格，更可以看出作者圓潤的筆法。這首長詩不
能算是大史詩，但可以小見大，而在結構方面較「奇蹟」
則更嚴謹。

　　第三首長詩「星的塑像」共分八章，兩百七十七行。
這首詩是為人民的保姆警察塑像，這種題材不好處理，更
難討好。但作者把一位忠於職守的警察怎樣消滅犯罪，怎
樣犧牲自己，客觀地寫了出來。

　　只要你往那裏一站
　　人們的安全就有了保障

　　就只這麼兩行，就寫出了警察的分量。而最後一章引

用了黃仲則的兩句詩:

> 悄立市橋人不識
> 一星如月看多時

寓意含蓄而深遠,使人物、意境都有很大的提升。

總之,史詩不好寫,也很少人寫。小說興起之後,自然取代了史詩。如果作者不是對詩有一份執著的愛,不會作這種吃力的工作。在一本詩集裏面共收集三首長詩,尤其少見。這種創作魄力和修養,不可多得。

最後應該鄭重提到的是本集內的三十首短詩。這三十首短詩有一共同特點,就是每首都是十六行。英國的十四行詩結構之嚴謹相當於我們的律詩,但新詩自西方移植我國之後,我們的新詩早已放棄了格律嚴謹的十四行。十四行雖然不如我們律詩的約束力那麼大,但我們的新詩作者仍然不願受那種限制,儘量採取自由放任的形式,以便多所發揮。也因此我們的新詩形式一直光怪陸離,有大大小小字體的參差排列,彷彿打翻了鉛字架;有一字一行的,也有二、三十個字一行的⋯⋯作者愛怎麼寫就怎麼寫。抗戰時期就曾發生過形式之爭,迄無定論。新詩發展了六、七十年,由於過於放任,形式不定,再加上語言的運用未臻圓熟,因此新詩的發展並不順利,再加上少數人的標新立異,觀念的偏頗,更使新詩的發展一波三折。

劉炳彝(鍾欽)先生十六行詩的嘗試,是一種值得鼓勵的形式。我國傳統詩有四言、六言、五言、七言,四行(絕句)、八行(律詩)和長詩等的變化,但以四行絕句和八行律詩為正宗,中國最好的詩多出自這兩種形式。後來雖一變為長短調(詞),但詞也有一定的形式,不是漫無限制的。所謂不依規矩不能成方圓也。

　　新詩中的抒情短詩，以我個人的淺見，也以十六行最為理想，正好比律詩多一倍。白話雖然沒有文言那麼簡鍊，全看詩人本身的修養，凡善於駕馭語言文字的詩人，定可作到增一字則太多，減一字則太少，而恰到好處。如果不善於運用語言文字，再多的篇幅行數也是寫不出好詩的。詩人們如果認為詩的限制太嚴，不能充分發揮其才華，不妨另寫小說，這在字數篇幅方面，大可滿足了。詩之所以為詩，就在於語言文字的精鍊，以極少的語言文字，完成最突出的意象，才是高手，這樣的詩作才最可貴。

　　劉炳彝先生的三十首抒情短詩，都能達到這種要求和水準。現在不妨舉出幾首，稍作申論。

霧

　　一個企圖稱霸天下的野心家
　　想用那網
　　網住星星和太陽
　　也網住所有的城市與村莊

　　在那席卷一切的網中
　　竟闃然無人抵抗
　　只見樹也朦朧，山也朦朧
　　天地間，一片迷茫

　　在這漫天大霧中
　　有人迷失了方向
　　有人在長吁短嘆
　　以為從此看不到陽光

　　但我們仍然朝著目標邁進
　　一如永不屈服的太陽
　　我們深信無論那霧多囂張
　　終將在冉冉上升的陽光下滅亡

　　這首詩無論語言、文字、音韻、節奏、結構，無一不佳。中外詩人寫霧的詩不少，對於霧的輕柔，都表現得很好，如桑得堡以貓的腳步形容霧的「輕」，就是很好的比喻，而且是具象的描寫。「輕」是抽象的，凡是寫抽象的事物，能予人以具象的感覺、印象，才是高手；反之，則屬低能。

　　劉炳彝先生以「一個企圖稱霸天下的野心家」和「網」來形像「霧」，就很具體，這個「野心家」「想用那網，網住星星和太陽，也網住所有的城市與村莊」，這第一節的四行詩的起勢就非常好，可以籠罩全局，以後二、三、四節都有很深的寓意，最後表現了作者對真理的信心，發展自然，毫無說教意味。所以這是一首很好的感懷詩。

　　此外如「燈」、「山」、「號角」、「曇花」、「雲語」、「仙人掌」、「葉與根」、「西門町」……亦無一不佳。而「雲語」、「仙人掌」，又似乎最能表現作者的情懷：

雲　語

　　不要以為我很瀟灑
　　我的心中也有壘塊如山
　　往往在孤獨的時候
　　就像那無處可以泊岸的船

　　不要以為我很自由

我也有苦無依傍之感
像那找不到歸巢的鳥
周而復始地在那裏盤旋

不要説我愛流浪
我一直在尋找那理想的家園
只是這天地太窄，而且到處有狼煙
不知什麼時候我的理想才能實現

不要説我愛流淚
當我看到那些淒涼的畫面
我不是一個冷漠的人啊
怎能不感動而泫然

仙人掌

讓他們去説那些無聊的話吧
説什麼你不解風情
不懂得享受蝴蝶的溫存
不知道讓蜜蜂唱歌給你聽

其實，誰又懂得你呢
懂得你何以這樣喜歡沉靜
何以不需葉蔭
而表現得如此傲骨嶙峋

你全身皆刺，許是為了保護自己
一種不願被攀折的自尊
雖然你綻放的花朵甚美

卻不願以之取悅於人

你似乎沒有什麼慾望
生活恬靜而單純
即使在貧瘠的沙漠裏
群花斂足，你也依然滿懷歡欣

從這兩首詩中，我們不但可以看出作者的襟懷，同時可以欣賞他在語言、文字運用中的圓熟手法，對於音韻的和諧，節奏的分明，也是匠心獨運，這和一般不善運用語言文字，不重音韻節奏的新詩作者相比，立見高下之分。新詩的最大好處是它能充分運用現代語言，因而產生新的意象，這是新詩可以大大地突破傳統詩的地方。但是中國字本身的優點如四聲的運用，絕不可以放棄，這是我們祖宗的一大遺產，中國詩人的一大特權，如果我們放棄這筆遺產，放棄這項特權，反而乞靈於多音節的西洋文字，那是抱著金飯盌討飯的不肖子孫。

「西門町」是台北最繁華的地方，一如東京的銀座，一如南宋的杭州，聲色犬馬兼而有之，「尤其是入夜後的霓虹燈，不消魂也令人消魂」，因此作者寫了寓有針貶深意的最後一節：

「許多人來到這裏就迷失了
他們隨波而浮沉
但你不要忘記了自己要走的路啊
不要忘記天邊那欲來未來的烏雲」

這和林洪的「西湖」七言絕句：

　　「山外青山樓外樓

　　西湖歌舞幾時休

　　暖風薰得遊人醉

　　直把杭州作汴州」

不是一樣寓意遙深嗎？

　　中國文學有一個優良的傳統：即是詩言志，文載道，作品與人品兼重。「五四」以後，新文學運動隨之展開，同時也不斷發生為人生而藝術或是為藝術而藝術之爭，演變下來，在小說方面，意識流曾在台灣泛濫橫行一時，這些自以為「新」的作者，不知道那已是老掉了牙的東西，而他們心目中似乎只有「藝術」，而無其他。其實是既不藝術，亦無人生，徒然造成一片紊亂暈眩，造成小說的災難。現代派詩人更多是「藝術至上」，逃避現實，脫離人生，獨自囈語，其造成詩的災難更甚於小說。幸而這一陣吹了一二十年的歪風，終成過去，現已漸漸回復到文學的正統道路上來。其所以能撥亂反正，就是因為有些頭腦清醒，學養甚佳的苦行僧的堅苦卓絕的撐持的結果。

　　劉炳彝先生的「奇蹟」詩集，不僅在長詩方面展現了他的功力，在短詩方面更表現了他的精湛技巧，而且是承襲了傳統又能突破傳統。我對文化與文學的一貫看法是：不要盲目崇洋，應多探索自己傳統文化的文學的精髓，進而吸收創造，推陳出新。在文化方面重新整合，在文學方面努力創造，水到渠成，自能突破。所以在民國五十五年意識流小說大行其道時，我出版了「紅樓夢的寫作技巧」一書，希望小說作者不要否定自己，盲目崇洋。時至今日，雖然還沒有第二個曹雪芹再世，但小說的風氣已經轉變了。小說創作比詩難得太多，也許再等十年二十年，會有

石破天驚的大長篇產生。在詩方面，已經有很可喜的現象，「奇蹟」的出版，不僅是劉炳彝先生三十年默默耕耘的成果，也是新詩真正成熟的明證，這是我期待已久的事實。過去我對新詩的批評，是愛之深而責之切，我之自我放逐於詩壇之外二十多年，也是希望詩人朋友冷靜下來，使塵埃落地。

　　現在塵埃終於落地了，我有無比的歡欣，我願意和詩人們浮一大白。

溫柔敦厚的詩人與詩

── 藍雲的十六行詩集「方塊舞」序

墨　人

有幸先讀藍雲的新詩集「方塊舞」。

「方塊舞」共選輯了他自一九五六年七月至一九九四年二月的作品一百首，時間前後近四十年，對於一位詩人來說，這是一段相當長的時間。短命詩人楊喚，一生還不到三十年時間。很多人可能想不到，藍雲的詩齡已長達三十八年了。如果一個耐不住寂寞、沒有恒心的人，老早就放棄創作，另走名利雙收的大路了。在一個工商業社會，講究的是投資報酬高，回收快，而文學在這種工商業社會，卻是賠本甚至賠老命的行業，詩與工商業社會，更找不到一個共同立足點，藍雲卻孤獨地走了下來，沒有被時間淹沒，實在很不容易。而且在他這一百首作品中，我還發現他在詩的形式上，作了很大的努力，即不論任何題材的作品，他都寫成十六行，而且是四段四行，在視覺上有一種整齊美，但不是豆腐乾式的，在文字的組合方面，又有相當大的彈性，又各有各的節奏和韻律，自然產生了一種和諧。但這需要相當大的耐性和時間來完成的。

這本詩集的另一大特點是詩如其人：溫柔敦厚。不論是任何題材的詩，即使是諷刺詩，仍不失其溫柔敦厚。不

見橫眉怒目，更不見尖酸刻薄，處處表現一種內心的善意、容忍、寬厚、謔而不虐，這種詩風在今天是不多見的。是失之已久的傳統，即以「達爾文的信徒」這首詩來說，作者雖然慨嘆今天的人類社會道德淪喪，父不父，子不子，殺人分屍，人與禽獸沒有什麼分別，最後他也只是「不禁喟然歎息」：「唉！我服了你，達爾文。」這似乎不合乎今天讀者的極端胃口，但這就是詩人藍雲。

　　其他可以表現藍雲的思想、性格的詩很多，如「牆與橋」、「雲語」、「時光劫」、「植物園的鳥說」、「路」、「極」、「泡沫」、「仿冒品」、「候鳥」等等，不但可以使讀者明確地認識藍雲，讀者也可以看出這都是好作品。而「新儒林外史」這首詩，對於今天的高級知識分子的心態和形象，又掌握得相當準確，富有時代意義與代表性，因此我特別引錄如後：

新儒林外史

卷　一

自從有了第二天賦
懂得拾人牙慧後
他便不再是原來的他
儼然成了暴發戶

卷　二

他裝飾了滿室的華麗
更仿製了許多面具
周旋於那人鬼之間
他比誰都會演戲

卷　三

沒有人能讓他瞧在眼裏
當他踱著那鵝步
一腳跴住了別人的脖子
一面卻矜誇他的仁慈

卷　四

他沒有憾事
但恨不是金髮碧眼高鼻子
休問他根在何處
他魂牽夢縈的已非故里

「儒林外史」是清朝吳敬梓著作的一部專寫儒林士子的長篇小說，對於當時的秀才、舉人、進士、翰林的心態和嘴臉，刻畫得入木三分。而今天的「舉人」、「進士」，較之前清則有過之而無不及，只是小說家還沒有寫出「新儒林外史」，但是藍雲卻寫下了這首詩。藍雲是不是「新儒林外史」中的人物呢？絕對不是，他在「秋水」七十九期發表的「信筆璅語錄」第二十三條說：

「一般人可以作兩面人，詩人必須表裏如一。否則，就不是真正的詩人。」

藍雲是表裏如一的詩人。讀其詩如見其人。今天的千面人不少，豈止兩面人？

劉炳彝的奇蹟

墨 人

中國新詩在發展過程中，經過最近二十來年的誤入歧途，終於撥亂反正，朝著正確的方向行進了。因此，過去為報紙副刊拒絕的新詩，現在已被副刊普遍接納了，希望詩人朋友好好地把握這個機會，努力創作，以奠定新詩在中國文學中的穩固地位。

新詩能從被拒絕到受到相當禮遇，是很不容易的。這得力於不少默默耕耘，不忮不求，奉獻自己的「傻瓜」詩人，由於他們的智慧與定力，才能挽狂瀾於既倒，開創了今天的大好局面。詩人劉炳彝（鍾欽）就是新詩詩壇上的「無名英雄」之一。劉炳彝先生詩齡已經超過三十年，常用不同的筆名寫詩，又不「作秀」，因此少為人知，但他比今天許多成名的詩人資格都老。

最近我有機會拜讀他的詩集「奇蹟」付印前的剪貼簿，這個集子裡一共收集了三首敘事長詩，三十首抒情短詩，使我十分高興，我一口氣寫了八千多字的序文，但限於篇幅，意猶未盡，再在這裡補充說明。

長詩我不再分析，三十首短詩中我覺得還值得在這裡特別一提的有「梅雨吟」，和「葉與根」等。

劉炳彝先生的最大長處是能吸收傳統的精華而推陳出新，由於語言、文字、音韻、節奏整體配合的完美，

所以每一首詩讀來都覺得十分和諧，猶如天籟，他很懂得運用方塊字的特性，因而在技巧上已臻上乘。現在我且引「梅雨吟」與「葉與根」兩首，以供欣賞。

梅雨吟

你纏綿如許
以楊柳風的溫存
輕輕柔柔地似在說
你曾是我夢中的情人

春日去時
梅子長成花落盡
你悒悒然走來
是否那去而復返的花魂

不必對我訴說那些往事
我的心裏正鬱悶
如果是在江南
也許我會喜見陌頭枝上新

而現在，你為我帶來
一室的潮濕，竟似我的心
我不知該惱你
抑或覺得你可親

葉與根

一樹濃蔭
繫於一根

有根，才會枝繁葉茂
沒有根，就得不著養分

也許，葉會飄零枝被斫
而根卻不能被毀損
祇要根仍在
枝萎的枝葉終將煥然一新

有一棵參天的古樹
已經歷數千年而猶存
在狂風暴雨中依然屹立如恆
因為它盤根錯節深千仞

我們都是這樹上的枝葉
它的命運就是我們的命運
即或有一天我們會凋謝
也要化而為泥遮護它的根

這兩首詩他充分運用了中國文字音節的特性，他不但沒有排斥詩的音樂性，反而以詩的音樂性加強了詩的效果，而毫未損害詩的意象的建立。這是他所有的長詩短詩的一大特色。

另一特色是：每首短詩都是十六行，這與豆腐乾體不同，和英國十四行詩亦有分別，他把每首詩都分成四節，字數則有彈性，他這種嘗試在他個人來說是很成功的。

新詩形式之爭由來已久，還無定論。為了創作自由，大家是各走各的路，這有好處，也有壞處，好處是不受拘束，壞處是漫無限制，缺少尺度。因此我覺得他的這種嘗

試還是值得鼓勵的。

　　劉炳彝先生的「奇蹟」、「永恆的火矩」等是他苦心經營，氣勢雄偉的史詩。不但台灣在國際社會中是個「奇蹟」，劉炳彝先生在詩壇默默耕耘了三十年，而獲致今天這麼重大的成就，他本身也是一個奇蹟。

創造更多的奇蹟

涂靜怡

　　第一次在「中副」上讀到五百多行的「奇蹟」長詩時，心中就有一種難以壓抑的驚訝和欣喜，它那富有變化的意象，充滿魅力的詩句，以及扣人心弦的歷史感，給我的感動，使我每讀一段，都忍不住要停下來沉思。在三天連載期間，又有看了頭一天，就迫不及待地想看第二天的期待。這種壓迫感，也是以往我讀連載長詩時所不曾有過的心境。

　　但是，「鍾欽」是誰呢？我邊讀邊想，這個陌生的名字又是誰呢？是新人嗎？似乎不大可能。以我個人的寫作經驗，新人恐怕沒有這麼深厚的功力，那麼他究竟是誰呢？我編《秋水》詩刊，算算日子也有十一個年頭了，認識的詩人何止百位？但能寫長詩又寫得非常好的，實在不多。為了想知道鍾欽是誰？我也曾多方打聽。

　　終於，皇天不負苦心人，經過好長一段時間的探聽，才在中華民國新詩學會的一次聚會中，從「葡萄園」詩刊主編文曉村的口中，得知「鍾欽」原來就是任教於龍山國中的劉炳彝老師。他是我的恩師（已故詩人）古丁先生的好友，也是《葡萄園》詩刊的創辦人之一，寫詩已有三十年的歷史，常用「藍雲」和「揚子江」為筆名發表作品，二十多年前，曾出版過詩集《萌芽集》，是一位生活和創

作都十分嚴謹的詩人。

像鍾欽先生這樣資深，創作豐富的詩人，為什麼遲遲不肯把作品集結出書呢？因近年來鍾欽先生也常有作品在《秋水》上發表，有時我也會在電話上以此相問，但他總是十分謙遜地以反問的口吻作答：「值得嗎？」

今年八月，忽然接到鍾欽先生的詩集「奇蹟」，心中禁不住一陣欣喜。拜讀之後，又忍不住想寫一篇短文，向愛詩的朋友介紹。

「奇蹟」是一首反映大時代的敘事史詩，從副題「臺灣的另一個名字」已可略窺詩人的寫作動機。他在這首詩的「序曲」中這樣寫著：

> 從多少驚濤駭浪中過來
> 穿越了多少暗礁黑潮
> 你緊緊掌握了自己的命運
> 沒有什麼能將你擊倒
> 所有的衝擊
> 都變成激發你前進的力量
> 就像那海鷗
> 在風雨中飛翔得更高

「星的塑像」二百多行，是警察人員的畫像，敘說警察面對黑社會，肩負繁重的勤務，為保護人民生命財產與安居樂業的辛勞和奉獻。尤其今天，由於三兩個敗類的作奸犯科，使絕大多數執法嚴謹，獻身治安的警察人員，受到池魚之殃之際，來讀「星的塑像」，對終年辛勞的警察先生小姐們，該是莫大的鼓舞吧。

> 你享受最多的是

盈耳的噪音
撲鼻的灰塵
以及寒風冷雨的吹襲
酷暑烈日的烤炙
最難下咽的是那些翻白的眼神
甚或一些沒來由的唾沫
而不論這世界給你的是什麼
你都甘之如飴，默默地
將所有的苦水吞向肚裏
化為一樹濃蔭

　　這是「星的塑像」第一段中的幾行。我在想，如果這首詩警政署能把它抽印成一本小冊子，發給全體警察人員，我相信必能大大地鼓舞警察人員的士氣（註）。

　　「永恆的火炬」，二百多行，是大時代中一位小人物的抽樣；多少含有作者自況的意味。也是我們中華民族歷經萬劫，才有今天的答案。這首詩的開頭這樣寫道：

半個多世紀　一彈指
就變成了如霧似煙的回憶
在綿綿五千年的長流裏
那不過是涓埃一滴
………

而我念茲在茲的是
我該如何燃燒自己
燃燒自己成一把火炬
在火光煜煜中找到生命的意義

他的三十首短詩，篇篇都洋溢著愛國熱情，例
如「剖」：

母親，我所愛的祖國啊
我將永遠跟著你走
走過那些平坦與坎坷
從垂髫到白首

有人隨風四散去
在你餵飽他之後
有人藉詞離棄你
說你多病而且醜

但是，我的母親啊
我將永遠在你左右
不論你給我的是什麼
我都毫無怨尤

「奇蹟」這本詩集所收入的詩篇，言志、敘事、抒情
兼而有之，是這一代中國人的心聲。我們國家的前途，仍
然險阻多艱，今天，距離我們的理想目標尚遠，希望我們
的詩人們，多寫些像「奇蹟」這樣的詩，給社會大眾以高
單位的精神食糧。詩運關係著國運，讓我們以溫柔敦厚，
愛鄉亦復愛國的詩歌，振奮我們的士氣民心，為國家為社
會，創造更多的奇蹟。

註：警政署採納了涂小姐的意見，購買了《奇蹟》五十冊，發給其所屬各
　　單位的警察同仁閱讀。

長歌短調詠「奇蹟」

── 兼談鍾欽的十六行詩結構

文曉村

本名劉炳彝的詩人鍾欽，在七十三年七月出版的「奇蹟」；是一本很夠水準的詩集。前輩詩人小說家墨人先生，在「卅年辛苦不尋常」的序文中，曾經給以很高的評價。他說：「劉炳彝先生的『奇蹟』詩集，不僅在長詩方面展現了他的功力，在短詩方面更表現了他的精湛技巧，而且是承襲了傳統又能突破傳統。」又說：「『奇蹟』的出版，不僅是劉炳彝先生三十年默默耕耘的成果，也是新詩真正成熟的明證，這是我期待已久的事實。」但由於經銷該書的書店倒閉，發行管道阻滯，致使此書的出版，未能在詩壇和讀者中，受到應有的重視。值此當前所謂「新馬克斯主義」漸漸滲透文藝界之際，重讀鍾欽的「奇蹟」，並稍加介紹，也許不無正面積極的意義吧。

鍾欽本名劉炳彝，湖北監利人，花蓮師專畢業，詩齡甚早，四十二年即開始在報刊上以藍雲、揚子江為筆名發表詩作。五十一年三月出版第一本詩集「萌芽集」，頗獲好評。五十一年七月「葡萄園」詩刊創刊，藍雲為創辦人之一。次年，繼筆者之後，出任該刊第二任主編。不久，赴花蓮師專讀書，曾一度停筆。七十一年改以鍾欽為筆

名，在「中副」連續發表數百行長詩「奇蹟－台灣的另一個名字」，和「永恒的火炬」等，給詩壇帶來一陣不大不小的震撼，詩友們見面都在問：鍾欽是誰？其時，藍雲和我，因在台北市龍山國中任教，且同在一間辦公室比肩而坐，我却不知道鍾欽就是藍雲。直到有一天，他的夫人張芳明女士（少女時代曾在「葡萄園」發表過詩作，婚後因忙於家務而輟筆）在電話中問我：最近有沒有看過「中副」的長詩……？我才恍然大悟，原來藍雲又改了新的筆名。墨人先生在「奇蹟」的序文中，稱讚鍾欽不像台灣某些詩人那樣急功好利，浮躁囂張，而是一直腳踏實地默默地辛苦耕耘，不求聞達，從不拋頭露面作秀，是一點也不為過的。

的確，鍾欽就是這樣一位默默耕耘，不求聞達的詩人，但他的詩却是充滿著對這個時代，這個國家的熱愛。「奇蹟」詩集中的三首長詩；第一首，「奇蹟」，寫台灣三十多年來各種建設的成就，詩長五百數十行，分十章，任何愛這塊土地的讀者，只要展讀第一章「序曲」：

> 你那富有魅力的名字
> 有如馨香四溢
> 凡風聞你的都欣羨不已
> 哦！台灣，我們該如何稱述你呢
> 你不但是一幅畫，一首詩
> 更成了全世界罕見的奇蹟
> 從多少驚濤駭浪中過來
> 穿越了多少暗礁黑潮
> 你緊緊掌握了自己的命運

沒有什麼能你擊倒
所有的衝擊
都變成激發你前進的力量
就像那海鷗
在風雨中飛翔得更高

能不被這優美的詩句所感動、所吸引？能不如飢如渴地想要讀完全詩嗎？

我想，是的。

第二首，「星的塑像」，是為日夜辛勞，保護人民生命財產，維護社會治安的警察人員塑造形象的作品，詩長二百八十行，分八章。這種詩，因為太接近現實，很難寫。但鍾欽却寫得十分自然，「你恒立著／立成一種儼然而又藹然的姿勢」，起首兩句，便將人民保母的形象和愛心描繪得具體而貼切。給我深深感動，深深震撼的，則是—

第三首，「永恆的火炬」。這首詩長二百數十行，分六章，是敘述一位少年時投筆請纓，參加過抗戰、戡亂、金門戰役，退役後，從事「不為良將，便為良師」的教育工作，以及「劍不能至，以筆致之」的筆耕生涯，「燃生命為永恆的火炬」者的故事。許多中年以上的讀者，都能從這首反映時代的詩中找到自己的影子，分享詩人「我該如何燃燒自己／燃燒自己成一把火炬／在火光煜煜中找到生命的意義」，那種「滿腔報國赤忱」的豪情壯志；或為「夜夜，我都聽見海那邊淒切的呼喚／聽見黃河、長江的水聲湧到我枕畔」，那種魂牽夢繞的懷鄉之情而感歎。

對我這個脫掉軍衣，走入校園十多年來，一直從事灌溉民族幼苗的國中教師來說，最令我感動的，毋寧是第四章「不為良將，便為良師」的章節：

當我面對著那些民族的幼苗
就像看見了我們國家的明天
我盡心竭力耕耘著
為了那即將形成的一片新的風景線

當我走進校園那天起
我就告訴自己：這兒不是戰場
這是春風化雨——
一個播種愛的地方

我不是那製造讀書機器的人
——祇做一些知識的灌輸
我常帶領學生走出教室外
教他們去讀那些無字的書

像老鴨帶小鴨
在我百般的引導下
我要讓學生得到各種啟發
讓他們飲著我的愛心長大

無論俊慧或村魯
富有或貧寒
我都心無二致地灌溉著
希望他們來日俱成國家的楨幹

我關心他們早上有沒有吃飽
晚上幾點鐘睡的覺
我告訴他們不但要學問好
更應知道品德的重要

我要學生們牢牢記住
我們是樹枝，國家就是根
離開了根的樹枝的悲哀
失去了國家的人的命運

當我讀到這裏時，我確然地相信，詩中這位春風化雨的良師，實在就是身為國中教師的作者之化身，也是許許多多在杏壇默默灌溉民族幼苗的教育工作者的寫照。在感動之餘，震撼之後，我心中也禁不住地吶喊；為了我們的下一代，為了我們的未來，願作火炬的，讓我們一齊來努力奉獻，默默燃燒。

單是這三首極富時代意義的長詩，就是一部夠份量的現代史詩了。至其結構之嚴謹，虛實相間的敘事方法，均有不凡的表現，細心的讀者，自能有所領悟。以下我想談的，是「奇蹟」的第二部分，三十首四段式十六行詩的內涵和結構。現在，先舉兩首詩為例，然後再做討論。

燈

夜在那裏，你就在那裏
一個誓與夜纏鬥的人
那黑色的魔掌征服了一切

卻無法教你屈服稱臣

不須與太陽爭光輝
因為太陽也有所不能
有時候，有些地方
你比太陽更受歡迎

在一片黑暗中
你是光明的象徵
在眾人皆醉時
你卻保持清醒

沒有咒詛，祇有讚美
你給所有的人以溫馨與指引
啊！但願每一個人心中
都有一盞像你這樣的燈

清道夫

你並非屠狗逐臭之徒
祇是要把那些垃圾弄走
無論是紙屑、果皮
抑或是斷枝落葉爛木頭

你不須趕路
卻常望著地上發愁

尤其是在那野臺戲演完
或一場暴風雨之後

世界上有很多地方要清掃
因此　你的工作永無止休
掃完一條條的道路
還有一條條的水溝

而歷史上也有許多垃圾
有的已經隨水流走
有的還在那裏發臭
你是不是也要去把他們運走

　　「燈」是光明的象徵，毋須解釋。「清道夫」，表面看來，句句都是在寫清道夫，好像是寫實之作；其實，它是一首具有高度象徵意義的作品。「清道夫」所要清除的，並非只是那些「紙屑、果皮」、「斷枝落葉爛木頭」之類的「垃圾」，而是社會上一切腐朽的東西；而是「有的已經隨水流走，有的還在那裏發臭」的，屬於「歷史」的「垃圾」。這種象徵的涵義，如果和我們當前的社會革新運動聯繫起來看，一位光明的歌者，推動時代巨輪前進的旗手，豈不是已經立在我們面前了嗎？

　　鍾欽的作品就是這樣，不故弄玄奇，不立異作怪，只是平實中見不凡，明朗內含深意。像這樣的好詩，在某年國軍文藝金像獎中，只得到佳作獎，不知是評審委員看走了眼？還是作者的運氣不好？實在是委屈。當然文學作品，見仁見智，尺度不一，我們也不必為鍾欽鳴不平，能

否禁得起考驗，作品本身是最好的說明。

　　必須強調的是，鍾欽這三十首短詩，每首都是四段十六行。顯然，這是詩人特意創造的詩形和結構。中國詩歷來都有一定的形式：詩經多四言；楚辭漢賦多用長短句；古詩改五言；唐詩五、七言中又有絕句、律詩、歌行之別；宋詞元曲全用長短句。只是中國傳統的詩詞都有相當嚴謹的格律。胡適之先生提倡白話詩（新詩），目的即在打破傳統詩格律的限制，使新詩擁有完全自由的空間，作「天高任鳥飛」的發揮。因此，多少年來，「內容決定形式」，幾乎已經成為新詩的定論。但詩是講究精鍊的作品，漫無標準，終非善策。因此，多少年來，為了給新詩一個比較適宜的新形式，許多詩人都在不斷地嘗試和實驗，希望找到一種最適合新詩發揮的形式。早期某些詩人移植的十四行詩，雖然風行一時，卻不能為多數詩人所接受。近年來，向陽的兩段式十行詩，已有相當的成就，至少已經成為向陽的標誌。鍾欽的四段式十六行，是另一種形式的嘗試，不但和中國傳統文學起承轉合，而且在文字的控制和內容的發揮上，就其呈現的作品來說，也已收到了相當的效果，這是可以肯定的。希望作者能繼續實驗下去，至少四段式的十六行詩，它會成為詩人鍾欽的招牌。

不求聞達的詩人

—— 藍　雲

張　朗

　　名作家墨人說，藍雲是一位「一直腳踏實地默默辛苦耕耘，不求聞達，寫作了三十年以上，仍少有人知」的詩人；又說藍雲的人品詩品，是他最樂於稱道的。我和藍雲只見過幾次面，對他的印象卻很深刻，一個與世無爭的溫文君子；所以在這篇對他的評介中，便稱呼他為不求聞達的詩人。

　　藍雲本名劉炳彝，湖北省監利縣人，民國二十二年生，現任教台北市龍山國中。詩的路上，他起步很早，和葡萄園詩社現任社長文曉村及已故詩人古丁同一時期，曾編過早期的葡萄園詩刊，文曉村還說，葡萄園詩刊的刊名，就是他取的。這個時期，他出版過一本詩集「萌芽集」。他得過國軍文藝獎，台灣省文藝作家協會中興文藝獎，及詩教獎。可惜，他中途冬眠太久，將近二十年間，很少創作。直到七十年前後才再度出發，以鍾欽為筆名在中央日報發表長詩「奇蹟」、「永恆的火炬」；出版詩集「奇蹟」；他還以揚子江為筆名發表作品。但，我認識他的時候，他又回過頭來用藍雲這個筆名，所以，我一直叫他藍雲，也以藍雲這個筆名介紹他的作品。

　　「為什麼要寫詩？」幾乎每一位寫詩的朋友，都會碰到這個問題；有時是被別人問，有時是自己問自己。藍雲在「奇蹟」的跋裡說：「過去，我似乎不曾認真地想過：我為什麼要寫詩？因此，我寫的那些所謂的『詩』，大都是一己的情緒發洩而已。現在如果問我同樣的問題，我可能還是說不出所以然來；而且，這也許是一個見仁見智的問題。到底是為藝術而藝術？抑為人生而藝術？自來就眾說紛紜，沒有定論。不過我倒覺得白居易的話：『文章合為時而著，歌詩合為事而作』還算相當中肯。」由他這一段話可知，他是贊成為人生而藝術的。現在，讓我們慢慢欣賞，他如何為人生而藝術；我選的第一首是：

植物園的鳥說

一天，我很寂寞
便去植物園裡坐
坐著，坐著
不覺忘了我

忽然，聽見一隻鳥兒說
「那人不知在做什麼
看他孤獨的樣子
似乎很落魄」

「不！」一隻鳥兒在反駁
我倒看他很快樂
許多人栖栖皇皇地在追東逐西

他卻悠然地在此閒坐」

「是呀！」另隻一隻鳥兒在附和
他如此閒雲野鶴般地生活
「遠離了那些喧囂擾攘
一定不知道什麼是寂寞」

　　藍雲的這首詩使我想起一副勸世的對聯：「欲除煩惱須無我，各有因緣莫羨人。」他因為寂寞才到植物裡去坐，坐在園中，他卻想到一個問題；自己究竟是孤獨寂寞，還是悠閒快樂？問題的答案便是這副對聯的上聯，也被他安排在詩中。關鍵句子便是「不覺忘了我」，這一句有雙重意義；第一，詩人不懂鳥語，因忘了我而達到人物合一的境界，鳥語也懂了！這一意義使詩的結構完整；是一首反諷詩，利用鳥說他快樂悠閒，反射自己的落魄和寂寞。第二，鳥語是詩人的移情手法，事實上並沒有三隻閒得無聊的鳥在談論他，而是詩人自己的心中有三個聲音在對話，結論是悠閒快樂；在渾然忘我的狀態下得到的結論。但沒來植物園之前，也就是沒忘我之前，他是落魄的，是寂寞的；第二解使這首小詩成為探討人生的作品。探討人生這一方面的主題多很嚴肅，作品多沉悶；此詩藍雲用輕鬆的筆墨寫來，不但不沉悶；反而頗富喜感，足見功力非凡。我選的第二首詩是：

路的變奏
── 上班途中有感

每天走在同一條路上

走在這路上的卻非同一個人
昨天，他的心中一片陽光燦爛
今天，他的臉上卻布滿烏雲

同一條路上走著不同的人
沒有人知道自己究竟在向何處走
誰也無法測定明天的風雨陰晴
原來我們腳下的路是一條最詭異的獸

那人正奔向滿懷希望的前途
突然，一輛超速的車撞了過來
他竟來不及向朋友揮手
就這樣匆匆走了，一去不回

　　此詩第一節第三、四行，解釋第二行；意思是說：雖然昨天、今天走在同一條路上的都是同一個人，卻由於他昨天與今天的遭遇不同，看在旁觀者的眼中，甚至在自己的感覺中，判若兩人。這一節的主旨是感嘆道路不變，人生無常，世事多變。第二節，第一行裡「不同的人」，應照字面的意思解；但「同一條路」中的「路」，已經不是單純的路了！而是「一條最詭異的獸」——命運。第二節是感嘆禍福無常，卻把第一節的個人感傷，推廣到眾多人的憐憫。第三節舉了一個例子，解釋第二段，為什「沒有人知道自己究竟在向何處走」。

　　這樣就字面解，「路的變奏」似乎是對命運發出的感嘆，一首消極的作品；假若你真的這樣想，就錯了！事實上，這首詩是詩人對不守法者的抗議；只不過詩人溫柔敦

厚,抗議得太含蓄了!關鍵句子是第三節第二行,「突然,一輛超速的車撞了過來」;句中的「超速」,「撞」等詞字,都是詩人的抗議。第三節第一句中的「那人」原本是奔向「滿懷希望的前途」,怎麼能說他不知道「在向何處走」呢?答案是他明明奔向美好的前途,卻喪生車輪下,這那是他所能知道的哩。他走的明明是平坦的大道,為什麼變成了「詭異的獸」呢?答案是有人不守規則,不尊重他人的生命,開著車子超速橫衝直撞,行人隨時隨地都會喪命,以至他們走在路上,就像踩在毒蛇猛獸身上一樣。當然,車禍只是許多意外中的一種,詩人只是拿它作為一個例子向所有的讀者說明:並沒有什麼命運之神在冥冥之中主宰我們的命運,絕大部分的不幸都是人為的。而第二節第一行中「同一條路上」則暗示到處都是相同的,都在受著目無法紀者的傷害,宛如走在同一條危險可怕的路上。我選的第三首詩是:

博物館

恐龍時代早已潮退
但見牠的形象猶在
且看遠古近代的履痕
聯袂來此聚會

一截斜倚在那角落的紅檜
說出歲月的輪子如何輾過那些朝代
一件件先民們的遺物
告訴我們如何從那草昧中跋涉過來

在那古樸的銅器陶器上
猶見那已過時代的光輝
從那飛舞的字，栩栩然的畫上
方知有一種生命並非時間能摧毀

走在這裡，彷彿漫步在時光隧道中
目睹了曩昔的風景，暗忖著未來
也許你在想：我們今天所有的
千百年後，有多少還在

　　這首詩很易懂。第一節寫博物館三字，說收藏聚集在此的古董，是恐龍時代以降，萬物與人類走過時間留下的履痕。第二節前兩行，詩人感嘆人世滄桑，暗示：富貴如浮雲；一個人的生命，更是短暫如朝生暮死的蜉蝣。後二行則說，他從先民的遺物中，體認文化如何一步一步前進；體認的結果是第三節的內容；只有藝術的生命，是時間所不能摧毀的。第四節則是詩人見到古人留下來的豐富文化成果後，所觸發的感慨，認為我們必須認真創作，將來才能留下一些成績；否則，恐怕會向歷史文化交白卷。這首詩不僅全詩結構嚴謹，詞句極美；詩想也是道道地地的詩人本色；的確是一首難得一見的好詩。下面，我們欣賞的一首是：

星

有一顆星
一直亮在我的前面

不論白晝或黑夜
都在我的心中灼灼然

他曾被囚於泥土的深層
經過諸般烈火的鍛鍊
只因執著那永不屈服的意志
終於燦然在天

當那些苦難與黑暗湧向我時
我就看到了那顆星的光線
像一隻溫暖而有力的手
一步步引導我向前

也許若干年後
一個跋涉在荒野的人看見
我留在那裡的腳印說
啊！已有人走在我之先

　　這首詩以「星」為題，但，今人所吟詠的顯然不是夜
空的星星；因為無論那一顆星，都不可能「不論白晝或黑
夜／都在我心中灼灼然」。那麼，詩人筆下的「星」所象
徵的是什麼呢？讀者很難確知。我們讀詩常會遇到這種情
形；一旦遇到這種情形，只好猜測；有時甚至連猜也無從
猜起；讀李義山的無題詩就是很好的例子。不過，藍雲的
「星」卻在詩中留下了不少線索，我們大可猜猜看。
　　由於「星」的第四節所寫的，好像是一種境界：一個

前人所未曾到達的境界；詩人希望自己能在那裡留下腳印。但到底是關於那一方面的境界？由於詩人在他的詩集「奇蹟」的跋的開頭便說：「年輕的時候，我熱愛詩，可以說得上如醉如癡。」所以，我大膽地假設，詩人是希望自己的作品，能到達前無古人的境界；同時，我也認定「星」所代表的是「新詩」。墨人在「奇蹟」的序裡說，「在新詩誤入歧途，只有作者自己欣賞，使讀者陷入五里霧中，不知所云的那段相當漫長的日子裡，各報副刊都不登詩，中央副刊更不發表新詩作品，這是新詩作者自絕於人，自絕於社會，而不是報紙副刊對新詩的歧視。」「星」的第二節第一、第二兩行，可能就是指新詩在這一期間所受的唾棄待遇而言。墨人在同一篇序文中又說，幸好有不少作者不標新立異，不走偏鋒，以及大多數作者迷途知返，近年來詩壇風氣已逐漸轉變，逐漸回復正常狀，報紙副刊也普遍接納新詩。「星」的第二節第三行，應該是指那些不標新立異的詩人 —— 包括藍雲自己在內，以不屈服的意志，對抗當時的那陣歪風而言；第四行則說新詩又為廣大的讀者所接納。以墨人的話證之「星」的第二節，就可知道我的大膽假設，雖不中亦不遠矣！作為一個詩人，有這麼宏大的理想 —— 寫一首空前的好詩，且默默努力去實踐自己的理想，不求聞達，的確令人敬佩；我認識這樣一位詩友，也的確是莫大的榮幸。

　　藍雲的長詩「奇蹟」、「永恆的火炬」也都寫得很好，可惜篇幅有限，只好割愛。

詩壇的謙謙君子

—— 藍 雲

涂靜怡

提起藍雲，就會想到「謙謙君子」這四個字，因為，他的謙和，他的彬彬有禮，多少年來，一直留給我極為深刻的印象。

他是一位資深的詩人，二十八年前曾和古丁（我的恩師）文曉村先生等，共同創辦「葡萄園」詩刊，曾擔任「葡萄園」詩刊第二任的主編。據說，「葡萄園」詩刊的名字，還是他的構想呢。雖然，有一段時期，因環境和其他種種的因素，他曾一段停筆，「將自己放逐於詩國之外」。但愛詩似乎是詩人與生俱來的天性，他終究無法忘情於詩，終究在「停停寫寫，寫寫停停」，維持著與詩的「藕斷絲連」後，又回歸詩壇。並在「秋水」創刊十五周年「改組」時，在我誠摯的邀請下，從六十期開始，加入了「秋水」編委的陣營，為「秋水」默默奉獻。

個性略嫌保守的藍雲，曾用過許多筆名，如「揚子江」、「鍾欽」等。而「藍雲」則是其最鍾愛的筆名，因為，他喜歡大自然，喜歡藍色，尤其是藍藍的大海和藍藍的天空。

藍雲是湖北省監利縣人。民國 22 年(1933)生。目前任

教於台北市立龍山國中。學生們只知道,他是和藹可親的劉炳彝老師,卻不一定知道,他們的劉老師,是一位曾得過國軍文藝獎、中興文藝獎和詩教獎的優秀詩人(據我所知,他在學生中,絕口不提他寫詩的事)。

認識藍雲先生,頗為偶然,也可以說是有些「傳奇」。那是九年前(71年12月22日~24日)我在「中央副刊」上,忽然讀到一首五百多行的長詩「奇蹟—台灣的另一個名字」。作者署名是「鍾欽」。因為無論就其史詩的內涵、全詩的結構布局,或是意象的經營,詞句的鍊達,都有極其完美的表現。在在給我極深印象和感動。但是,「鍾欽」是誰?我卻不知道。

按捺不住心中的「好奇」(也許因為那時我也正從事長詩的創作),我到處打聽,終於,在「葡萄園」的「詩壇動態」中得知,原來,鍾欽就是藍雲先生。是一位默默耕耘,已有三十多年詩齡的資深詩人。

長詩和短詩均擅長的藍雲先生,是一位具有高潔情操的詩人。他沉默寡言,與世無爭。在詩壇上,他像是一位不求聞達的隱者,很少參加文藝性的活動。他總是默默地寫他自己喜歡寫的詩,不受外界的影響,也不受任何理論的束縛。他曾說:「我以為做一個詩人,與其侈談高論,不如默默地埋首創作的好,因為證明一個詩人的價值的,並非他的理論,而是他的作品」。他同時強調:「真正的創作,往往非一般理論所能規範」。當然,他也認為:「詩,好不好?是作者能不能把自己的感覺和經驗,用適當的方式表達出來,讓讀者深切地感受到,進而產生共鳴。」所以他的詩,不但文詞簡鍊,沒有贅言,而且內涵深刻,富於哲理,無論詠物抒懷,都能發人深思。現在我們就來欣賞他的一首「曇花」:

暮色沉沉
你獨勃勃
四周皆黑
你獨白

白給天上的群星看
看你如何與夜肉搏
生命原是一種犧牲
在犧牲中實現自我

不必哀傷自己
只是瞬息即逝的花朵
在無窮的宇宙中
有誰不是電光石火

你已奉獻出你自己
證明你並非沒有活過
生命不在久暫
一如詩不在字多

　　　　　—— 摘自他的第二本詩集「奇蹟」

　　是的，「生命」的價值不在「久暫」，在於「你已奉獻
出你自己」，在於「證明你並非沒有活過」，就像一首詩的
好壞，不在字多。

　　藍雲的詩，就是這般耐人尋味；先以「四周皆黑，你

獨白」來暗喻曇花的高潔，繼之，以「生命原是一種犧牲」來象徵「在犧牲中實現自我」奉獻的情操，復以「不必哀傷自己」來勉勵自我，然後才點出生命的意義並不在「久暫」，在於你是不是「認真」地活過？就像一首詩，不在於字多。

我覺得藍雲先生的詩，最大的特色是，他的每一首詩都含有很深的寓意，值得我們讀後再去細細品味！讓我們再來欣賞他的「鐵樹」：

> 將一切撐斷
> 撐斷了那些虛偽的笑容
> 你是一個厭惡浮華的人
> 不喜歡那些粉飾的面孔
>
> 你怡然佇立於此
> 不理會風的戲弄
> 無視那些飛向你
> 旋即又離去的春夏秋冬
>
> 你並非不花不果
> 祇是不尚虛榮
> 不願與人爭妍
> 而在默默地播種
>
> 當你以千眼千手
> 向冥冥的無窮

探索復探索
　你竟發現自己活在一則寓言中

　　這首詩，寫的雖是「鐵樹」，何嘗不是詩人自己「心境」的寫照呢？因為，和藍雲先生認識這幾年，我深深地體會到，他不僅是一位中規中矩凡事一絲不苟的人，與他「共事」二年，他的多禮和處事之認真，也最是令我折服。

　　有人說，在台灣的詩刊中，《秋水》的清新風格不啻是贏得詩友們喜愛的因素之一，錯字之少，也是我們常常引以為傲的。只是詩友們不知道，《秋水》詩刊的錯字少，是因為我們有兩張「王牌」。有兩位幕後的大功臣－藍雲和風信子，負責校對：藍雲心細如絲，負責認真；風信子則是職業校稿人。有他們二位「把關」，錯字自然無法得逞了。

　　藍雲先生默默地協助《秋水》的編務，兩年如一日，不分寒暑，從沒有一句怨言，常常，從老遠的學校，親自將稿子送到我的辦公室。客客氣氣地，交代清楚後，連一口水都不喝，轉頭就走。他就是這麼一位最能體貼別人，也最不喜歡打擾別人的詩人。因為，他知道我在上班。

　　詩如其人，對藍雲來說，更是一點也沒錯，「鐵樹」中，「擰斷」、「虛偽的笑容」、「厭惡浮華」、「不尚虛榮」的謙謙君子，不正是藍雲先生的寫照嗎？以物喻人，境由心造，「鐵樹」其實就是詩人的「自畫像」。

　　藍雲先生寫詩三十多年，先後出版過三本詩集。計有民國 51 年出版的「萌芽集」，73 年出版的「奇蹟」，和甫於今年 5 月出版的「海韻」。綜觀他的三本詩集，我發現他的詩，多數都有積極奮發的精神；讀他的詩，猶如聆聽昂揚進取的腳步聲，而沒有無病呻吟的虛無。似乎，他特

別喜歡寫社會的光明面，和人性善良的一面，以發揚人性
的光輝，這大概和詩人謙和真純的性格有關吧。不信，請
來讀讀下面的詩句：

> 遙想在那鐵與血交會時
> 我們的英雄捐出了自己的身體
> 但他們將永遠活著，不僅在此
> 且在人們的心中，直到無窮的世紀

> ──摘自「忠烈祠」（海韻）詩集

> 高潔的靈魂如你
> 踽踽而行在那眾人皆醉的時分
> 滿懷離憂，訴與誰聽
> 唯悠悠江水是你的知音

> ──摘自「弔屈原」（海韻）詩集

> 但你毋須懊喪，更不要悲傷
> 任何樂曲都有最後的一章
> 唯問你在譜下那休止符後
> 是否讓人猶覺有餘音繞樑

> ──摘自「極」（海韻）詩集

　　最後，讓我們再來讀一首他最近剛完成的新作「路與
樹」：

無數的車走過，人走過
不曾有誰關心過
唯你來到我的身邊後
便一往情深地不肯離開我

我何嘗對你貢獻過什麼
你却給我如此多 ——
給我以遮擋烈日的庇蔭
給我以晚風下的輕歌

我常默默地想
如果你是鳥，我是河
我奔向海洋，你翱翔空中
我們會像現在這樣親密麼

你原可以在山上，在公園裏
在任何地方都比在我身邊快樂
而你竟願與我廝守在一起
可是為了分擔我的煩憂與與寂寞

這首詩，寫於今年 2 月（收入「海韻」詩集 215 頁），我相信一般人都走過無數的「路」，也看過路邊許許多多的「樹」，但却不一定有什麼感動，詩人藍雲則不同，在他的心目中，「路」與「樹」的關係却是非常密切，密切到相互依戀，感恩的程度，詩人先是指出：「無數的車走過，人走過／不曾有誰關心過／唯你來到我的身邊後／便

一往情深地不肯離開我」，然後，說到樹「給我以遮擋烈日的庇蔭／給我以晚風下的輕歌」，想像到彼此如果是鳥，是河，便不可能如此「親密」；末了，又說出，樹不論在山上，在公園裏，都比在我身邊快樂，而樹 ——「你竟願與我廝守在一起」，「分擔我的煩憂與寂寞」，無限深情地道出內心的感謝。這首詩，從表面看來，是詠物，是歌頌路對樹的感情，實際上，應是詩人對於人間真摯愛情的謳歌，也是一首既含蓄又耐人咀嚼的情詩。像這樣的情詩，不正是具有中國傳統書生情懷的「謙謙君子」的象徵嗎？

寫於 1990.8.22 深夜

空靈　怪誕　蘊藉

—— 論台灣詩人藍雲抒情詩的藝術風格

鄒建軍　譚國棟

　　台灣當代詩壇風起雲湧，現代派於六十年代掀起了漫天塵土。就在這一片「主智」與「純粹」的叫喊聲中，藍雲堅守抒情詩的陣地，把握詩的生活本質，不怕寂寞地默默耕耘，創造了自己自然清新、空靈怪誕、凝煉含蓄的藝術風格，取得了豐碩的成果。

　　藍雲，本名劉炳彝，曾用筆名揚子江、鍾欽等，一九三三年生於湖北省監利縣。曾獲台灣省文藝作家協會中興文藝獎，詩教獎等多項。著有詩集《萌芽集》、《奇蹟》、《海韻》三部。在台島，詩評家對其寫台灣三十多年變化的《奇蹟》，寫警察生活的《星的塑像》，寫教師生涯的《永恒的火炬》等三首史詩性的長詩作過專門評論，而對其頗有成就的抒情短詩的創作却少有論及。讀藍雲的詩，我們彷彿始終籠罩在他所營造的情感世界，任其別具魅力的藝術創造左右著，我們乖乖地成了詩中那與眾不同的韻致的俘虜了。藍雲這個在大海裡泛舟的詩人，在刻意開闢一條屬於自己的航道，努力尋找屬於自己的語言和神韻，渴求用不同的方式表達這個世界上的人所共有的，同時也是他個人的悲歡與追求。由此造就了他抒情詩獨特的藝術風格。

　　藍雲抒情詩藝術風格的首要特徵是自然清新。他從一九五三年開始寫詩以來，就一直沒有像某些人那樣去追求名利，而是有感而發，由興而起。他說：「我之寫詩，主要是為了自娛 —— 以此排遣生活的苦悶，填補心靈的空虛。」①這種創作態度就讓他的詩與那種無病呻吟的詩，與那種「一句三年得」的苦吟詩人的詩相區別，表現出自然清新的特色。他的詩情猶如地下噴泉，是流於其所不得不流，止於其所不得不止。他時時所想的是「我該如何燃燒自己／燃燒自己成一把火炬／在火光煜煜中找到生命的意義」。他的詩也正如這火炬燃燒般的自然與清新。「許是不堪思念的負荷／你的眼神滿含幽怨／當我驀然出現在你面前時／你又驚又嗔，更帶幾分欣歡」，他的許多愛情詩都是這般直抒胸臆，以你我的直面方式喃喃低語。德國大詩人歌德的許多抒情詩也是這種方式，如「我看到你，從你的秋波裡／就傾瀉出溫和的歡喜；／我的心完全守在你身旁，／我一呼一吸都是為你，」「呵，愛情，愛情！／燦爛如金，／就像山頂上／早晨的雲！」②在這裡，我們看到了藍雲與歌德、何其芳等抒情詩人的血緣關係，句式、語調、押韻、節奏，都隨情感的起伏而自然變化。這種抒情詩看似易寫，實際却是詩中的精品。它不需任何掩飾和雕刻，真摯的情意是最基本的前提，不然就流於淺薄與平淡。有了獨特的感受，詩才會清新。「夜夜，我都聽見海那邊淒切的呼喚／聽到黃河、長江的水聲湧到我枕畔」，正由於他用心靈聽到了，感到了，所以他的詩有奇於常人之處。「當你淚盡時，你就仰天長嘯吧／不要作沉默的咽泣／每一滴眼淚是一粒種子，一柱火光／撒在受難的土地，照在黑暗的世紀」，這詩的力度不僅來自感嘆的句式，還來自內蘊於詩中的灑脫、豁達與自信。這是歷經

滄桑、飽嘗大悲大痛、大徹大悟之後的毫無牽掛的超脫。
這種有思想有情感烈度的詩，在我們目前那些「朦朧」「現
代」「先鋒」黑雲壓城的時候，是不是可以多一點呢？我
想，這類自然清新的抒情詩，猶如詩壇上空的火星，可以
照到以後的世紀。不然，歌老的抒情詩為何至今還那麼暢
通無阻呢？

　　藍雲抒情詩藝術風格的第二特徵是空靈怪誕。「啊，
是的，我在這地上沒有戀棧，／我是流雲一片，嚮往藍天
／而藍天不是虛無，藍色不是灰色／我是一個藍色的生
命，且唱藍色的歌」。③其實他之所以取筆名藍雲，他之所
以將其最重要的詩集取名《海韻》，都表示他喜愛那麼一
種如天空一片藍色雲朵樣空靈的詩，表明他自己的一種崇
高的藝術旨趣。的確，大海的韻律，湖泊的籠烟，高山的
流泉和平野的空曠，是他詩中常常出現的意象。當然，藍
雲也是位關注現實，夢繫家園的現實主義的愛國詩人，這
種思鄉的描寫都市生活的詩有深沉的一面，同時也具有空
靈的一面。他頗致力於現代都市詩的創作，但他所表現和
傳達的幾乎都不是那種面與線，而能用敏銳的感覺捕捉和
把握都市生活的心理與節奏。〈擠〉、〈鐵軌與蝴蝶〉表達
了人在工業社會中受限的痛苦和對自由生活的嚮往。〈農
莊素描〉與其說是對沒有污染的生活環境的渴盼，還不如
說是不滿現實而尋找精神家園的哲理表現。他所描寫的正
是這種精神的、哲理的、藝術的境界，當然是在現實生活
的實境中升起來的意象、因而多半具有了一種象徵性與暗
示性。

　　平淡的現代社會中需要傳奇，所以傳奇誌怪的小說流
行。當代詩壇在表現日常生活的同時也需要傳奇，所以有
大量的神話詩的出現。藍雲並沒有去寫傳奇與誌怪的詩

作，但却在詩裏表現出了神秘與怪誕的風味。的確，他的不少詩是在神秘色彩中凸現奧義的。〈夢〉與〈尋鞋記〉等詩是帶有一定情節的抒情詩，表達的是對失落的茫然以及人生的不解。「可是，當我將它穿好了站起來時／却不知道我要走向何方」（〈尋鞋記〉）這是困惑。「於是，我們就這樣依偎地走著／走過了山嶺草原／走過了海洋大地／走到一個無人知道的地方／我們就在那烟水朦朧中隱去」，（〈走在細雨霏霏中〉）這是神祕。〈自繪像〉、〈子夜吟〉和〈迷失的夢囈〉等詩都籠罩在神秘的氛圍中。藍雲的詩最動人之處，是他從神秘與怪誕的氛圍中表現他獨有的思索。〈於是，開始追尋死亡〉和〈死‧不朽的神〉，把死亡和難測的命運寫得那樣可愛和空靈。他把生作為死亡給予，命運是可定與不定之間的幽靈。對命運的表現，事實上是詩人對現實的曲折觀照，用藝術三稜鏡反照現實的種種。〈門〉是生死之門，〈路的變奏〉是命運的變奏。塵世生活給人們帶來的痛苦，使詩人時常把生死掛念於懷，同時表現了他對生命有限與永恒之間關係的思索，對生命的眷戀與熱愛。

藍雲的詩自然清新，空靈怪誕，但並非一覽無餘。他的大多數詩也是凝煉蘊藉，耐人尋味的。情感雖呈自噴狀態，但在結構上還是比較講究，如他的許多四段十六行詩就和傳統文學起承轉合的四段式結構相契合，並且講究內容的發揮和文字的控制。在內容上，他有自己的思想與發現。這些發現的結果，他並不是用大白話直接告訴我們，而是通過一系列的夢境，用很有厚度與力感的意象把它傳達出來。如他關於生與死的哲理，即主要通過與死相關的「殯儀館」、「忠烈祠」、「墓誌銘」等意象表現的。在莊嚴的意象中滲進哲思，在神秘中辨析真理，是理性與詩有很

廣的暗示功能。讓我們來讀〈清道夫〉：

> 你並非屠狗逐臭之徒
> 只是要把那些垃圾弄走
> 無論是紙屑、果皮
> 抑或是斷枝落葉爛木頭
>
> 你不須趕路
> 卻常望著地上發愁
> 尤其是在那野台戲演完
> 或一場暴風雨之後
>
> 世界上有很多地方要清掃
> 因此，你的工作永無止休
> 掃完一條條的道路
> 還有一條條的水溝
>
> 而歷史上也有許多垃圾
> 有的已經隨水流走
> 有的還在那裏發臭
> 你是不是也要去把他們運走

　　這裏清道夫的形象，並非僅指那些早上天沒亮就執帚橫掃大街的清潔工人，它所表現的也並不僅是對清潔工人的頌揚。他所要給出的見解，所要抒發的憤恨，恐都能在尾節中透出信息。歷史上也有許多「垃圾」，浪淘盡千

古遺事,所以有的已經隨水流走,也就作罷。而可恨的是「有的還在那裏發臭」,正如朋友邦君〈老屋〉所寫的「老屋」:「老屋實在太老/大廳中殘缺著一塊石碑/是鑲著的唯一一顆/門牙/然而就這一顆門牙/死咬住不肯搬遷」。④詩人所寫的「老屋」,也正是那歷史上的「垃圾」。藍雲問清道夫:「你是不是也要去把他們運走」,言下之意即你不運我就運走了。其實他已經用詩做了許多清道夫所作的事。工人、農民、軍人、教師乃至學生,都不可以當這乃至那種清道夫嗎?他的詩之寓意是相當深的。而所有這些,正是象徵所帶來的含蘊。

藍雲「不像台灣某些詩人那樣急功好利,浮躁囂張,而是一直腳踏實地默默地辛苦耕耘,不求聞達,從不拋頭露面作秀」,這種忠實實在的創作態度和處世精神,正是成就他清新空靈,怪誕蘊藉的藝術風格的基礎。對於他及他的詩,我們應給出由衷的掌聲。

附　註:

① 藍雲《海韻》自序,《海韻》第三頁,台北自強出版社 1990 年 5 月初版。

② 分別引自歌德《相逢與離別》、《五月之歌》、《德國詩選》第 79、81 頁,上海譯文出版社 1982 年 5 月版。

③ 藍雲〈藍色的歌〉,《海韻》第 35 頁。

④ 黃邦君〈老屋〉,《生命之張力》第 4 頁,寧夏人民出版社 1989 年 1 月版。

尋找自己的韻致

—— 讀藍雲的詩集《海韻》

譚國棟　鄒建軍

　　大海是蘊藏著美的。無論是掀天的巨浪或是微微蕩開的漣漪，都呈現著自己迷人的風采。在大海裡泛舟的詩人，無不刻意開闢一條屬於自己的航道，努力尋找屬於自己的語言和神韻，渴求用不同的方式表達這個世界上所共有的悲歡與追求。作為台灣詩壇 —— 也可以說是中國詩壇的一員，藍雲也在自覺地做著這種艱難的遠征。令人欣慰的是，他的第三本詩集《海韻》標明了他前行的位置，又再一次向我們證實了這樣一個真理：愈是自己的，也愈是最大眾的。藍雲成功之處在於他用自己獨特的藝術方式說出了我們的感受。讀他的詩，我們彷彿始終籠罩在他營造的情感世界，任其別具魅力的藝術創造左右著，我們乖乖地成了詩中那與眾不同的韻致的俘虜了。

　　詩不僅是個人情感的渲泄器，更是一種大眾情緒的發言體。如果用一種常見的情調訴說普遍的感受，詩的感染力就大為削弱。只有從自己的獨特感受出發，採用不同一般的抒情方式，才可能具有新奇的力量。藍雲正是首先在這一點上與其他詩人區別開來。在生活中會遇到各種各樣的痛苦，面對痛苦怎麼辦？詩人告訴我們，〈當你淚盡時〉：

當你淚盡時，你就仰天長嘯吧
不要做沈默的咽泣
每一滴眼淚是一粒種子，一柱火光
撒在受難的土地，照在黑暗的世紀

當你淚盡時，你就仰天長嘯吧
不要做弱者的呻吟
每一滴眼淚是一首詩，一串鏗鏘的音符
寫在歷史的扉頁上，響在人們的耳畔

　　這種昂揚與樂觀的調子，突然讓我們振奮起來。力度
不僅來自感嘆的句式，還來自蘊於詩句中的灑脫、豁達與
自信。這是歷經滄桑、飽嘗大悲大痛、大徹大悟之後的毫
無牽掛的超脫，是失望、失意的大釋放。詩人一鼓作氣，
把微渺的希望放大到使人從消沈的淵藪裏飛騰起來，在樂
觀的陽光下自由翱翔。

　　藍雲從沒停止過藝術追求的腳步，即使對千百人詠唱
過的主題，他也要同中求異，別開新貌。他對愛情題材藝
術把握和表達獨具特色。"當你去時／日蝕。月暈／頓覺
天的重量壓向我／地在急速崩潰"（〈哀歌〉）詩人把自然
現象移情為心靈世界的情感幻象，來隱喻痛苦。痛苦是無
法衡量的，但詩人卻把它具象比為可以感覺到的"天之重
量"。把離別的痛苦狀寫得這樣具體可感，活脫鮮明，在
情詩中是不多見的。

　　藍雲不僅僅停留於愛情作淺層面的揭示，最重要的是
他對這一千古主題的精神內蘊作了深入的開掘。他把自己

的審美理想透視塵世愛情，賦予一種山水蓮花般聖潔的光澤，達到令人神往的理想境界。

一灣淺淺的海峽隔離了歸鄉路，孕育了無以勝數的鄉愁時。余光中的〈鄉愁〉、舒蘭的〈鄉色酒〉等佳作橫亙於前，後來者如果想和前人爭勝，就必須有別開新境的獨特感受和跳出藩籬的不凡身手，否則就常常只能是前人的重複與回聲。藍雲是深諳此道的，故能獨闢蹊徑。他用夢遊故鄉的方法抒發他不能身遊故鄉的惆悵，許多回鄉詩最隱含著對現實的強烈不滿，愁中有怨、有恨、詩作更具有現實意義。〈凹凸鏡〉也是一首含蓄的思鄉詩。在兒童玩具展覽會場，他觸景生情，想起了杳無音信的兒時玩伴，"曾是玩泥玩沙的小手／如今在玩什麼遊戲？"濃鬱的思念溢於輕淡的一問之間。我們看到了與以前不同的觀點角度："夜夜，我都聽見海那邊淒切的呼喚／聽見黃河、長江的水聲湧到我枕畔"〈永恒的火炬〉詩人沒有直接擷取自己人生歷程的往事，而往事的回顧是最富詩情的，卻從關切不知下落的故人入手，表達了對少年生於斯青年長於斯的故土的懷念。〈地圖〉的藝術手法分明得益於戴望舒的〈我用殘損的手掌〉。面對地圖，他扇動想像的翅膀，穿過海峽萬頃的波浪，降落在記憶裡的家園。他歷數的每一件景物都飽含著感情，從他情調低迴的喃喃自語中，我們分明看到了在海峽彼岸頻頻西顧的海外遊人的形象。

思鄉詩寫到這個層次已經不錯了，但藍雲不滿足於此。他在古代文化中尋找台灣與大陸的傳統血緣關係，在現實和歷史中構建橋樑。他有意識地選用"屈原"、"汨羅江"、"洞庭湖"等具有文化意義的象徵意象，溶進詩行。〈孩童與粽子〉、〈吊屈原〉、〈遙望汨羅江〉和〈夢返洞庭〉等，無一不是對傳統文化的尋覓，是斷乳期嬰兒對

母親的呼喚，是基於現實的歷史文化與現代心理的連接。它的現實意義在於告訴我們，台灣文化的母體在大陸，傳統文化的血脈和民族心理的臍帶是永遠割不斷的。他把鄉愁詩，推到了異於他人的境界中。

真正的詩人總是關注著現實。藍雲說“當然，除了自娛以外，有時，我也會基於人生的責任感，就其對現實生活的反映，表達我的關注。希望我所寫的詩，也能略具一點社會性的功能，而不致僅流於文字的遊戲，或個人的夢囈”。的確如此，藍雲頗致力於現代都市生活的場景和情緒的表現與傳達，他用敏銳的感覺捕捉和把握都市生活的生理和節奏。〈擠〉、〈鐵軌與蝴蝶〉表達了人在工業社會中受限的痛苦和自由生活的嚮往。〈農莊素描〉與其說是對沒有污染的生活環境的渴盼，還不如說是不滿現實而尋找精神家園的哲理表現。〈墓誌銘〉把這種追求推到了極限：“這是世界上最美好的地方／沒有噪音擾人／沒有空氣污染／戰爭到此止步／重擔於焉釋放／我一來到這裡就不想走了／這裡才是我永恒的故鄉”。然而他失望了，這美好的願望只能在另一個世界裡找到。這是他為生活在自然和精神環境都受到污染的人們設計的理想場所，也是他要遠離齷齪紛爭的世界的曲折表達。

空靈峻峭，在神祕色彩中凸現奧義是《海韻》的又一特色。〈夢〉與〈尋鞋記〉等詩是偏向於敘事的抒情詩，表達的是對失落的茫然以及人生的不解“可是，當我將它穿好了站起來時／卻不知道我要走向何方”，（〈尋鞋記〉）等這是困惑。“於是，我們就這樣依偎地走著／走過了山巔、草原／走過了海洋、大地／走到一個無人知道的地方／我們就在那烟水朦朧中隱去”（〈走在細雨霏霏中〉）這是神祕。〈自繪像〉、〈子夜吟〉和〈迷失的藝囈〉等詩都

是籠罩在神祕的氛圍中。藍雲的詩最動人之處，是他從神祕的氛圍中表現他獨有的思索。〈於是，開始追尋死亡〉和〈死・不朽的神〉，把死亡和難測的命運寫得那樣可愛和空靈。他把生當作死亡給予，命運是可定與不定之間的幽靈。這些詩，很可以反映出他對世界的看法。

綜觀他的詩作，藍雲走的仍然是現實主義的創作道路，他承襲傳統又能突破傳統，在許多方面都有自己的獨特創造。六、七十年代，現代派詩潮在台灣詩壇掀起漫天塵土的時候，藍雲沒有迷失自己，這是難能可貴的。但"我之寫詩，主要的是為了自娛 ── 以此排遣生活的苦悶，填補心靈的空虛。既然是為了自娛，就不願太吃苦"的思想影響下，格調就不免低沈。生活有苦悶也有歡樂，怎樣選擇素材是詩人的自由，沒有用辨證的眼光看待生活則是詩人的責任。其題材，不夠豐富；其視野，有待開闊。也由於他在吸收外來東西方面不很熱心，藝術手法相對單調了些。在縱的繼承方面，很講究韻腳的布排，意境的營造，讀起來朗朗上口，富有詩情畫意。但在煉字煉句方面，則不願為"吟妥一個字"而受"捻斷數莖鬚"之苦，這種故意的慵懶使一些詩句明顯受到了損害，影響了整部詩作的水平。無可否認，他的詩歌創作已達到了令人羨慕的高度。我們隔海祝願他永保青春的詩心，創造出更多更美的詩來。

合評〈端節有感〉

試解藍雲的〈端節有感〉

一　信

　　詩人藍雲的〈端節有感〉一詩，在三月詩會中是難得的佳作，也是抒吟端午節詩中的佳作。這首詩最大的優點，是運用時間、空間，交織了景與情，經營成了情真意摯，精鍊而有內涵的的好詩。

　　第一段用兩個「又是」把時間濃縮了；再用往昔的「孤影」、「嗚咽」、「浩歎」對照如今的「節慶的歡躍」，對比強烈，獲得讀者情緒上的共鳴感。

　　第二段用「同一張日曆」及「兩岸」把空間展開；再以「五十年」、「五千年」、「歷史」三個名詞突顯時間。將空間、時間交織配合著未「血脈斷絕」與「歷史的告白」表露出濃厚的情感，並反問「健忘症的患者」來表達「有感」的主題。

　　最後一段中「淡水河以熱情的手伸向遠遠奔來的長江」運用形象掌握空間非常成功。接著以「兩手相握在波瀾起伏的海上」更具畫龍點睛之效，再加上「每一朵澎湃的浪花中」「都含有帶淚的微笑、跳躍的希望」作為結尾，在在使這首詩獲得不凡的藝術效果。

　　如果這首詩能多用形象表現，減少些說明式的文字，適當的運用新穎的詩語言表達，所獲得的成功將更大。

澤畔的孤影

王 幻

詩是心靈的獨白，古今中外的詩人都是自言自語者，就因這種心靈的語言，最具感性；感染讀者的情緒，也為之一唱三歎起來。如讀漢書可以下酒，再浮一大白。

藍雲的「端節有感」一詩，共分三段；其中最具詩的感性的，在下列四句：

> 站在陽明山上俯瞰
> 淡水河正以熱情的手伸向
> 那遠遠奔來的長江
> 彷彿兩手相握在波瀾起伏的海上

把淡水河與長江的水握在一起，象徵兩岸人民的心情，對統一的嚮往。

詩歌的意象和詞藻，有時是超越時空及文法的，如杜甫秋興八首，其中有兩句：「香稻啄殘鸚鵡粒，碧梧棲老鳳凰枝」為不可解；似應顛倒過來：「鸚鵡啄殘香稻粒，鳳凰棲老碧梧枝」，方合主副動詞的文法。豈不知詩聖獨具靈思，特別弄出這個調調兒，此即「不以詞害意」的自然處，千載之下仍被列為詩的上乘作品。

所以評論一首詩，應在意象之外，去體會作者內心的意蘊，無須在枝葉上過於剪裁，而致失去原意！

無言汨羅為誰咽

謝輝煌

　　藍雲兄〈端節有感〉一帖，借端節之「普天同慶」，抒民族難分之感，用心良苦。

　　詩以「興」起，以「賦」繼，而以「比」結。情深比酒濃，手法平穩，式形均衡，層次分明，腳韻自然而鏗鏘，是其優點。末段以「淡水河和長江」握手，象徵「彼此握手言歡」，形象生動而雋美，然亦突顯了一、二兩段想像之不足。

　　涉現實的詩，最不好寫。如能寫到「船過水無痕」的境界，方稱佳妙。此詩的重點在第三段，但第二段最後兩句，似欠週延，且有些火氣。蓋分合因依，各有根由，且不自今始。再者，風俗習慣僅是歷史的一小部分，以此作為「歷史的告白」，訴求的力道不夠。

〈端節有感〉讀後心得

邱　平

　　藍雲兄大作「端節有感」一詩，品讀後會很自然的有
一種心胸舒暢的感覺；如本詩的最末一段：

> 淡水河正以熱情的手伸向
> 那遠遠奔來的長江
> 彷彿兩手相握在波瀾起伏的海上
> 而在每一朵澎湃的浪花中
> 都含有帶淚的微笑　跳躍的希望

　　情緒熱烈、意象鮮活，極為感人；象徵民族文化血脈
的長江和淡水河，當其像兩隻熱情的手在海上相握時，也
就強烈的喻示了悠久燦爛的華夏文明，將因兩岸兄弟之攜
手團結而宏揚於世界；使人感受到「帶淚微笑」的快樂的
心境。

統一的新模式

金　筑

　　詩人藍雲的〈端節有感〉是一首感性很深的小詩。第一節明說端陽節原來是紀念屈原不幸的遭遇，是一個悲慘的故事，因時間久遠，沖淡了「汨羅江的嗚咽」，竟「變為節慶的歡躍」，後人的感受，與當初不一致了。甚至情緒相反。因此，詩人在開始就正本清源，實事求是，可敬，可敬！

　　海峽兩岸，目前政治形態，意識形態均不同，分隔了將近半個世紀，但，傳統的風俗習慣並沒有改變，而且每逢佳節「同樣歡度得有聲有色」，儘管如此，政治人物並沒有「聽到歷史的告白」；詩人在感受上卻很可愛。

　　因為大家不理會傳統，詩人善意的，要「淡水河熱情的手伸向」「遠遠奔來的長江」，這種擬人的統一方式，實在是詩人的無奈，也是一般人設想不出來的統一方式，是形而上的，相信大家都贊成。

　　「淡水」「長江」，「兩手相握在波瀾起伏的海上」，是詩人充當了最佳的媒介，「而在每一朵澎湃的浪花中／都含有帶淚的微笑」，「淚」「微笑」是浪花的嗎？是詩人的？是每一個中華兒女的？

淺析藍雲的〈端節有感〉

麥 穗

　　〈端節有感〉全詩三節，分別以「感時」、「憂國」和「期望」訴諸於讀者。是一首觸景生情之作，三節都可獨立成篇。第一節感歎人們過端節時，除了應應景的龍舟競渡，吃粽子以外，似乎都已忘記了為憂國憂民而躍身汨羅江的愛國詩人屈原。國家並未完全進入安寧，人們却已揚棄了憂患意識。第二節是說兩岸雖有海峽相隔，人們也因政治因素而長期隔離，但永遠隔離不了五千年的血脈相連。在同一天，兩岸人民在同一傳統風俗下，作同樣的節慶活動，在這裡作者用「同一張日曆」代表同一個節慶，既新穎又凸顯，相當成功，因為近來有些人對國家的認同，常發謬論，作者痛心之餘。在這一節的最後二句中，提出了強烈的規勸性警示。最後一段是作者對兩岸開放往來所寄予的期望，以淡水河伸出的手和遠遠奔來的長江相握作喻，意象鮮明而生動。雖然至今對方尚未發出善意的回應，然而作者仍寄以殷殷的期待。

　　藍雲是「葡萄園」詩刊創辦人之一，「葡」刊主張詩要健康、明朗，藍雲的詩也一直秉持著這一原則，這首詩仍呈現藍雲的一貫詩風，平實、簡樸中不失詩的醇美。

　　　　　　　　　　　新店近雲樓　　1993.6.10

〈端節有感〉讀後

張　朗

　　於今的詩人，多寫自由體的詩，因可任意發揮不受局束；而藍雲鄉兄却偏愛寫格律詩，且寫得相當好，很難得。

　　「端節」第一節，感嘆一個弔念先賢的莊嚴節日，至今淪為「歡躍」的民俗。第二節說明兩岸同胞「血脈」相通，不應分裂，也不能分裂。可惜藍雲鄉兄人如其詩，詩如其人，情感含蓄，不能給讀者強烈的震撼。第三節是憧憬，想像兩岸和平統一的景象，意象很美，詩意也頗濃。

　　這首詩，不是政治詩，只是詩人經歷兩岸「五十年的分隔」後，逢節「有感」而已！

讀〈端節有感〉

劉 菲

　　藍雲的〈端節有感〉是藉題寫心中之意，全詩三節，有「史」有「怨」有「期」。若藍雲執筆之前重溫史記「屈原賈生列傳」，再調心中之琴，則其詩意更能引人。

　　民俗之端陽，是否為紀念屈子投江而設，有待考證。而其跳汨羅江之事能流傳，則應感謝史記作者司馬遷，若無司馬遷為其作傳紀述，屈子之「死諫」亦如庶民之跳江自殺，饗宴魚腹而已。

　　藍雲之「怒」，小焉者也，當今朝廷之混濁，其污穢遠勝屈子之楚國千萬倍；美帝凌台，亦如秦之凌楚也。被貶之屈子滿街，「死諫者」未聞。

　　藍雲之「期」，中國人之期也。淡水河「此岸」之謂，長江「彼岸」之謂，兩岸相握於「波瀾起伏的海上」，相握而有「波瀾」，若喻之兩岸事務，誠哉斯言。「辜汪會談」有波，「陸委會」「海基會」波波相接，浪花不斷。

　　藍雲謂「帶淚的微笑」，乃兩岸小市民可探親也，「少小離家老大回」，有淚有笑是真情。至於「和平統一」，置之「跳躍的希望」，妙哉！

試談〈端節有感〉

林紹梅

藍雲兄這首鄉愁味濃的作品，頗具藝術性，與節奏感之美。

本詩分為三段，第一段以「蒲月」、「龍舟競渡」揭開序幕，進至汨羅江的嗚咽／曾令多少人浩嘆的畫面／如今變為節慶的歡躍。再發展至「同一張日曆，在兩岸同樣歡度得有聲有色」，緊緊扣住端陽節慶的環節。

末段詩人以「淡水河」與「長江」形容為兩隻緊緊相握的手，充分表達出分裂多年的國土，希望早日復合的愛國情懷，這也正是兩岸中國人共同的心聲。

慶端陽、懷故土，詩人愛國，自古皆然，全篇前呼後應，處理相當成功。

附 錄

端節有感

藍 雲

又是蒲月
又是龍舟競渡時節
那行吟澤畔的孤影
汨羅江的嗚咽
曾令多少人浩歎的畫面
如今變為節慶的歡躍

同一張日曆，在兩岸
同樣歡度得有聲有色
五十年的分隔
何嘗讓五千年的血脈隔絕
那些健忘症的患者啊
可曾聽見歷史的告白

站在陽明山上俯瞰
淡水河正以熱情的手伸向
那遠遠奔來的長江
彷彿兩手相握在波瀾起伏的海上
而在每一朵澎湃的浪花中
都含有帶淚的微笑，跳躍的希望

溫文敦厚四四方方的藍雲

麥　穗

　　雖然在群星爭耀的台灣詩天空中，藍雲並非熠熠閃光的明星，但在詩友之間，藍雲却是一位詩如其人，人如其詩，方方正正的謙謙君子。

　　本名劉炳彝的藍雲，民國 22 年（1933）的中秋節出生於湖北省監利縣濱臨長江的一個農村，與同齡層的許多朋友一樣，藍雲的童年，少年到青年，都是在苦難的戰亂中度過的。民國 32 年（1943），日軍的鐵蹄踐踏進這個純樸的農莊，十歲的藍雲就嘗到了逃難的滋味，隨著家人避難到鄰省湖南岳陽的一個山村裡，直到抗戰勝利。但故鄉經過戰火洗禮，田園凋敝，謀生困難，於是舉家在岳陽城廂鎮落腳定居，度過了一段短暫的較為安寧的日子。不久，當藍雲負笈湖北省立武昌實驗中學時，國共之間的一場天翻地覆的內戰，又把人民帶入戰亂的慘境，民國 38 年（1949）藍雲被戰火逼得遠離故鄉和家人，輾轉來到寶島台灣。初到台灣的藍雲曾一度穿上軍服置身軍旅。因為軍中的生活刻板枯燥，唯一滋潤枯燥生活的方法是閱讀，尤其是文學方面的書籍。藍雲除在這段時間讀了不少文學名著外，適逢李辰冬博士創辦中華文藝函授學校，藍雲便報名參加了函校第一期的詩歌班，筆者亦為詩歌班第一期的學員，其他如瘂弦、向明、小民、秦嶽等均為同班同學，

可惜函授班並不在同室授課，雖是同班同學却都無緣見面。藍雲就從這個時候開始寫詩、投稿，一腳踩進了詩之國。那是民國 42 年（1953）的事了。可惜軍中生活保存資料不易，藍雲發表的第一首詩已無從尋找，在他第三本詩集《海韻》中的一首〈復活之歌〉，是他保存最早的一首作品。那是民國 45 年（1956）元月在南投縣的埔里鎮寫的。

民國 46 年（1957）藍雲因病脫下軍裝，走進陌生而複雜的社會，因為覓職不易，曾使這位單純的軍中青年備嘗困頓。經過近三年的努力，終算在台北近郊的某醫院謀得一職，才把生活安定了下來，這時中國文藝協會舉辦了一個「新詩研究班」，已與詩結下不解緣的藍雲又成了班上的研究員。接受當時詩壇名家覃子豪、紀弦、余光中等指導，詩藝大進。結業後即與同學文曉村、古丁等組織了一個詩社，並接受藍雲建議命名為「葡萄園」，接著又創刊《葡萄園詩刊》，至今已出版了 33 年，是台灣目前僅次於《創世紀詩刊》的資深詩刊，藍雲一度曾擔任《葡萄園詩刊》主編。民國 52 年（1963）因為嚮往春風化雨的工作，考取了台灣省立花蓮師範專科學校，他離開了台北，離開了詩壇，也離開了主編的《葡萄園》，再度拿起課本，重溫學生生活。為使心境寧靜，專心課業，藍雲有過一段「息交絕遊」，幾乎與世隔絕的時間。

在花蓮那段時間的藍雲，雖然專心於學業，但依然在學習的空隙間，時有佳作產生，但為了不欲人知而用了「揚子江」和「鍾欽」二個鮮為人知的筆名。如他自己說：「我曾一度欲將自己放逐於詩國之外，但我畢竟還是無法忘情於詩，依然停停寫寫，寫寫停停地維持了與詩的藕斷絲連」。師專畢業後，藍雲被分發到中部某國民小學，不久

他通過中學教師的檢定考試，於民國 57 年（1968）回到台北應聘某市立國民中學擔任教職，至今已執了 30 年教鞭，作育人才無數，真箇是桃李滿天下。

回到台北後的藍雲，依舊是詩壇的隱士，依舊以鍾欽的筆名寫詩，如民國 71 年（1982）在中央日報副刊發表的二首極具震撼力的長詩「奇蹟－台灣的另一個名字」和「永恆的火炬」等。其間而且以一組 30 首的短詩，獲得第十八屆國軍文藝金像獎之佳作獎。雖然在民國 58 年時曾經被他的同事，也是某詩友之子發現，而被詩壇老友們「揪」了出來，重新現身詩的江湖，然而不求聞達、淡薄名利的他除了寫詩、讀詩，並不熱衷詩壇的各種活動，甚至被邀請參加在台北舉行的第二屆世界詩人大會，如此盛大的活動都懶得出席，至於其他詩壇的風風雨雨更是不屑聽聞了。這就是他擇善固執的性格。

寫詩近 40 年的藍雲，先後出過四本詩集，第一本是早在民國 51 年（1962）出版的《萌芽集》，第二本是民國 72 年（1983）出版的《奇蹟》，民國 79 年（1990）出版第三本詩集《海韻》。去年（1994）年他的第四本詩集《方塊舞》問世。每本詩集都得到不少掌聲，頗為讀者詩友們推崇，尤其第四本《方塊舞》更突顯了他獨特的風格，每首詩一律四段，每段均為四行。他給它創造了一個名稱曰「四四體」。新詩的產生原本是要打破格律，不受規則的約束，可自由自在地發揮，但是詩人在創作的技巧和理念上，依舊可創造自己的風格和形體，如向陽的十行詩、洛夫的隱題詩等等，都曾經結集出版，何況藍雲的「四四體」，雖在行數上有所自我約束，但每行字數並未限制，並非早期的「豆腐乾」體，發揮的空間依然很寬潤。名小說家詩人墨人先生曾對藍雲的「四四體」作過如此的評

論：「我還發現他在詩的形式上，作了很大的努力，即不論任何題材的作品，他都寫成十六行，而且是四段四行，在視覺上有一種整齊美，但不是豆腐乾式的，在文字的組合方面，又有相當大的彈性，又各有各的節奏和韻律，自然產生了一種和諧」。

　　藍雲也以本名發表過許多童詩，大都在《台灣新生報》的「新生兒童」版上，詩友間讀過他充份流露著愛心和童心的作品者大概不多。筆者也曾創作過一些童詩，對藍雲的童詩非常喜愛，特在此介紹他二首充滿童趣的作品，供大家欣賞：

燕　子

燕子乘著春天的翅膀來
將春光剪成一塊塊
然後忙著到處送給人
讓大地充滿繽紛的色彩

「燕子、燕子
你每天飛來飛去累不累？」
祇聽見牠喃喃地在說
「不累不累，因我心中有愛」

稻草人

他將雙手平舉，像在做體操
可是他並沒有擺頭彎腰
祇是一直靜靜地站在那裡

原來他是在放哨

他的頭上戴了一頂破草帽
兩隻袖子隨風飄呀飄
小朋友見到他都覺得好笑
笑他怪模樣的呆頭呆腦

你別瞧他又笨又醜很好笑
他可替農人幫忙不少
只要他往田邊一站
那些偷吃稻子的雀兒就嚇跑了

　　當鍾欽就是藍雲的秘密被善於邀稿的《秋水》詩刊主編涂靜怡探悉後，鍾欽又恢復了藍雲，不但成了《秋水》的固定作者、義工，因為《秋水》如一泓清流，在詩壇潺潺流著，頗符合藍雲的創作理念和風格，一向不參加任何詩活動的藍雲，最後參加了《秋水》的行列，成為同仁也是編輯委員。同樣的，台北部份資深的寫詩朋友組織了一個以詩會友，互相鼓勵切磋詩藝的「三月詩會」。藍雲也是成員之一，在每個月一次的聚會中，除了學校課業無法分身外，總是攜帶作品與詩友一起研討，關於人家對他的作品提出意見或有所批評時，他總是虛心接受或一笑置之，從不見他臉紅耳赤過。這就是溫文敦厚，四四方方的藍雲。

現實與幻象的交織

—— 藍雲的高層結構詩

周聖弘

　　高層式是現代詩歌常用的一種結構。它的特點是多層的含義。在現實主義的描述上投上超現實主義的光影，使得讀者在接受過程中總覺得頭頂上有另一層建築，另一層天，時隱時現，使人覺得冥冥中有另一個聲音。這裡有兩種可能：一種是詩人在兩種不同的經驗中找到共同的東西。因此在寫甲經驗時，有意使與它有密切關係的乙經驗隱約出現。另一種情況就是在寫一種經驗時不僅寫其形，而且使它的神，也就是本質精神，隱約滲透，這樣就成了高層式。影射寓言屬於前者的一種。影射和寓言雖然在民間、古典、浪漫主義文學中本有，但傳統的寓言很像一個藥葫蘆，本身已經被挖空，只起一個裝藥的作用，因此並沒有高層、多層之感。而現代派的神話寓言和影射的象徵意義正在於它同時呈現甲、乙兩種經驗，使之或相交織，或一者為主，另一種時隱時顯，這樣就產生一種現實與幻象交替出現的恍惚的感覺。也就是帶有幻境色彩的現實，和具有現實細節的幻境存在於詩裡。這一點是古典或浪漫主義文學所沒有的。

　　美國現代詩人羅伯特‧佛羅斯特曾寫過一些很好的詩是優秀的高層結構詩。無獨有偶的在海峽彼岸的台灣詩壇上曾任早期《葡萄園》詩刊主編兼創辦人之一的知名詩人藍雲，在詩的園地裡經過四十多年的刀耕火種，也寫下了一些很好的高層結構詩。他的詩在形式上較保守也很多作品都沒有脫離他自創的十六行體格律詩，但從思維結構上講，藍雲的詩很有現代派象徵主義的特色。他常常運用高層結構使得他的描寫台灣社會現實和個人心理體驗的詩染上象徵的色彩。打開藍雲的詩集，這類詩作屢見不鮮，這裡只能略舉一、二。

　　〈一顆樹的塑像〉是一首既寫實又富象徵意味的小詩。這首詩寫一經歷過春風夏雨「昂然地」「不憂、不懼、不惑」地屹立在秋野的「即將面臨嚴冬肆虐」卻「依然滿懷希望地生活」的樹，「除非斧鉞加身」，它將站成一座「不朽的雕像」。

　　這裡的「樹」是全詩的中心意象。它使我們隱約地感到有現實之外的象徵意義，它那懸在空中的另一層結構已然向讀者提出了很多思考和解釋的空間。

　　〈路〉也是一首高層結構詩：

世上的路無數
我走的卻是一條山間小路
總是那麼逼仄
那麼不敢恣意馳騁的拘束

也曾有過花香撲鼻
卻是曇花一般短促

偶爾也風和日麗過
更多的時候　則是陰霾四布

一路戰戰兢兢
唯恐稍一不慎會失足
環顧四周　人跡杳然
與我同在的祇有孤獨

孤獨地走著這荒山野路
我沒有躊躇，也不論有無險阻
祇朝著一個方向前進
絕不在中途停步

　　世上有無數條路，「我」卻選擇了一條山間逼仄的小路，雖「戰戰兢兢」，陪伴我的「祇有孤獨」，「我」卻「沒有躊躇」地「祇朝一個方向前進」。讀到這裡，讀者自然都會意識到詩裡所寫的絕不是一次旅行或散步時走哪條小路的問題。那僅是結構的底層，在這之上還有一個高層。這是詩人透過一個普通的人人有過的經驗寫出更深的人生經驗：選擇少有人走的道路並九死而不悔。

　　《路的變奏 —— 上班途中有感》寫的是作者做為一個工薪族，在某次上班途中的經驗和感觸。詩人寫道：

每天走在同一條路上
走在這路上的卻非同一個人
昨天，他的心中一片陽光燦爛
今天，他的臉上卻布滿烏雲

同一條路上走著不同的人
沒有人知道自己究竟在向何處走
誰也無法測定明天的風雨陰晴
原來我們腳下的路是一條最詭異的獸

那人正奔向滿懷希望的前途
突然，一輛超速的車撞了過來
他竟來不及向朋友揮手
就這樣匆匆走了，一去不回

　　這首詩顯然也屬於多層結構。在底層是很具體的經驗。而在上層則是一些抽象的、象徵的含義。讓我們用圖表表明這首詩的多層結構

　　底層：
昨天，今天走在同一
條路上的同一個人因
心情或遭遇不同而判若兩人。

同一條路上不同的人，
腳下的路是一條詭異
的獸 —— 命運。

充滿希望的行路者
突然遇超速的車
而喪命

高層：
感嘆道路不變而
人生無常、世事
多變。

禍福無常。
行路者其實知道「在向何處行」。故並無命運之
神主宰我們，而是有不守法者傷害人們。

〈候鳥〉寫了這種鳥的生活習性：冷離暖歸。從底層
看來，這是一首描寫細緻頗富意趣的詩。但讀者僅僅停留
在這個水平上，那就沒有讀懂這首詩。因為在詩的結尾詩
人寫道：

熬過嚴寒的冬季
大地又生氣洋溢
你翩然而至，擁著春天起舞
卻不知有人鄙夷於你的投機

顯然，在現實主義的底層結構之上，確實有著很明顯
的超現實的結構。有了這一層意義之後，全詩的現實主義
描寫部分也就增添了不同一般的色彩，使讀者彷彿置身在
真實與象徵兩種世界之中。「實」與「幻」、「實」與「虛」
成了重影，像交叉的燈光給予詩一種異彩，為詩增加了一
些不尋常的意義。

1996.2.14

翩翩婆娑的方塊舞

—— 論藍雲的十六行詩

周聖弘

　　自本世紀二十年代胡適先生的《嘗試集》誕生至今，中國新詩已經走過了七十多年的歷程。從這一演變進程和當代詩歌形式的狀況中可以看出，在新詩形式上僅圖獨尊一體是決然不行的。詩人的創作實踐和讀者的欣賞習慣以及豐富多彩的現實生活要求著新詩體式將不止一種，而是以若干種為主體的多品種詩體長期共存。順應這種歷史要求，聞一多、徐志摩、郭小川、嚴陣、黃淮、彭邦楨、向陽等著名詩人都曾以極大的熱情在現代新格律詩的園地裡默默耕耘，並取得了不菲的收穫。在海峽彼岸的台灣詩壇上，繼旅美詩人彭邦楨創造的"現代白話格律詩"和本土詩人向陽創造的"十行體"詩之後，有著四十多年詩齡而默默創作不求聞達的詩人藍雲，於一九九四年八月由文史哲出版社推出了他自一九五六年以來創作的十六行體現代新格律詩選集《方塊舞》。藍雲的這本詩集共收選了他各個時期創作的一〇〇首十六行詩。這些詩作，風格清新，格律嚴整，富於創新，以"中規中矩"卻"不是枷鎖"的翩翩婆娑的漢字方塊舞，在台灣詩壇上確立起足以娛人也能自得其樂的"藍雲牌"詩體，為詩壇創造出新的詩歌格律。

一

藍雲，本名劉炳彝，另有筆名鍾欽、揚子江等。一九三三年中秋節出生於湖北省監利縣，在家鄉讀了兩年私塾後，為躲避戰亂，於一九四三年舉家遷往湖南，後定居岳陽。一九四九年秋赴台灣，初服役軍中，退役後轉入教育界服務。台灣省立花蓮師範專科學校畢業，曾任中小學教師三十餘年（現已退休）。藍雲的詩路歷程，開始於一九五三年，曾受教於著名詩人覃子豪先生門下。同現任葡萄園詩社社長文曉村和已故著名詩人古丁一起共同創辦了"葡萄園詩社"，並繼文曉村之後擔任《葡萄園》詩刊第二任主編。現為《秋水》詩刊編輯委員，"三月詩會"同仁。出版詩集《萌芽集》（一九六二）、《奇蹟》（一九八四）、《海韻》（一九九○）和《方塊舞》（一九九四）四種，曾獲得軍中文藝獎、台灣省文藝作家協會獎、詩教獎等。

談到自己的十六行體詩創作時，藍雲說：「自學寫詩以來，雖然寫的不多，卻嘗試過各種不同類型的作品：有短的數行，長則數百行的；有字句參差，也有整齊如豆腐乾者。而像收在這本集子裡每首都有四段，每段一律四行（姑且稱為四四體）的，也寫了不少。這些作品之所以寫成這種形式，有的是刻意為之，也有的是無意間形成的。至於究竟為什麼會寫成這種形式？當初也許只是一時興之所至，後來不覺成了習慣，便自然而然地這樣寫了」。（《方塊舞·後記》）由此可見，藍雲的十六行詩創作是經歷了一個從無意識到有意識，從不自覺到自覺的實踐過程的，他的十六行體詩也因此經歷了一個由初期的不那麼圓熟而經過反復摸索與實踐而終於走向成熟的過程。但藍雲

絕對不是一個為形式而形式的詩人，而是一個為內容而形式且形式與內容相互作用論者。他說：「實在說來，形式並不重要，決定作品好壞，主要的還是內容。當然，最好是二美兼具。」（《方塊舞‧後記》）

二

　　詩人的詩觀和詩人的創作實踐是緊密相聯的。創作實踐常常是詩觀的體現和衍生，詩觀反過來又為創作實踐作驗證。藍雲在他的第二本詩集《奇蹟》的〈跋〉裡談到詩人"為什麼要寫詩"時說：「到底是為藝術而藝術？抑為人生而藝術？自來就眾說紛紜，沒有定論，不過我倒覺得白居易的話：『文章合為時而著，歌詩合為事而作』還算相當中肯」。他在一九九〇年底給筆者的信中再一次強調：「我認為一切文學作品，應反映人生，並宜發揮啟迪人心的作用。」以此觀之，藍雲無疑是一個擁抱歷史生活的現實主義詩人。貫穿他幾十年詩路歷程的現實主義詩觀，亦被他的創作實踐所驗證。

　　藍雲的十六行詩多為抒情感懷詩。這些詩作，有的描寫滄海桑田的變化，表現他對世事的洞察和人生苦短的感喟，如〈博物館〉、〈時光劫〉等；有的抒寫現實將人變成一部機器，表現詩人生活的艱難以及抱負不得施展的無奈，如〈鐵軌與蝴蝶〉等；有的描述人世間的醜惡與暴行，表達詩人強烈的諷喻與憎惡，如〈新儒林外史〉和〈達爾文的信徒〉；有的抒發對父母雙親的深摯思念，如〈心祭〉和〈遙寄母親〉；有的描摹身在異鄉的痛苦和濃重的鄉愁，如〈地圖〉、〈夢返洞庭〉；在〈弔屈原〉、〈巍峨〉、〈遙望

汨羅江〉等詩中，詩人唱出了對屈原其人其詩的禮讚，表現了對傳統文化的尊崇；在〈所以，我來了〉、〈回憶〉、〈心獄〉等詩中，詩人描繪了夢一般美麗的戀情與失去後的悲傷，表現了詩人對愛的忠貞與執著；在〈鹽田即景〉、〈礦場一角〉中，詩人描述了工人們的辛勞與危險，表現了詩人對勞動者的尊重與理解。凡此種種，無不表明藍雲的詩筆最關注的仍然是社會與時代生活本身。藍雲經歷過戰亂，當過兵，讀過師範學校，還做過雜誌編輯，而且相當長的一段時間在從事為人師表的工作，生活經歷不可謂不複雜，這種人生經歷注定了藍雲不可能做那種自閉於象牙塔裡吟誦唐詩宋詞的詩人。幾十年來，他把自己的根深深地扎進生活的沃壤裡，以詩人的眼光去觀察、感受和思考，以自身的生命去體驗、去寫作。正是豐富的生活和不凡的人生閱歷成就了藍雲的兼具古典味與現代感相交融的十六行詩。

藍雲的十六行詩通過對一系列事物的歌頌，體現了他的"為人生而藝術"的藝術觀和人類生活與藝術的最高準則：真、善、美，以及三者間的結合。

在《方塊舞》中，詩人一再提到時間毀滅一切的威力。但他認為有兩樣東西能征服時間：一是人，一是人的創作"詩"。同時，詩人還把"真"視為另一種蔑視時間威力的力量。英文 truth（真）這個詞，有多種含義。在這部詩集的多數場合，真，指的是忠貞－對愛情、鄉土和國家的不渝。詩人多次歌頌了這種"真心"。請看〈心獄〉：

> 當我靜靜地泅泳在回憶的海洋中
> 總是看見有一雙眸子在注視我
> 恍恍惚惚，我便不自覺地墜入

那令人神迷目眩的漩渦

多少歲月像風一樣吹過
多少往事已在荒煙蔓草中湮没
唯獨那眸子宛如不滅的星光
始終在我回憶的天空閃爍

是什麼讓我們在茫茫人海中相遇
是什麼又讓我們觸礁受挫
原來期盼綠葉成蔭的那株樹
竟不待花開，便枝枯葉落

一切隨風而逝，如夢一般
不死的是長在心中的薔薇
那曾飲我以無比溫馨的眸子啊
如今卻成了我的監獄，我的折磨

　　這首寫於一九九二年的愛情詩，不是少男少女電光火
石般戀情的呈現，也非壯年時候的兩情繾綣，而是詩人在
年近六十，一隻腳踏入人生的黃昏時，藉回憶而展覽的一
幅印在心上永不褪色的感傷照片。照片上那一雙眸子，曾
給詩人帶來過無比的溫馨。世事無常，是什麼原因使這段
本應美滿的姻緣中途夭折，我們不得而知。如今雖已隨風
遠去，如夢如幻，但那雙眸子卻成了詩人的心獄。時間可
以淹没一切，心靈卻不能，那溫馨而感傷的戀情是美麗而
愁人的。這首詩裡表達的對愛情的忠貞與執著，真實自

然，毫無矯飾的成份。再請看〈地圖〉：

當鄉愁潮漲的時候
我常藉地圖來解愁
遊目處：那些山，那些河
就迤迤邐邐來到了我的案頭

這裡是我兒時生長的地方
那裡有我曾經登臨的古城樓
多少歲月逝去無蹤影
歷歷在目的竟是洞庭湖上秋

忽然，我眼前的地圖像一張魔毯
載著我做了一次故國遊
可是，那曾與我同遊的故人啊
我們何時方能重聚首

於是，我墜入沉思中，久久地
不禁一陣悲痛湧上心頭
淚眼朦朧中，我像看到了
那不停地向我揮動的手

　　鄉愁，是藍雲這一代詩人筆下常常出現的一個主題。由於海峽兩岸特殊的政治原因導致四十年的阻隔，使得這一代從大陸去台的詩人飽受思鄉之苦的折磨。近在咫尺的大陸，在這一代人的心理距離上變得遙不可及。"一灣窄

窄的海峽／究竟隔著多少距離／過去四十年，無法越過的
天塹／現在，不過一盞茶的工夫而已"。這是詩人一九九
〇年返鄉省親時寫的一首題為《大鵬振翼－由台飛港機
上》中的最後一節。家在彼岸，一海之隔，卻有家歸不得。
何以解憂？詩人靈機一動，借助地圖，振動想像的翅膀，
來一次畫餅充飢式的精神會餐。詩的第一節是"起"：以
地圖消解鄉愁；第二節是"承"：在地圖上尋找故鄉；第
三節是"轉"：在詩人的幻覺中，地圖變成了一張載人故
鄉遊的魔毯，給讀者一種驚訝；第四節是"合"：當詩人
的思維從想像的高空墜入現實的地面時，詩人又深深地陷
入了綿綿無盡的鄉愁之中，淚眼朦朧中，彷彿看到了故人
呼喚的招手，聽到了呼歸的鄉音。這類抒發對故鄉故土刻
骨銘心之愛的詩作，在藍雲的作品中不止一首兩首，而是
比比皆是。〈夢返洞庭〉、〈遙望汨羅江〉、〈京廣道上〉、
〈故宮行〉、〈走在故鄉的路上〉、以及收在〈三月情懷〉
一書中的〈中國結〉等，皆為這方面的佳作。雖然每一首
詩所表現的客體有別，抒寫的方式及呈現的心態各有不
同，但都是歌頌統一，呼喚回歸的胸懷寬廣之作，都洋溢
著對祖國、民族、歷史、人民、故鄉的濃烈而真純的情意。
　　"真"的另一個含義是藝術的真實與不朽。只有真實
不朽的藝術，才能征服毀滅一切的時間。大浪淘沙，歷史
的河岸上留下的珠貝，只能是永恆不朽的藝術。請讀藍雲
的〈博物館〉中的幾個片斷：

　　恐龍時代早已潮退
　　但見它的形像猶在
　　……
　　一截斜倚在那角落的紅檜

　　說出歲月的輪子如何輾過那些朝代

……

　　在那古樸的銅器陶器上
　　猶見那已過時代的光輝
　　從那飛舞的字，栩栩然的畫上
　　方知有一種生命並非時間能摧毀

　　行走在博物館裡，詩人就像遊走在歷史的長廊上。這首詩的第一節是說收藏在博物館裡的古董，是恐龍時代以降世間萬物與人類走過時間而留下的履痕；第二節感嘆人生滄桑，富貴如浮雲。第三節則告訴我們：只有藝術的生命是時間所不能摧毀的。

　　真正的藝術從兩個方面藐視了時間的威力；使描寫對象不朽，使作者不朽。"你就是那粒種籽／兩千多年來，已蔚然而樹而林"（〈弔屈原〉），這裡的"你"是描寫對象："當我不再寫詩／便是我死了的時候"（〈失去武器的戰士〉），"你的詩魂，瀰漫六合／詮釋了何謂不朽的生命"（〈巍峨 —— 致屈原〉）。這裡詩人不僅在為自己預言，也在為一切偉大的說真話抒真情的作家作結論。

　　英國偉大的詩人、劇作家莎士比亞說："美如果有真來添加光輝，它就會顯得更美，更美多少倍！"只要翻開藍雲的十六行詩集，我們就可以讀到許多篇章對生活的禮讚和對人的美質的歌頌。〈牆與橋〉中，詩人祈願仁慈的上帝"造一座長橋於人類的心靈間／使我們生活得如同家人／永遠不再有猜疑、嫌怨"。詩人心靈的美麗、慈善由此可見。在〈仙人掌〉、〈防風林〉等詩中，詩人對仙人掌甘於貧瘠，對防風林團結、奉獻的品格的景仰，其實隱含著對具有同樣美質的人的讚頌與褒揚。

上舉莎士比亞的一段話的意思是，只有當美與真、善統一在一起時，才是美的極致。

善，是與惡相對立的概念。詩人首先抨擊的，是惡的種種表現。請看〈清道夫〉：

> 你並非屠狗逐臭之徒
> 只是要把那些垃圾弄走
> 無論是紙屑、果皮
> 抑或斷枝落葉爛木頭
>
> 你不須趕路
> 卻常望著地上發愁
> 尤其是在那野台戲演完
> 或一場暴風雨之後
>
> 世界上有很多地方要清掃
> 因此，你的工作永無止休
> 掃完一條條的道路
> 還有一條條的水溝
>
> 而歷史上也有許多垃圾
> 有的已經隨水流走
> 有的還在那裡發臭
> 你是不是也要去把他們運走

這是一首高層結構詩。在詩的底層（即表層），詩人

似在頌揚清潔工人,為清道夫塑像;而在詩的高層(即深層),卻表達了詩人要清除現實生活中存有的歷史垃圾的意願,抒發了作者的憤懣。其它諸如〈觀戲〉中對那種口是心非、施展騙術的跳樑小丑,〈候鳥〉中察顏觀色、投機取巧之徒的揭露和諷刺,都是以善來寫惡,以惡來觀照善的。通過藍雲的這些諷諭詩,我們可窺見詩人所要表現的對惡的理性批判之一斑。

只有認識了什麼是惡,才能更好地了解什麼是善。愈是深刻地認識了惡的本質,就愈加感到善的可貴。只有在同惡的鬥爭中,善才能發展壯大。同時,真和美也在同假和醜的鬥爭中發展起來,識認了這一點,也許我們就能比較全面地理解藍雲詩作所表現出來的真、善、美的要義。

三

藍雲的十六行體詩,在繼承中國古典詩詞的優良傳統和借鑒西洋十四行(亦稱商籟體)詩的營養的基礎上,多有創新。他的十六行詩有著自己獨特的格律,每首詩四段,每段四行,多為偶句押韻且一韻到底(即連鎖押韻)。它們的韻形式是:

1232　1232　1232　1232

以〈鹽田即景〉為例:

> 也是一種討海人的生活
> 只是不在海上,而在海邊
> 也像農人一般地耕耘
> 只是耕耘的是一種不需播種的田

也並非不播種
而是種下去的一般人看不見
他們種的是一滴滴的汗水啊
換來那粒粒晶瑩的鹽

當他們筑好了一方一方的田
便忙著引來海水進駐其間
這時，他們就像牽線的媒人般
最高興看到太陽跟海水熱戀

等海水慢慢懷孕
孕育出可愛的孩子白而鹹
人生不再乏味
有了鹽啊，就有希望無限

　　全詩每節的偶句韻腳皆押“十三轍”中的“洪聲韻”，韻轍為“言前”韻，按現代漢語拼音歸類，其韻母為“ian”。這種韻式，既能使詩作產生一種回環往復的音韻美，造成流水行雲般的氣勢，還能給讀者的聽覺留下強烈的印象，便於讀者記憶吟誦。

　　但藍雲的十六行體詩卻並不定於一式，而是根據情感表達的需要，句式、韻法皆靈活多變。句子長短皆隨情緒的起伏而安排，韻式既有我們前舉的“ＡＢＣＢ”式，亦有“ＡＡＢＡ”式（如〈植物園的鳥說〉），更為數不少的自由式。正如詩人在其詩集《方塊舞》的序詩裡所寫的

那樣："非迪斯可／非探戈"／凡翩翩婆娑者／無不婀娜／是風砌成的城／是生活的花朵／中規中矩／不是枷鎖／或前或後／或右或左／一旋一轉間／有著閃閃四射的火／時而快步／時而曳行／伴著音樂的抑揚頓挫／縱不足以娛人／也能自得其樂"。如前列舉的〈地圖〉、〈心獄〉等詩，其節奏、韻式相當靈活，在大致的規律中變化多端，給人抑揚頓挫的美感。這是詩人繼承自《詩經》以降的中國詩由律詩絕句的傳統，並與現代口語、現代意識相結合的一種成功的創造。

　　在詩的技巧上，藍雲將傳統的賦、比、興手法與意象、象徵、暗示相結合，開闢出新的詩美天地。他的許多詩都以對比的手法寫成。如〈牆與橋〉："世界上有無數的牆／阻隔了人們情感的交流／世界上也有無數的橋／牽起人們友愛的手／／牆是冷酷醜惡的獄卒／將人圍於黑暗狹隘的深谷／橋是和平自由的使者／引人走向光明遼闊的天地／／但願一天世界上的牆都被撤去／大地如一座敞開的花園／而且搭彩色的拱橋於太空／讓我們把所有的星球遊遍／／而最後，我則還要祈求慈愛的上帝／造一道長橋於人類的心靈間／使我們生活得如同家人／永遠不再有猜疑、嫌怨"。這種對比在結構上產生一種起承轉合的妙處，顯得完滿圓通。短短的十六行在詩人巧妙的起承轉合中波回浪轉，形成多層次的詩美空間。〈葉與根〉、〈鐵與水〉、〈路與樹〉、〈鐵軌與蝴蝶〉等詩，都是這種對比手法運用的成功佳構。此外，象徵、暗示手法的運用與意象的著力經營，讓藍雲十六行詩的天地更深更廣。

　　除了對比結構外，藍雲的十六行詩還成功地運用了一種高層式結構來布局謀篇。前舉〈清道夫〉即是一列。現在，讓我們再讀他的一首〈候鳥〉：

你讚美上帝
給你辨別天色的能力
你更為自己慶幸
具有善飛的雙翼

當秋風來時
大地一片蕭寂
那些曾踞枝頭爭鳴的不見了
你也遠走高飛去另一個天地

這時，唯獨那樹
因對這土地愛極
堅持不肯離去
縱然承受著無數打擊

熬過嚴寒的冬季
大地又生氣洋溢
你翩然而至，擁著春天起舞
卻不知有人鄙夷於你的投機

　　這首詩顯然也屬多層結構。詩的底層是在描述候鳥根據季節變換而離去歸來的習性，而在上層則是一些抽象的、象徵的含義。這是詩人透過動物界和人世間兩種不同的經驗中找到了一種共同的東西，一種共同的醜惡：察顏觀色、投機取巧。並對這醜惡現象給予了憤怒的抨擊。有了這一層意義之後，全詩的現實主義描寫部分也增添了不

同一般的色彩，使讀者彷彿置身於真實與象徵兩種世界之中。"實"與"虛"成了重影，像交叉的燈光給予詩一種異彩。

藍雲以驚人的藝術表現力得心應手地運用了這種被他自己稱為"四四體"詩，在短短的十六行中，表現了廣闊的思想的天地。詩中語彙的豐富，語言的凝煉、比喻的新鮮，意象的明晰，時代感的濃郁，結構的巧妙和波瀾起伏，音韻的優美悅耳，都是異常突出的。詩人尤善在一首詩的最後一節中概括詩意，點明主題，因而，這一節的四句詩往往成為詩的警句。

在中國現代格律詩史上，藍雲的十六行詩是一座突起的異峰。它們不僅在台灣而且在中國乃至世界抒情詩寶庫中，都將佔據自己獨特的位置。

1996.2.12.於隆中書院

寫詩的規範　做人的準則

讀《信筆璅語》

王常新

　　秋水詩刊第七十六期，即該刊創刊十九年紀念特刊這一期起，藍雲在該刊以《信筆璅語》為題，已經發表了好幾篇關於詩歌與人生的答卷，其「A卷」是論詩的，「B卷」是論人的。拜讀之後，我感覺他這些璅語意義非常重大，是向我們展示了他寫詩的規範、做人的準則。

　　在開篇的第一條，藍雲就向我們提出了一個嚴肅的問題，就是說我們生活在一個物質生活很富裕，但精神生活卻相當貧乏的時代。因為談的是詩，所以，他舉出三種說法：這是一個滿街都是詩人卻缺乏詩的時代；這是一個詩篇滿天飛卻沒有詩人的時代；這是一個既無詩也看不到詩人的時代。我看這些說法都是對現代社會的清明透視。放眼詩壇，你能找到多少黃鐘大呂的詩，幾個「行吟澤畔」的詩人？

　　藍雲說我們的時代缺乏詩，並不是說詩壇缺乏詩的「標本」，而是說缺乏「有生命的詩」。他認為這種詩是「會使人燃燒，讓人發出會心的微笑，或令人感到不安的詩。」正如我們古人所說的能使人「興觀群怨」的詩，像杜甫的作品那樣，能夠「筆落驚風雨，詩成泣鬼神」。我看藍雲

的這種詩觀，是繼承了我國幾千年來的優秀文學傳統的，是對當代詩壇的有力針砭。因為我們的確看到不少詩，手法新奇，就像街頭賣藝者的耍盡噱頭，徒有其「表」，而缺乏深刻的內涵，甚至旨趣荒謬，只是些當令風行的垃圾食品。

關於怎樣的詩才是最好的詩，藍雲的觀點非常辨證，他不同意某些人「唯意象是尚」，也不同意某些人「必重意義」，因詩是完美的結晶體，並非畸形兒。他認為：「最好的詩，應是意象與意義兼具，抒情寓理皆有之。」這種觀點，糾正了某些人的偏頗。如某些「唯意象是尚」的詩人，反對議論、感嘆，使詩歌違背「言有物」的古訓，缺乏博大深厚的思想內容，而一味玩弄意象技巧，好像他們在「蚊蟲的叫聲中聽到比貝多芬音樂更美的東西」。而那些「必重意義」的詩人，像錢鍾書先生論宋詩時所說的：愛講道理，發議論。道理往往粗淺，議論往往陳舊，也煞費筆墨去發揮申說，他們不懂得詩要用形象思維，要用比興手法，結果寫出來的詩叫人讀了「味同嚼蠟」。由於一般詩人易走極端，所以藍雲在「信筆瑣語」中反複申說要既重意義，又重表現，指出檢視文學史上那些流傳不朽的作品，「沒有不是有其正確的主題，深刻的意義的」，而「詩人最高的技巧，是把本來要寫的不完全寫出來，而只藉著所寫的一部分，把更多沒有寫的啟示出來，讓讀者自己去體會玩味。」

清劉熙載《藝概·詩概》有言：「詩品出於人品。」他指明了詩歌的思想內容和藝術特點，出之於詩人的道德修養與藝術才能。這一創作原則與批評原則的提出，是有積極意義的。藍雲的《信筆瑣語》，也繼承和發展了前人的這一正確主張。

　　藍雲指出：「詩人是美的狩獵者，本身也應具有美的特質。這種美並非外在的形貌，而是心靈美、人格美。」這就明確地指出：詩的創作與詩人本身的關係，而且強調了詩人的美的特質，並不在形體，而在「心靈」與「人格」。為什麼藍雲要強調「心靈美」與「人格美」？這是因為詩是詩人心靈與人格的表現。藍雲告訴我們：「詩是詩人的第二個自我，也是社會的一面鏡子。什麼樣的詩人寫出什麼樣的詩，怎樣的社會反映在怎樣的詩裡。」詩是詩人精神的產品，「噴泉出來的都是水，從血管出來的都是血。」藍雲強調詩與詩人品德之間的緊密聯繫，就使詩人更加注意自己的道德修養和才能培養，這也就為社會產生更多的好詩創造條件，所以，我們可以說，藍雲為詩壇在盡著催產的責任。

　　在這個問題上，我們也看出藍雲的辨證觀點。在歷史上，潘安仁不是有《閑居賦》嗎？陶淵明不是有《閑情賦》嗎？所以藍雲要承認詩品與人品有時是會出現矛盾的現象：「作品好的，人不一定好；人好的，作品不見得好。」但是，承認這種矛盾現象，更重要的是要我們自覺地培養自己成為一個有德行的人。所以，藍雲強調：

　　這兩者的「好」字定義不同，固然不能相提並論，然而挨諸史實，真正稱得上有價值的作品，或偉大的作家、詩人，大都是二者兼備，很少無行的文人，會有不朽的作品以傳世。

　　人品不高的作家、詩人也可能在藝術上有所成就，人們雖然對之予以肯定，但難免有些微詞，也不可能把他們與「兩者兼備」的作家、詩人相提並論，給予崇高的評價，這就是藍雲的結論。

　　也許是出於「詩品出於人品」的考慮吧，藍雲在《信

筆璅語》的「Ｂ卷」中，敘述了許多做人的道理。

我國的第一位教師孔子講究「修身」，這是做人的根本，做好了這一件才能講「齊家治國」。他的弟子曾參每日「三省吾身」。由此看來，藍雲講如何做人的「璅語」，也是講的人生的大道。

孔子講道德，特別強調「仁」。什麼是「仁」？孔子在《論語・顏淵》中簡捷地答之曰：「愛人」。藍雲也是一個非常推崇「愛」的哲學家，他說：「愛，無形無體。其實，它的形體多極。」接下去他指出「愛」可方可圓、可大可小、可剛可柔。「愛的形體雖然不一，卻有一共同特點：即美。凡愛皆美（反之，凡恨皆醜），即使不美的，只要愛的眸子一接觸，也就變而為美了。」在這裡，藍雲賦予「愛」以神奇的力量，雖有些脫離現實，但其用心卻是極好的，所以他又說「愛是進入天國之鑰。一個滿懷愛心的人就是生活在天國的人。」

孔子在《論語・里仁》中說他的道是「一以貫之」，他的弟子解釋說：「夫子之道，忠恕而已矣。」「忠恕之道」就是實行「仁」的方法。

「己所不欲，勿施予人」叫做「恕」。這是實行「仁」時該做與不該做的兩個方面。藍雲在《信筆璅語》中對此有很好的說明：

能夠給人快樂的，自己也必快樂，甚至比人更快樂。反之，使人痛苦，或是把自己的快樂建築在別人痛苦上的，必定會嘗到他所想不到的苦楚……

自己喜歡「快樂」，就應該把這「快樂」施於別人，這樣，大家都快樂；自己不喜歡「痛苦」就不該「使人痛苦」，這樣自己也不會感到「痛苦」。藍雲把這稱為「自然界的定律」和「人類歷史的法則」，在當今世界上不少人

做不到忠恕的時候，是有非常重要的現實意義。

　　藍雲還非常形象地解說這種為人之道：

　　許多人在發怒時，以為很神氣。其實，發怒的人是最可憐的人，你看我們中國的「怒」字就知道了。一個人的心被奴，才會發怒；若是心能自如，就會待人以恕了。

　　在這裡，藍雲將形聲與會意結合起來，非常淺顯地把應該待人以恕的道理加以講解，真是絕妙好辭。

　　《信筆璅語》可評之處甚多，如論詩的大眾化，詩與音樂的關係；論人則有論誠實、論良心、論自知之明，等等。不僅表現出作者的遠見卓識，而且不乏深刻、生動的警句，可謂情文並茂。為了避免繁瑣解說之嫌，我的小文就此打住，請讀者自己去閱讀欣賞吧。

1996.10.3

傳播中華文化的歷史「功臣」

—— 讀藍雲的組詩〈文房四寶詠〉

周達斌

　　現在的年輕人，要他們準確說出「文房四寶」的名稱，未必人人都能辦到。而六十歲以上念過私塾的老年知識分子，對「文房四寶」則懷有一種十分親切的感情。為什麼？因為念私塾的時候，不僅要讀書背書，還要練習寫毛筆字，成天向「文房四寶」打交道，所以時至今日，那些老先生仍對它們懷有一種留戀之情。藍雲的組詩〈文房四寶詠〉（《葡萄園》一三五期），就表現了這種感情。不過從這組詩的立意看，卻是在肯定「文房四寶」的歷史功蹟。「筆」是以「寸管」「橫掃千軍」，完成「劍不能完成的」任務。它的歷史功績，就在於揭露黑暗，鞭撻醜惡。例如初唐四傑之一的駱賓王，以駢文寫作了《為徐敬業討武曌檄》，把這位女皇罵得狗血淋頭。成語中也有「口誅筆伐」這個詞。形容某人作惡多端，就說「罄南山之竹，書罪無窮」。孔子作《春秋》而亂臣賊子懼，因為他首創的「春秋筆法」太厲害了。偉大史學家司馬遷敢於「秉筆直書」，使得《史記》成為一部「不隱惡」的「實錄」。筆的歷史功用大矣哉！

　　墨呢，它「總愛扮黑臉」，「人們都不願」與它「親近」。

可是在舊社會，讀書人都離不了它。「以往的史乘能流傳」，「都是由於」它的「犧牲」。可不是麼？一部二十五史，從《史記》《漢書》，……一直到清史稿，哪一部不留下「墨」的痕跡！

講到「文房四寶」的歷史功績，詩人首推筆和墨，並非說「硯」和「紙」就不重要了。就紙而言，「自蔡倫開始」，便由它「肩負傳遞文化的功用，但是我們知道，離了硯就磨不成墨，而沒有墨，「筆」這個「橫掃千軍」的英雄，就缺少了「子彈」，就無所施其威。所以只有當紙筆墨硯聯合行動，才能創造出上述輝煌業績。

非僅此也。「文房四寶」的功績，還表現在創造作為中華藝術二絕的書法和繪畫上。試問：以王羲之為代表的歷史書法家的那些書法藝術作品，或鐵畫銀鈎，或龍飛鳳舞，都能給人以美的享受，哪一件離得了紙筆墨硯？齊白石畫的蝦，徐悲鴻畫的馬，形神異肖，栩栩如生，又哪一幅離得了紙筆墨硯？因此，「文房四寶」的歷史功蹟，不僅表現在保存歷史資料，傳遞文化信息方面，而且也表現在創造中華獨特的書、畫藝術方面。漢字書法、國畫、京劇、舊體詩詞、楹聯，這五件寶貝，是我們的國粹，應當予以珍視。即使處在今天現代化的生活條件下，書、畫作為一種藝術作品，仍然具有創造和保存的價值。譬如按現代化標準，在裝飾得富麗堂皇的客廳裡，掛上幾幅山水條幅和書法家的作品，豈非於富麗之中更顯得高雅，增加一道富於文化意蘊的風景線？從這個角度看問題，雖然今日已處於科技高度發展的時代，電腦已經進入家庭，傳播文化已經有了新的工具，但「文房四寶」創造書、畫藝術作品的功能，將永遠保持，不會消失。

這組詩共四首，寫法各有不同。對「筆」採用「直言

其事」的「賦」的手法，說它在歷史上雖曾「橫掃千軍」，
完成過「劍不能完成的」任務，但「而今電腦當令」，它
的「地位已不如往日」，常被電腦的「鍵盤取代」。

　　對「墨」的寫法則不同。先用擬人手法，說墨「總愛
扮墨臉」，使人聯想到包青天包黑子，一臉墨黑，鐵面無
私。這樣，墨與史家公正無私、秉筆直書的「筆」就聯繫
起來了。詩人把墨和筆比作「表兄弟」，說它們「如影隨
形」。這「表兄弟」的比喻，實在是妙。因為「表兄弟」
者，非嫡親之謂也。既有親戚關係又非嫡親，正好用來比
喻毛筆和墨的關係。要說嫡親，竹子和毛筆是嫡親；製造
墨的原料和墨是嫡親。而筆和墨之間，自然談不上嫡親關
係，但它們又是「親戚」──彼此間有著相當緊密的關係，
筆離了墨，或墨離了筆，都無從發揮自己的作用。

　　對「硯」，詩人則以朱子的詩句「半畝方塘一鑑開」，
比喻硯內的清水，稱讚它「何其美的畫面」。這比喻還使
人聯想到「天光雲影共徘徊」的詩句，因為多少佳詞麗句、
美妙文章不正是經由筆蘸上這「一鑑開」的硯池中磨出的
墨汁寫出來的嗎？更妙的比喻還在後頭。詩人將墨硯比成
一對情人，說硯是「緣墨而生」，「承受他溫柔的磨研」，
還說他們「相偎相依的纏綿鏡頭，不知曾令多少人艷羨。」
把在硯池內磨墨，說成是「溫柔的磨研」，這「溫柔」二
字用得十分準確，非有實踐經驗的內行，不能道也。

　　毛筆、墨、硯，「在盛行工業化的時代」「人們已難見
到」它們的「身影」，唯獨「紙」卻「永遠是文房中的佳
賓」。因為不管社會如何進步，科技怎樣發達，傳播文化
總離不開紙。最後，詩人再以擬人手法，把紙視為人們的
「知音」，說人們有「許多不願公開的話」，「往往毫無保
留地」對紙「具陳」。由此看來，在「文房四寶」中，紙

的命運算是最佳的了,「縱使其他的寶將不保」,紙也將永遠成為人們的「知音」。

　　無獨有偶,文曉村先生也寫作了組詩〈文房四寶〉。文先生的詩,通過詠物表現出一種人格力量。正如劉揚烈先生在《規格・品格・風格》(《葡萄園》一三五期)一文中所賞析的:「文房四寶確實都不愧為寶,特立獨行,品格高尚,能給人許多有益啟迪。」這是中國傳統詠物詩「詠物而不滯於物」,亦物亦人,物我結合的寫法。而藍雲先生的組詩,旨在肯定「文房四寶」的歷史功績,而對它們今日的地位大不如前,則流露出無可奈何的惋惜與留戀之情。這兩組詩題材相同,立意不同,各有千秋,難分高下,總之一句話:都是好詩。

葡萄園 139 期　1998.8

精衛神話的顫音

── 聽《燈語》，看藍雲

楊傳珍

　　「活著，不為什麼／但求沒有苟活。」這是詩人藍雲在詩集《燈語》（一九九六年文史哲出版社印行）中發出的聲音。這聲音與其說是宣言，不如說是自我呢喃。因為呢喃是真誠的，情不自禁的。當然，詩人的聲音有時卻是激昂的，「縱使烏雲遮蔽了星空／四周暗潮洶湧／我依然堅持自己的信念／在天下烏鴉一般黑的世界／我是拒絕污染的蓮。」〈燈語〉詩人發出這樣聲音的年齡，已不是「為賦新詞強說愁」的時候，而是「欲語還休」的知天命之年。到了這個年齡，檢點自己半生經歷，坦誠地說一聲「沒有苟活」，靜下心來寫點文章，弄弄老莊，按說也無可厚非了。可藍雲先生卻用老辣的詩筆，幹起青年人的行當。而且創辦《乾坤》詩刊，為詩的成長壯大提供一片園地。這令筆者不由地對藍雲先生產生了研究的興趣。

　　想了解一位詩人，重要的途徑當然是通過他的詩作。讀了藍雲的詩作，我感到詩人一定經受了「心的傷害」，這種傷害，在他心裡有如蟲咬、鐵烙、針刺，「日復一日，年復一年，他忘不了，拋不下，躲不掉。他刻骨的想，內在語言如海潮翻騰。他只好去做某些事情去減除痛苦。」

（王鼎鈞《文學種籽》中語）於是，藍雲就選擇了詩，用寫詩傾泄心中的塊壘。

　　當然，我們還可以通過藍雲的詩作進一步推測，推測造成「心的傷害」的具體原因。在〈火災場一瞥〉中，詩人寫道：「始如蛇信／繼而洪汛驟至／驚濤捲起千堆烈焰／一處處的愛巢／許多心血的結晶／頃刻間化為灰燼。」依筆者看來，這不是通常意義上的火災，而是那場造成國家分裂的戰爭的隱喻，因為一切詩性思維都帶有隱喻的性質。火災過後，年幼的詩人失去了母愛，失去了故鄉，「……一場天翻地覆的劇變後／原來在兩岸間穿梭的一灣海峽／忽然變成不可逾越的鴻溝。」〈溝〉隔海相望，海水茫茫，嚴父怎麼樣了？慈母怎麼樣了？叩問蒼天，蒼天不語，而海水又是那麼無情。詩人的心，是一種何等的煎熬！

　　然而，詩人在用這二十世紀中國人的大悲痛作背景抒寫自己心靈傷害的遭際時，卻由一個人的問題過渡到一羣人的問題，進而生發到全人類的問題。詩人呼籲：「從一切荊棘中走出來／從所有枷鎖中走出來／從充滿污濁空氣的舊屋中走出來／從原先的你走出來。」〈出來〉「我要效法太陽／在我所到的地方／散發著熱和光。」〈效法太陽〉這是因為，「夜蒙住了許多人的眼睛／將一個個軟體動物往肚裡吞／唯詩人的骨頭忒硬／眼睛是劃破夜空的探照燈」〈鼓手〉。

　　這一支支詛咒黑暗，嚮往光明，歌頌光明的歌，透出詩人的才情、修養、抱負、美學趣味和主體意識，讓我們看到詩人是一個光明的使者。

　　詩，可以興，可以觀，可以羣，可以怨。這是老祖宗說的。而西人，特別是進入後現代渦流的文學理論家，又把詩人說成「存在的放牧者」。那麼，藍雲先生為什麼對

光明，對溝通，對友愛，對自由情有獨鍾呢？在那首名為
〈溝〉的詩中，我們聽到詩人對精衛鳥發出的呼喚。從這
一聲呼喚裡，我們似乎找到了打開藍雲的心靈之窗得以仔
細窺視詩人內心世界的鑰匙。

　　「精衛神話」見於《山海經‧北山經》，說的是炎帝
之女女娃東游被海水溺死，魂靈化作精衛鳥。精衛為了復
仇，每天從西山銜來土石填海。精衛的力量，比起浩瀚的
大海是渺小的，但比之古希臘神話中推動巨石的西緒費斯
的勞動來，顯然有著實際的意義。詩人用橋作比喻，呼喚
兩岸的中國人，「伸以雙臂／無論是親家冤家／有你牽線
／兩岸不再隔如天涯」。〈橋〉這是不是帶有政治的氣息？
筆者通過藍雲先生的其他詩作，排除了這種擔心。因為，
詩人不想把自己的名字寫在旗幟上，而只想寫在時間的褶
皺中，他通過玉的言說向讀者傾吐了自己的心聲，「當我
被雕琢而成一種佩飾／做了那些庸脂俗粉的點綴時／你
可知道我心中的委屈」？〈玉說〉無論是一種對曾經存在
的隱喻，還是對可能發生的驚恐，都讓我們覺得，詩人是
自由的，是依照自己的良心行事的。

　　於是，古老的「精衛神話」復活了。不同的是，《山
海經》中的精衛是炎帝之女死後化成的，詩人藍雲是失去
故鄉後化成的，精衛的悲壯之舉只是人類的一種美好的理
想，一種征服自然的象徵，而藍雲卻用自己的詩為人們提
供了一種把握和測定世界的基本尺度，這個尺度就是愛自
己的同胞，不要為了實現某種預設的集團利益而縱火燒掉
那些個體的幸福和安寧。

　　美國前總統安全顧問布熱津斯基指出，二十世紀是一
個流血的世紀。把雞蛋煎成蛋餅容易，把蛋餅還原成有生
命的雞蛋難。譴責惡魔導演的劫難易，在劫難後的廢墟上

重建愛的秩序難。如果有更多的人發揚精衛精神，到下個世紀，我們的家園或許會大大改觀。就這一方面來看藍雲的努力，就帶有了超越自我的意義。

1998.10.16

叩問靈魂的笛音

評藍雲詩集《燈語》

曾　勇

『那笛聲，彷彿箭一般／箭箭射入離人的心中／奪門而出的血／以其誇張的姿勢問說／你們可知我的哀怨有多深』(〈五行六帖‧笛聲〉)。如傾訴無盡的哀怨，此情此景，千古遺音。但這笛音又豈止叩問離人，它仍以箭的姿勢沖天而起，直指靈魂的母體。

我們的社會在創造強大物質文明的同時，也創造著精神廢墟。在經濟掛帥的環境裡，走一條淡名泊利為繆斯造塔的詩歌創作道路，無疑是艱辛的。這不僅需要較高的文學修養，還要耐得住寂寞，經得住時間的考驗。『凡是真正忠於詩，畢生樂於為詩而服役的人，絕不致因任何外在的影響而放棄對詩的職守，即使陷於深沉的苦難中，詩，仍然是其不須臾離的護身符。』(《燈語‧自序》)藍雲以他四十餘年詩齡的辛勤耕耘，無疑正驗證著這一點。

《燈語》中，詩人不斷叩問靈魂，在叩問中獲得靈感，這種叩問源於他對人生和生命形式的深沉思考。生命的形式多種多樣，人的生命只是其中的一種，有些事物本身也許並沒有生命，但經過人的賦予，經過人情感的寄託也會呈現出鮮活的生命力。因此，在藍雲的筆下，不僅抒情主

體，而且大自然的萬物都具有美學意義上的靈魂，具有鮮活的生命力。這種生命力存在於各種古典或現代的意象之中，並以此為載體，完成對靈魂的叩問，對人生的解悟。

藍雲在詩歌中叩問靈魂，實實在在的反映生活的真諦，揭示人生旅途的實質。他的叩問首先直指自身，以平常心態思考每個人都無法迴避的問題：我是誰？

如果黑夜是面鼓，詩人則勇敢的擔負起鼓手的責職，用『咚 — 咚 — 咚咚』的節奏，『證明這世界並非墓穴／有人還活著』；用『咚 — 咚 — 咚咚』的節奏，『告訴人們　黑夜將逝／黎明就要來臨』。(〈鼓手〉)這種無畏的勇氣在〈燈語〉中更得到了充分展示：『縱使烏雲遮蔽了星空／四周暗潮洶湧／我依然堅持自己的信念／在天下烏鴉一般黑的世界／我是拒絕污染的蓮』。

「夜」的意象的成功構建，使藍雲在「夜」的對立面，獲得了足夠的熱情，更加珍惜每一天的生活，也更加樂觀。他要效法太陽，如太陽般早起，滿懷熱忱，『在我所到的地方／散發著熱和光』。(〈效法太陽〉)相信每一個讀到此詩的人，都會因詩人的熱情而受到感染。

〈一個叫詩人的人〉是詩人對自身的集中剖析。我是誰？無非也是有耳、有口、有眼、有鼻……但在詩人筆下，這些器官都作為自己的詩人特徵而出現：『頭　比地球大／眼　明如月亮與日頭／眉　雙劍橫掃天下／鼻　一峰昂然而小宇宙／耳　八方風雷的先知／口　大江長河的源流』。這豈非怪物，非也。這些矛盾的統一才使詩人『有孩童的天真／獅子的精神／有戰士的意志／鴿子的溫馴／有宗教家的心胸／啄木鳥的深沉』。事物在矛盾中求得發展，在矛盾中完善自我。詩人由此而成為他自己，具有獨立的人格『始終渴望擺脫一切羈絆的雲／是永遠不願被

泥土囚禁的種子／一個在夢中都在歌唱的靈魂。』

　　詩人並非怪人，也有七情六慾，也有生活的煩惱。藍雲並不迴避這些，很多的時候把自己比作「雲」，並通過「雲」的意象的寄托，寫出自己心中的矛盾，表達自己的理想，『雖然你有翅膀／奈何這天地的籠子太窄／從東到西／你徘徊了又徘徊／一若曹孟德眼中繞樹而飛的烏鵲／你竟也有無枝可依的感慨』。(〈落寞的雲〉)理想與現實的落差使詩人也陷入了傳統文人固有的焦慮，這種焦慮使詩人把目光投向了更加廣闊的社會，關心人類的終極命運。

　　詩歌的社會及教化作用，自孔子以來就為歷代詩人所延續，藍雲是比較傾向於傳統的詩人，也注重這方面的思考。社會在飛速發展的同時，也帶來了不少的社會問題，尤其是生態問題得到人們的極大關注，〈山洪〉就是詩人用詩歌的形式發出的警告，『有人竟施虐，以致遍體鱗傷／他感到極其心痛／不禁難過得哭了／哭的眼淚成了滾滾山洪。』與其說大山哭了，不如說人類應該真正的痛哭，真正的反省自己在大地身上所做的一切，否則最終得到毀滅的將是人類自己。

　　藍雲詩歌的社會功能還表現在對校正世風的作用。此前詩人的十六行詩集《方塊舞》中就有這方面的佳作〈新儒林外史〉。詩人通過對那些「拾人牙慧」、「自命不凡」、「崇洋媚外」⋯⋯的所謂現代高級知識分子靈魂的深刻剖析，刻畫出他們的醜惡嘴臉。在《燈語》中，我們又有幸看到了他的另一力作〈尋訪六記〉。〈尋訪六記〉分為〈尋人記〉、〈覓職記〉、〈探險記〉、〈問路記〉、〈求醫記〉、〈訪友記〉六個部分。

　　〈尋訪六記〉有其鮮明的特點，它不僅是詩，而且是

具有雜文的某些特點，在雜文與詩之間求得發展，成為藍雲對詩歌體裁的一種新的探索。說它是詩，不僅具有形式上的分行、節奏、音韻，更重要的是詩人採用了視點內向的寫作方法，這是詩歌與其它文體的顯著不同。說它具有雜文的特徵，主要在於有雜文的白描手法，有細節的刻畫，同時達到諷喻的效果。這種新的探索，使〈尋訪六記〉讀來頗為有味，下面來欣賞他的〈求醫記〉：

近來時常頭暈／夜裡也睡得不寧／我去求診於一門庭若市的醫院／希望能改善這情形／／為我診察的，據說是位名醫／看他那乾橘子皮的臉上，似睡未醒／聽了我的主訴後，他擠出一絲笑容說／「不要緊……我也有與你同樣的病」。人吃五穀雜糧，孰能無病，有病就得求醫，這是常理，而且一般都是去找那些門庭若市的醫院。名醫院的名醫按理都能醫治病人的病，但事實卻是『聽了我的主訴後，他擠出一絲笑容說／不要緊……我也有與你同樣的病。』看來很多病，並非醫生就能醫治的。詩人的頭暈，夜裡睡得不寧，無疑是有原因的，而醫生同樣如此，且自己也治不好，連門診時也「似睡未醒」，使人對這所謂的名醫產生懷疑。詩人在刻畫這位名醫時，還採用了細節刻畫「乾橘子皮的臉上，似睡未醒」，寫出了他的老態和精神的頹廢，同時一個「擠」字也寫出了他的無奈。

值得注意的是，藍雲的〈尋訪六記〉雖有諷諭，但並不辛辣，這與他「溫柔敦厚」（墨人語）的君子之風是分不開的。由此詩人雖然通過自己的各種遭遇，寫出了物化人類的庸俗生存方式及種種陰暗，最後也只好說「人生豈不就是這樣。」（〈訪友記〉）

藍雲對靈魂的叩問還表現在他對物的思考上。他以特有的眼光觀察世間萬物，通過以心觀物（即現實的心靈化）

的方式,「以心擊物」(王昌齡語)使「物皆著我之色彩」(王國維語),使物皆有活的靈魂。

〈玉說〉中的玉雖非頑石,具有君子的溫潤,受人器重,但仍不堪煩惱。『當我被雕琢而成一種佩飾／做了那些庸脂俗粉的點綴時／你可知道我心中的委屈／／我不是頑石／處於這金玉其外的時代／我多麼希望能夠歸真返璞。』同樣,〈蝴蝶〉中的蝴蝶也遭人誤解為『花花公子型的唯美派』。蝴蝶的回答也成為詩人的回答:『你只笑一笑,不願辯白／而自顧自地／朝你所嚮往的天地飛去』。這確實需要寬容的胸懷與氣度,對那些在生活中遭受誤解的人來說,不也是一種啟示嗎?

藍雲對物靈魂的賦予,使物都具有鮮明的品格,也成為詩人對自己品格的要求,一如「梅花」之使『群山舉起白旗』(〈梅花〉)的無畏,「茶」之脫胎換骨後,『自有令人崇尚的古雅風標』(〈詠茶〉),「竹」之『不尚裝飾／但求生活自在自如』(〈竹語〉)……這與詩人對自己靈魂的叩問是一致的。

我們寫詩、讀詩究竟是為了什麼?無非在詩中獲得愉悅,獲得啟示。而藍雲的詩歌通過對自己,對社會,對萬物靈魂的叩問,無疑為我們提供了獲得這些的源泉,一如悠揚的笛音,迴響在耳邊。

翱翔於雲柯與塵網之間的歌者

—— 窺涉藍雲詩的審美空間

莊 嚴

一

　　如其說詩把我們交付給這個世界，不如說我們從詩中解讀了和認識了這個世界。藍雲的詩，尤其是那些情感滄桑、人生感悟而又盎然流響著審美生命與藝術生命二重奏的詩，便給了我異常強烈的這樣的感受。

　　藍雲自己曾一再表白過，他寫詩「的確是興趣使然」，是一種「詩人的心靈活動」和「自我的滿足」，即使還有別的意圖，也只是「附帶性」的。這種似乎漠不經心的自我表白，從表面看來，好像詩人對詩還缺乏深層次和多維度的理解；其實，他已從詩與宇宙之道在總體上奇異契合的哲學高度上，深刻闡明了詩的創造是合目的性而無目的性，合規律性而無成規可循，它是有為和無為、有意識和無意識、自由意志和生命本性的統一。用海德格爾的話來說：「詩是支持著歷史的基礎，因此它不僅是文化的表現，絕對的不單只是一個有文化的心靈的一種表達而已。」①也就是說，詩不僅是人類文化一個非理性和理性雙交的構

成，而且是文化的發源地。詩不僅是人所建立的存在方式或存在形式，而且是人的生命所擁有的最高真實。

「生命不在久暫／一如詩不在字多。」②這是對生命和詩的本質的一種洞察、一種徹悟、一種超越生物學、心理學、語義學和神學的準確把握。「任何樂曲都有最後的一章／唯問你在譜下那休止符後／是否讓人猶覺有餘音繞梁。」③這是上述對生命和詩的洞察、徹悟與把握的自然的、合理的延伸。

生命是需要對時間和空間進行超越的。而中國的詩，歷來是生命對永恒與無限一種象徵化、隱喻化的表達。中國詩學的這種性質，使詩的世界貫通著人的世界，都沐浴在一片感性的光澤中，閃現出生命提升的超越光輝。其實已經把生命詩化，把詩生命化，從而在藍雲的詩裡，便奏響詩與生命交織的動人的樂章。

二

一切藝術作品都是人的一定的生命精神與一定的對象世界有機結合而創造出來的具體和特殊的人的存在狀態的顯示。詩，尤其是詩人生命的外灼，是主體精神與客觀事物的藝術凝聚。從這個角度來看藍雲的詩，至少可以發現以下幾個令人注目的特色。

1. 詩人以作為一株「拒絕污染的蓮」的高瞻銳矚的目光，對變得如此豐富、複雜的今日社會和當代生活，予以縱深的開掘與本真的觀照，一種漫過紙背的滲入沉痛感的意識流，直逼讀者的心田，匯成一條情感飛速湧動和劇烈沖撞的巨河。從「拾人牙慧的暴發戶」，到「戴著各

種面具周旋於人鬼之間的工於演戲者」，從「一腳跐住別人脖子，一面矜誇自己仁慈的自大狂」，到「恨不身為洋人，魂已早離故里的媚外奴才」，這一幅幅光怪陸離的〈新儒林外史〉的眾生相，把某些所謂「知識精英」身披的種種華麗眩目的外衣層層剝光，露出廬山的真面目。④同時，也是今天科技時代人的物化或或異化的不祥之光折射下的投影。而將一個「擠」字朝多向度、多層面、多變態、多染色展開，⑤便把人的物質和精神的生存困境，一一抖落在希冀與痛苦、夢想與虛妄、詩意與幻滅的巨大反差之間。由此出發，〈都市一瞥〉就顯然是以探究文化環境與人的存在的內在相關性為創作動機的。⑥都市作為現代化的象徵，它具「既是萬花筒似的世界」，又是「罪惡的淵藪」的二重性，這是現代化的悖論。詩人可能意識到，我國道家思想最偉大的超時代意義便在於：它在歷史上最早從「有機事必有機心」著眼，提出了文化發展將會導致人與自然、人與環境關係異化的警告。

2. 通過詩的整體結構，創造氛圍，建立四維詩美時空，追求詩語言在蘊涵上的感悟啟示性與層遞衍生性，在形式上的內在旋律與外在節奏相統一的音樂美。這一點儘管已有不少詩人和詩論家評介與推許過，但我覺得：還是藍雲自己關於怎麼寫都可以和作過各種嘗試的一番自我表白，更能抓住自由往來於詩海的舟楫。因為，只有詩人持一種開放、兼容的態度，才能在傳統與現代的融合中有所創新。藍雲的詩，除了以字眼，以音節去層層挖掘、節節開拓詩人的思路和探索過程之外，更值得注意的是，他較好或很好地發揮了按等值原則從選擇投入

組合，並將聯想置於句段關係中的語言的詩功能。從而突顯意義的新範疇和引向生命的新境界。如〈牆與橋〉⑦詩人以穿透歷史暗夜的洞察力，使詞與物在意象呈現中的相互折合，以及由此形成的「命名」與「解命名」之層疊和意蘊的漸次打開，最終以架設人類心靈的長橋，達到具有終極關懷與共時意義的生命空間。至於注重「音樂之美」，我以為：正是傳統美學的舊「和諧」向現代美學的新「和諧」轉化和強化的必然。

3. 藍雲詩的內驅力或原動力，是建立在「中國情結」和「屈原情結」即「國魂」與「詩魂」交叉點上的生命本性和藝術個性。這「綿綿五千年編在其中」、「浩浩長江黃河編在其中」的〈中國結〉⑧是詩與生命，個體與民族、人生與宇宙的統一體，是詩人在這個越來越變得陌生的世界中尋求心靈秩序與世界秩序的統一的一種自我的「善良意志」和「絕對命令」。而「分享了你的餘蔭」和追逐那「不朽的生命」和攀登那「巍峨的峰頂」的「屈原情結」⑨則是『歷史，正如傳統一樣並未走向「終結」，它打入記憶並且成為藝術創作之源。』（李歐梵語）的確證。同時，屈原詩學傳統的祕密就在於，它是屈原生存困惑感和生存感受，生命體驗和生命智慧審美化、藝術化的結晶。把這個傳統接過來、傳下去，又必須遵循既有繼承又有揚棄、既有傳輸又有革新、既有蛻變又有發展的普遍規律。藍雲的詩，給人們提供了屈原和中國詩學傳統在當代展開與深入的鮮活的、有價值的「文本」。

三

　　由於各時代的文化生態環境和詩人生命體驗各不相同，因而從詩人生命本性和藝術個性噴發出來的詩篇，就具有不同的花香與酒味。如果要問這種花香是不是「天香」，這種酒味是不是「醇味」？那就首先要先要問這位詩人是不是既入乎傳統、又出乎傳統，既入乎世俗，又出乎世俗，並且將兩者辨證地統一起來的「大雅之士」？

　　我們有理由期待：藍雲將他的詩進一步推向新的高度和深度，讓詩神照攝的世界，步入生命的「澄明」之境。

附　註：

① 轉引自耿占春《隱喻》，東方出版社，一九九五年第三版。

② 見藍雲《方塊舞・曇花》，台灣文史哲出版社，中華民國八十三年版。

③ 見藍雲《海韻・極》，台灣自強出版社，中華民國七十九年版。

④ 見藍雲《海韻・新儒林外史》，台灣自強出版社，中華民國七十九年版。

⑤ 見藍雲《海韻・擠》，台灣自強出版社，中華民國七十九年版。

⑥ 見藍雲《海韻・都市一瞥》，台灣自強出版社，中華民國七十九年版。

⑦ 見藍雲《方塊舞・牆與橋》，台灣文史哲出版社，中華民國八十三年版。

⑧ 見藍雲《燈語・中國結》，台灣文史哲出版社，中華民國八十五年版。

⑨ 見藍雲《方塊舞・弔屈原》、《方塊舞・巍峨》，台灣文史哲出版社，中華民國八十三年版。

童心未泯　妙筆成趣

—— 讀藍雲的兒童詩

周達斌

　　兒童是國家民族的花朵，在他們身上寄託著國家民族的未來。兒童要健康成長，不僅需要物質乳酪，也需要精神食糧。因此，作家們理應對他們給予關愛，創作出一些兒童文學作品供他們閱讀。而「給兒童寫詩」，就是「為民族幼苗盡心力」。讀了藍雲的幾首兒童詩，就深刻地感受到這一點。

　　兒童詩，顧名思義，就是描寫兒童生活，設身處地地體驗兒童心理，主要寫給兒童看的詩。這種詩並不好寫，甚至比寫成人詩更困難，弄得不好，就會「畫虎不成反類犬」。因為寫作兒童詩，要做到以下幾點：

1. **熱愛兒童，並以一顆童心去認真體察兒童的生活和心理**。這就要求詩人們善於從兒童生活中去選擇題材加以描寫。兒童眼中的世界，與大人們是不同的，他們看到的都是一些與他們的生活、學習息息相關的小事，而不是那些轟轟烈烈的大事。所以童詩的取材，一般都是一些生活小事，但又要以小見大，體現出「微言大義」。藍雲的童詩，就鮮明地體現了這一特點。例如〈鏡子〉

①一詩，描寫兒童照鏡子，幫助兒童改掉「衣服釦子沒扣好」「眼屎沒擦掉」，「和弟弟吵架」的缺點。〈三眼將軍〉②一詩，描寫兒童自覺遵守城市交通規則，服從紅綠燈指揮。這些兒童生活中司空見慣的材料，經過詩人選取提煉寫入詩中，就頗有教育意義。

2. **意象、語言都要符合兒童的情趣。**這是童詩寫作能否取得成功的關鍵。如果一切都成人化，那就無所謂童詩了。例如〈媽媽的臉〉③這首詩，描寫在兒童的眼裏，「媽媽的臉，圓圓的／圓圓的像蘋果」「媽媽的臉，圓圓的／圓圓的，像太陽」，塑造了一位體態豐盈、慈愛可親（充滿母愛）的中年婦女形象。而「當我想吃蘋果時／就去親媽媽的臉／親一下媽媽的臉／比吃一口蘋果還要甜。」這些話，只有從兒童口中才能說出。〈三眼將軍〉表現出來的童趣更為明顯，題目本身就是兒童語言。成年人有誰會把都市裏指揮交通的紅綠燈說成「三眼將軍」的呢？可是「弟弟卻說他是「三眼將軍」。還說「他的權柄非常大／很多人都怕他／誰要是不聽他指揮／他就會叫警察來抓」。（兒童怕警察，一說警察來了，他們就不哭了。）這也是地道的兒童心理和語言。

3. **寓教於趣。**童詩不僅要有童趣，而且要富於教育意義。這使我想起了過去描寫兒童生活的詩句。「童孫未解供耕織，也傍桑陰學種瓜」（范成大）「兒童相見不相識，笑問客從何處來。」（賀知章）「大兒鋤豆溪東，中兒正織雞籠。最喜小兒無賴，溪頭臥剝蓮蓬。」（辛棄疾）還有從前小學國文課本中「美麗呀！青草裡開著一朵大紅花。弟弟跑去看，原來不是紅花，是大公雞的雞冠。」這些詩句，雖然描寫了兒童的生活和心理，有一定的童

趣，卻缺少教育意義。藍雲的兒童詩，寓教於趣，有利於兒童的身心健康成長，如〈鏡子〉、〈三眼將軍〉兩詩對兒童的教育意義，已如前述。〈燕子〉④一詩，以燕子為喻，說明做人的道理：以愛待人，助人為本。「燕子乘著春天的翅膀來／將春光剪成一塊塊／然後忙著到處送給人／讓大地充滿繽紛的色彩」，難道做人不應該像燕子這樣麼？

　　藍雲先生已近古稀之年，猶自童心未泯，妙筆成趣，寫出如此美妙的童詩，給小朋友們閱讀，「為民族幼苗盡心力」。他為老年人做出了榜樣。人到老年，可說進入生命的黃昏，但只要經常保持一顆童心，多與年輕人，尤其是少年兒童交朋友，寫寫童詩，就能永保青春，並不感到老之已至，於人於已，都有好處，何樂而不為呢？

附　註：

① 見《乾坤》八期。
② 見《乾坤》十期。
③ 見《乾坤》十一期。
④ 見《乾坤》九期。

安於沖曠　不與眾驅

—— 論藍雲詩歌的藝術特色

余小剛

在與我交往的許多詩人中，無論熟識與否，我都覺得，藍雲是其中最誠實和對詩藝執著的詩人之一。這不僅從一些詩刊和選本上，看到藍雲的照片而得知他那敦厚樸實的外表，更從他安於沖曠，不與眾驅的詩歌底蘊。

我的摯友，著名詩評家鄒建軍先生於一九九一年四月出版的《秋水》詩刊上，以＜論藍雲詩歌的藝術風格＞為題，對藍雲詩歌作了中肯的品評。不久前，我的學生、青年詩人曾勇先生也從我提出的「靈魂統攝」的詩歌理論的角度，以＜叩問靈魂的笛音＞對藍雲詩歌所折射的美學精神進行了比較獨到的分析。按說，我不該再作畫蛇之舉，但我仍要從詩藝美的角度，談談我讀了藍雲的詩集《海韻》、《方塊舞》、《燈語》等和近年來他所發表的詩歌作品的淺見。

一、深厚的民族藝術個性和審美風格

著名詩人李瑛先生在一篇談詩文章中，曾對民族藝術個性和審美風格有這樣的描述：「一般來說，在世界不同的民族生活中，不同的民族地域，不同的民族歷史，不同的文化傳統和民族精神就形成不同民族的不同心理素質

和不同性格特徵。反映到作家的作品中，就形成了不同的民族風格和藝術特色……不是本民族的所有作家都會具有民族風格，只有那些具有民族意識和民族感情的作家，只有那些站在時代前列代表民族精神、了解民族疾苦、真實而正確具有民族特色和民族風格。」一個負有民族責任感的詩人，他總是以本民族的文化背景，作為自己詩歌創作的土壤。藍雲是這樣的詩人。他把自己的認知、思想、感情，置於民族形式的營構之中。詩集《方塊舞》收錄藍雲一百首十六行詩，每四行為一節，恰好四節，也許是詩人有意，也許是無意，卻形成了一種新格律詩的詩歌表達形式。中國的漢語是「方塊字」，藍雲的詩歌是「方塊」詩，這也許不是偶然的巧合，這也許反映了詩人的匠心和精心、苦心。就詩歌所透視的意旨而言，藍雲詩歌所體現的民族風格也是極其濃郁的。對於民族審美中的真、善、美，藍雲在詩中表現出一種頌揚歌讚的情感，體現藍雲對中華民族傳統精神的頌讚。而對於有悖傳統審美和民族審美的東西，藍雲詩歌中表現出憤慨之情，體現藍雲對民族劣根性的批判和崇洋媚外思想的徹底否定。他的＜新儒林外史＞和＜浮世繪＞就是這種自覺地民族批判的佳品。並且，以這兩組詩題看，藍雲巧妙地從中國傳統小說中吸取營養，融匯於自己的詩歌之中，使詩歌的民族個性和民族風格更加濃郁深厚，這是藍雲的貢獻。

二、意象單一實在，意境深邃高遠

意象構成意境。意象是詩歌的生命體，這個生命體是詩人之情與客觀外物受孕的產物。意象的獲得是詩人靈感的一次飛躍。藍雲有一顆沖淡平和的詩心，這使得他的詩歌意象一開始就具有純樸實在的基因，反映在詩歌裡，體現出不虛幻、不險奇、不生澀、不浮泛的藝術追求。只需

沿著他詩歌意象跳躍的曲線，便能領會他對生活的理解，對世象百態的剖析，對人情世故的關注。從接受美學的角度看，藍雲詩歌表現出一種對讀者的善意。我這樣說，並不是說藍雲詩歌淺白。其實，有數十年詩齡的藍雲有相當深厚的詩歌功底，在單一實在的意象營構中，表現出深邃的意蘊，這是平庸的詩人所不能比的。且讀他的＜漁港晚眺＞；「追隨太陽走過的腳蹤／伴著猶在詠嘆的海濤／一艘一艘的船兒遠了／只見點點漁火相照／／換了一襲黑裙子的海洋／看來神秘如夢，嫵媚而嬌嬈／許是魚兒們眩惑於她的魅力／紛紛來在海面上手舞足蹈／／漁夫們看見那些魚兒不禁笑了／便一網一網地將牠們往船上撈／只要魚兒們肯來／便無畏天黑浪高／／奮鬥了一夜的漁夫們／在晨光熹微中返棹／滿載而歸的不僅是那些戰利品／也帶來一家人的希望與歡笑」。初讀，詩人似乎緊緊圍繞「漁港」與「晚眺」之景，展開一段漁民生活場景的描繪。細讀之下，才佩服詩人的精妙構思，「魚」和「漁夫」是兩個相對的意象。「魚」之「眩惑」於傍晚漁港的「魅力」在「海面上手舞足蹈」是「出乎意料之外」的，但又似乎又在「情理之中」，因為美本身就是一種誘惑，詩人筆下的漁港晚景這麼美，是足以讓「魚」們手舞之足蹈之的。「漁夫」則是「只要魚兒們肯來／便無畏天黑浪高」，又體現漁家生活情趣，組合在同一畫面，藍雲無疑是一位素質較高的丹青妙手，在一幅漁家生活圖景中，不露痕跡地揭示哲學思考，言近旨遠，詩意盎然。

三、情致內斂，靈趣外現

詩歌是主情的文本。藍雲詩歌所透現出的情感一般都比較內斂。他有時像只在描摹，有時又只在講述，甚至有

時只在演繹，但只要留意，那些景物，那些情節，那些推斷卻又有詩人對事物作出主觀體悟的情感印證。像露珠，能夠折射詩人的愉悅與憂患；像霧氣，那種喜怒哀樂總能讓你置身其中，並有滋潤的感受。這些都得益於藍雲對詩歌文本的靈活自然地駕馭和把握。

藍雲對詩歌創作的理解首先在於「自娛」，由於「自娛」，許多外化的東西便不飾偽裝；也由於「自娛」，詩歌一旦成為形而上的東西，便超出了他最初的動機。如前所析之＜漁港晚眺＞在自自然然地寫景中，融匯哲理，讓全詩靈趣外現。同趣的詩如＜農莊素描＞，全詩似乎處處都僅在「素描」，「不見空氣污染／與太陽同步而作息」和「這裡不是世外桃源／人們卻生活得如此悠然」又何尚不是詩人在現實以外尋找到的情感反照呢。

另一方面，藍雲的詩歌也注重「詩的社會功能」，這就使得詩人在捕捉意象的同時，自覺滲透價值思考，讓靈趣外現。須指出的是，這個靈趣，不僅僅是文本的表達，更重要的是詩情的激起與反覆檢核，這裡不僅僅是一個過程，還包含一種點綴。比如他的名作＜新儒林外史＞，從詩體上，藍雲不是一種簡單的化意，我甚至以為，這首詩是藍雲對新詩文本的最徹底的貢獻，說是詩，當然是詩，不僅僅是一種分行的形式，更重要的是審美觀點的內化與諷諫之情的內斂；說是小說，又像小說，情節雖然淡化卻又逐章可續；說是戲劇也未嘗不可，矛盾衝突雖不激烈，卻又隱藏其中。這簡直是一種邊緣式的文本嘗試。而寫「儒林」以「他們沒有憾事／但恨不是金髮碧眼高鼻子／休問他根在何處／因他魂牽夢縈的已非故里」，讓詩歌的跳躍跨度大，也使全詩靈趣頓生，讓人不僅僅嘆服全詩的諷喻效果。近年他發表的＜浮世繪＞也具同樣旨趣，限於篇

幅，僅選其中一首＜寫真熱潮＞：新新人類的新點子／莫非欲圖回到原始／原始時代的夏娃，竟然成了／今天許多女娃們效顰的樣式／尤有青出於藍者，似乎在宣稱／沒有不可以公開的才是貨真價實／／既然把自己當商品來推銷／字典中便已找不到那恥字／半裸也好，全脫也罷／只求如何化為一片春光上市／在這爭相較勁的熱潮中，多少人／不知自己已是迷失方向的燕子」活靈活現地把那種追趕時髦而無廉恥的世風，刻畫得如此深刻。這樣的詩，它不但使人感動，還能引起讀者共鳴，更能啟發人們進入深深的思考，給人耳目一新的藝術美。

四、語言曠達，韻味詳和

藍雲詩歌語言樸樸實實，信筆寫來毫不費力，但讀之韻味十足。墨人先生和張朗先生都曾評價藍雲敦厚溫文，這無疑是從語言角度予以評價的。因為詩是語言的藝術。可以說，藍雲詩歌語言的沖曠暢達和韻味詳和是他每首詩都體現的。關於這一點，墨人先生和張朗先生的文筆恰當中肯，我就不再贅筆。

藍雲曾經這樣自述：「詩之風貌，千姿百態，不可能、也不宜定於一尊。一如沒有人只穿一種衣服。」確切地說，這是藍雲詩歌美學的不斷追求，我從＜浮世繪＞中，看到了一種真正適合藍雲形象的「衣服」。除此之外，我也想向藍雲先生進一言：希望藍雲在以後的詩歌創作中，從詩歌作品的整體形式和語言句式上，多致力於張力的營造，以求得能指度的增大和語言彈性的增加，讓意象的精密度更加隨和精巧。

春風化雨詩篇篇

—— 藍雲的勵志詩

張 朗

　　現在的台灣詩壇，靡靡之音充斥，詩人爭相以搞怪為能事，以淫詞穢語為前衛。幸喜三月詩會的詩友藍雲，仍執著地盡移風易俗的社會責任，不停地創作令讀者沐春風、沾化雨的佳篇，為新詩留一點兒風骨，為詩人留一點兒氣節。

　　藍雲，本名劉炳彝，一九三三年生。師範學校畢業，曾任中、小學教師三十餘年，現已退休，一離開教學崗位即肩負起了弘揚詩教的重任 —— 創辦了《乾坤詩刊》。

　　他的詩齡將近半百，大約一九五三年開始創作及發表新詩，一九六一年參加中國詩人聯誼會及中國文藝協會舉辦的「新詩研究班」深造。結業後與全班同學共組「葡萄園詩刊」。該刊的刊名「葡萄園」就是他取的。一九八九年又曾加盟「秋水詩刊社」任編委，共出版詩集四本：《奇蹟》、《海韻》、《方塊舞》、及《燈語》。下面所介紹的勵志詩篇，都是從《燈語》中選出來的。

一、效法太陽

　　每天與太陽同步起床

他去做他的事
我去上我的班
他滿懷熱忱
從來不曾厭倦
我要效法太陽
在我所到的地方
散發著熱和光

　　全詩八行，可分成三段來賞析。前三行為第一段，暗
說他已經效法太陽，每天準時去工作；四、五兩行為第二
段，敘述太陽的工作態度－滿懷熱忱，永不倦怠，這當然
也是他要效法的。由這五行詩得知，他的做人做事在在受
到太陽的影響。

　　他既然已經受到太陽的影響，已在效法太陽，為何第
六行還要說「我要效法太陽」呢？答案是他除了已向太陽
學習前五行所述的而外，還要向太陽學習一件更重要的
事，即最後一行所說的散發熱和光。

　　最後一行是個暗喻，應解讀為：發生良好的影響、做
正面的示範。所以最後三行所表達的意念是：要像太陽一
樣，到處產生正面的影響。這正是詩人淨化心靈，改造社
會風氣的天職。

二、朝露頌

雖然人生短促
你卻不曾自尋煩惱
在你那晶瑩的眸子裡
始終含著怡然自足的微笑

你服膺愛的真諦就是犧牲
為了不願白來這世間一遭
你樂意將自己的生命
奉獻給那些小花小草

　　很多悲觀的人把人生比作朝露，藍雲的這首詩便是針對他們而寫的。勸勉他們不要悲觀，即令人生像朝露一樣短暫，也要對社會做積極的貢獻。

三、窗

打開窗戶
為了讓陽光進來
讓新鮮的空氣進來
也為了要看得更遠

雖然是個下雨的早晨
只要將心中的窗打開
依然能看見陽光
聽見有人在歌唱

　　「窗」的第一節寫敞開窗的好處，引出第二節勸人敞開心靈的窗，即舒開襟抱，樂觀奮鬥。第五行「下雨的早晨」是一個意象，象徵人生早期的不如意或眼前的逆境。第七行中的「陽光」及第八行中的「歌唱」，也是意象，象徵轉機、希望等。
　　所以這首詩的重點在第二節，大意是：即使眼前的境

遇不太好，只要能敞開心胸，放開眼界，樂觀努力上進，就看得到希望。

四、待發

夜再深　再長
也無法阻止晨曦造訪
席夢思雖然很柔軟
終非理想展翅的地方

當第一道曙光來叩窗
你的心中便該發出回響
說你正在束裝待發
將去追尋你夢寐以求的理想

第一行中的「夜」是一個意象，象徵逆境；第三行中的「席夢思」也是一個意象，象徵安樂。所以第一節四行的大意是：毋論多麼惡劣的環境終必出現轉機，否極泰來；安逸的環境也不宜留戀。一個有作為的人，應該不怕苦難，不貪逸樂，大步向前，追尋能發展抱負的環境。

第二節第一行中的「曙光」也是一個意象，象徵機會，所以這一節四行的大意是：要時時做好準備，隨時注意機會的到來，當機會來臨時，就要牢牢地抓住它。

一條會說情話的寂寞路

—— 藍雲＜路與樹＞讀後

謝輝煌

　　路與樹，無必然的依存關係，只是偶然的遇合而已。昔日左宗棠籌邊西北，在漠漠的砂磧路旁，「新栽楊柳三千里」，砂磧路因而楊柳風飄，左公柳亦因而聲聞遐邇。又如胡璉鎮守金門，在「黃沙帳」裡造林、修路，中央公路因綠樹雲蓋而名揚萬里。這都是路與樹遇合的例子。

　　路邊樹的遇合如此。勾踐與范蠡、文種；劉邦與張良、蕭何、韓信；李世民與魏徵；乃至市井巷陌的貧賤夫妻、患難知己等的遇合，也莫不如此。

　　有遇合便有緣生，有緣生便有情在。以此做為觀照的基點，來欣賞詩人藍雲收在《方塊舞》詩集中的＜路與樹＞：

　　　無數的車走過，人走過
　　　不曾有誰關心過
　　　唯你來到我的身邊後
　　　便一往情深地不肯離開我

　　　我何嘗對你貢獻過什麼

你卻給我如此多 ——
給我以遮擋烈日的庇蔭
給我以晚風下的輕歌

我常默默地想
如果你是鳥，我是河
我奔向海洋，你翱翔空中
我們會像現在這樣親密麼

你原可以在山上，在公園裡
在任何地方都比在我身邊快樂
而你竟願與我廝守在一起
可是為了分擔我的煩憂與寂寞

　　喲！好有意思。詩人把「路」人格化了，（「樹」早已
有人替它人格化了），而且說出了「路」的遭遇：「無數的
車走過，人走過／不曾有誰關心過」，因而，「路」有「煩
憂與寂寞」。這個詩想，不僅突破了他自己把「路」看成
是「山間小路」和「荒山野路」（同書＜路＞），而且走起
來是「一步一唏噓」（同書＜走在故鄉的路上＞）的格局，
甚至顛覆了歷來「不把路當人看」的傳統寫法，及李白視
「路」為「凋朱顏」（＜蜀道難＞）的「畏途」和「險路」
的觀念。這個創新是值得喝彩的。
　　「樹」的人格化，乃至「寶」格化、神格化，都不是
新鮮事。而把「樹」和「路」遇合在一起，便又是一種創
新了。「樹」替人遮陽擋風，也不是新鮮事，惟有給「路」
遮陽，並唱歌給「路」聽，「分擔（路）的煩憂與寂寞」，

這才是一種新的聯想與想像。詩，不怕胡思亂想，說得通便可走遍天下。

詩人把自己比作「路」，不是著眼在「條條大路通羅馬」的意識，而是謙卑地自認是「窮途末路」，人車過後，「不曾有誰關心過」的砂石路。然而，和他遇合在一起的「樹」，不僅未得到他任何好處，甚至還因人來車往，弄得滿身灰塵。而「樹」卻是「一往情深地不肯離開他」，還「給他以遮擋烈日的庇蔭」，在夕陽下晚風裡，還唱輕柔的歌給他聽，「分擔他的煩憂與寂寞」。如此看來，誰有這麼偉大？當然是他那位賢內助了。有「不戚戚於貧賤，不汲汲於富貴」的黔妻，便有樂貧行道的美淑姬。「路」有「樹」若此，也可怡然一笑了。

不過，詩中的「路與樹」，也不必限於「夫與妻」或其他人與人的關係上（即使詩人的原創立意是如此）。譬如：人與事、心與物、或事物與事物之間的親密關係，也是可以如代數般的代進去的。換言之，即衍生了詩的多義性。然就詩人而言，詩中的「路與樹」必因其生活面向而有局限，不宜天馬行空，任意猜想。而較切近詩人的聯想，大概要算「詩與詩人」了。因為，他在後來出版的《燈語》的＜自序＞裡說：「寫作的天地原甚廣闊，我走的則是一條寂寞的山路幽徑。在各種文類中，我獨鍾情於詩。」易言之，「寂寞的山路」即「詩」：「詩」即「路」，詩人即「樹」。

事實是，詩人到創作＜路與樹＞時（一九九〇年），已與詩「結婚」了近三十年（詩人於一九六二年加入《葡萄園》開創行列）。雖然，也先後得過中興文藝獎和詩教獎等，但他卻是個「不太力爭上游」，想「揚名於當代」的詩人。雖「一無成就，至今卻仍樂此不疲」（《燈語・自序》），目的只在求「精神寄託」及「自我的滿足」（同前）。

而自杏壇退休之後，更出錢出力，創辦《乾坤》詩刊，任勞任怨，有目共睹。他對「寂寞」的詩，也可說是「一往情深」了。當然，說繆斯是「樹」也無不可。蓋作品中的意識，往往是多重的人生體驗累積而成。面向愈廣，感受愈深，便能在不覺中自然滙集於作品中而獲得較大的想像空間與共鳴。此詩似可作如是觀。

就此詩的表現手法言，形式上是詩人早期習慣「四四體」（每首四節，每節四行），且多在每節的二、四句押腳韻。看起來好像「方塊」，有點古板味。但語言卻如行雲流水般自然，絕無花俏，或標新立異，踏踏實實，誠如其人。內容上是沿著「路與樹」的際遇與結緣，層層切入，意在字裡，情溢行間。佈局（結構）上採起承轉合原則，層次分明。惟第三節的「轉向」，假設性太重。試將該節刪除，第四節頭兩行也可擔負「轉」的任務，且即轉即合，更顯緊湊。換言之，這也是受了形式之累的結果。

作詩如變把戲，戲法人人會變，各有巧妙不同。惟不管如何去變，必須有個線頭以供讀者去探索。此詩的線頭在第一節中，依次讀完全篇，「路與樹」的象外之象，便炯然在目。決不會產生「不知所云」的感覺，一般的讀者，要的就是「這個」，而＜路與樹＞則已充分地向讀者提供了「這個」，且能完美地表達了詩人對那「一往情深」、「分擔煩憂與寂寞」的「樹」的感恩之情。如此，一首詩的任務就算圓滿達成了，而且是有技巧的圓滿達成。至於第三節詩所呈現的小小瑕疵，因未對主體造成任何傷害，故至多只能說是美女臉上的一顆小痣而已，無損詩中言之有物及情景相契的風韻。但必須強調的是，該割捨的素材或意象，不論有多美，均應割捨，方符經濟有效的原則。

是殭屍還是機器人

—— 讀詩人藍雲的兩首諷刺詩

一 信

　　有一天，我不懷好意問藍雲，他的筆名「藍雲」究竟是「藍色的雲？」還是「藍天白雲？」他直截了當的回答是「藍天白雲」。我聽了當然很失望，但也不得不承認這筆名對他很適合。因為，他的確是個不求榮華、淡泊名利的藍天上之一朵悠然自在的白雲，絕對不是我所希望的：不同於宇宙中任何種色調之「藍顏色的怪雲」。

　　藍雲先生與筆者兩人，外表上都和藹可親，可是內在卻都耿介得近於頑固；但他受到不平或被欺騙，甚或冤屈、污蔑時，都能一笑置之，而不計較，其心胸真有如藍天之廣闊，視橫逆如輕淡之白雲，但對世事之是非心志，卻毫不變移。筆者則截然不同，如遇有不守信義或言行不符者，不但當即駁斥，甚至不惜反目成怨。遇有結黨眾多者，也能「橫眉怒（原為『冷』對千夫指）」，且既不反更不縮就以「雖千萬人吾往也！」之精神決爭。可是有時一信（筆者）也會偶而藍雲化，而藍雲也極其難得的光了火一信化一次。如若不信，請看他近期發表於《乾坤》詩刊第十六期的兩首詩。

　　先看第一首＜殭屍＞，全詩如下：

你若遇見殭屍可能嚇得半死
豈知自己曾在殭屍堆裡
每天呼吸那股屍臭而不知
環顧那些蒼白的靈魂不見一絲血氣
那些冰冷的心，冷得令人
有如置身極地
看那美麗的背影多有魅力
一轉身　竟厲鬼般使人不寒而慄
所謂推心置腹者
臉一變　頓成索你命的惡魍
倘非你走得快
恐已被那殭屍掐住脖子斷了氣

　　「殭屍」在真實生活中，並不真正存在，只是傳說中
有這種沒血性、沒人氣、沒情感之冷酷的鬼在為害人間，
但誰都沒有看見過。作者借用這個「鬼」，來罵那些相似
的人。他在第一段中，以樸實的語言，象徵手法，表達出
了對「那些人」的感覺。尤其第四、五兩句，真罵得淋漓
酣暢，令人叫爽。第二段第一、二句，隱射出滿口仁義卻
輕諾寡信，薄情寡義者，翻臉就成了索命厲鬼，真是比喻
絕紗，罵得爽快。
　　另一首＜機器人＞也同樣地採用了象徵手法，卻罵的
是另一種人。全詩如下：

四肢五官俱全
人模人樣的也叫作人
可就是有嘴不能言
（縱使讓他說話也不知所云）
有耳聽不見人們的嘲諷

> 有眼卻黑白是非不分
>
> 他不識公義真理為何物
> 似乎最懂得明哲保身
> 甘願受人擺佈
> 凡事不用自己操心
> 他無所謂快樂不快樂
> 反正沒有思想沒有靈魂

　　作者同樣是使用樸實的詩語言，一開始在前段中就將「機器人」與「人」相比成一體，並在第五、六兩行中用「有耳聽不見人們的嘲諷／有眼卻黑白是非不分」，表達出了這首詩的主題。接著在後段中，再以「他不識公義真理為何物／似乎最懂得明哲保身」加強了作者要表達的主旨，最後以「反正沒有思想沒有靈魂」作為論斷，也使他要罵的人浮現出來。

　　作者在這兩首詩中，對當前社會中某些「人」，作了最嚴正的批評。前詩以「鬼」喻人，罵得無信無義、只注重利害者，無可遁形。後詩則將黑白不分、是非不明；不講公義、真理之濫好人，真罵得無可閃避。

　　這兩首詩，表面上寫的是鬼（殭屍）、是機械（機器人），實際指的卻是生存在我們社會上 —— 甚至是在你我身邊的「人」。作者形象運用得非常準確，同時也罵得非常痛快與恰當。兩詩都主題嚴正、語言樸實簡扼，象徵手法也運用得非常巧妙與準確。尤其一向崇尚溫柔敦厚詩風的藍雲，在此作出義正辭嚴的獅子吼，不僅難得，也著實令人敬佩。

論藍雲的抒情詩

鄒建軍

　　台灣當代詩壇風起雲湧，現代派於六十年代掀起了漫天塵土。就在這一片"主智"與"純粹"的叫喊聲中，藍雲堅守抒情詩的陣地，把握詩的生活本質，不怕寂寞地默默耕耘，創造了自己自然清新、空靈怪誕、凝煉含蓄的藝術風格。讀藍雲的詩，我們彷彿始終籠罩在他所營造的情感世界，任其別具魅力的藝術創造左右著，我們乖乖地成了詩中那與眾不同的韻致的俘虜了。藍雲這個在大海裡泛舟的詩人，在刻意開闢一條屬於自己的航道，努力尋找屬於自己的語言和神韻，渴求用不同的方式表達這個世界上的人所共有的，同時也是他個人的悲歡與追求。由此造就了他抒情詩獨特的藝術風格。

　　藍雲抒情詩藝術風格的首要特徵是自然清新。

　　他從 1953 年開始寫詩以來，就一直沒有像某些人那樣去追求名利，而是有感而發，由興而起。他說："我之寫詩，主要是為了自娛 —— 以此排遣生活的苦悶，填補心靈的空虛。" 這種創作態度就讓他的詩與那種無病呻吟的詩，與那種"一句三年得"的苦吟詩人的詩相區別，表現出自然清新的特色。他的詩猶如地下噴泉，是流於其所不得不流，止於其所不得不止。他時時所想的是"我該如何燃燒自己／燃燒自己成一把火炬／在火光煜煜中找到生

命的意義"。他的詩也正是如這火炬燃燒般的自然與清新。"許是不堪思念的負荷╱你的眼神滿含幽怨╱當我驀然出現在你面前╱你又驚又嗔，更帶幾分欣歡"，他的許多愛情詩都是這般直抒情胸臆，以你我的直面方式喃喃低語。德國大詩人歌德的許多抒情詩也是這種方式，如"我看到你，從你的秋波裡╱就傾瀉出溫和歡喜；╱我的心完全守在你身旁，╱我一呼一吸都是為你，""呵，愛情，愛情！╱燦爛如金，╱就像山頂上╱早晨的雲！"在這裡，我們看到了藍雲與歌德、何其芳等抒情詩人的血緣關係，句式、語調、押韻、節奏，都隨情感的起伏而自然變化。這種抒情詩看似易寫，實際却是詩中的精品。它不需任何掩飾和雕刻，真摯的情意是最基本的前提，不然就流於淺薄與平淡。有了獨特的感受，詩才會清新。"夜夜，我都聽見海那邊淒切地呼喚╱聽到黃河、長江的水聲湧到我枕畔"，正由於他用心靈聽到了，感到了，所以他的詩有奇於常人之處。"當你淚盡時，你就仰天長嘯吧╱不要作沉默的咽泣╱每一滴眼淚是一粒種子，一柱火光╱撒在受難的土地，照在黑暗的世紀"。這詩的力度不僅來自感嘆的句式，還來自內蘊於詩中的灑脫、豁達與自信。這是歷經滄桑、飽嘗大悲大痛、大徹大悟之後的毫無牽掛的超脫。這種有思想有情感烈度的詩，在我們目前那些"朦朧"、"現代"、"先鋒"黑雲壓城的時候，是不是可以多一點呢？我想，這類自然清新的抒情詩，猶如詩壇上空的火星，可以照在以後的世紀。不然，歌德老人的抒情詩為何至今還那麼暢通無阻呢？

　　藍雲抒情詩藝術風格的第二特徵是空靈怪誕。"啊，是的，我在這地上沒有戀棧╱我是流雲一片，嚮往藍天╱而藍天不是虛無，藍色不是灰色╱我是一個藍色的生命，

且唱藍色的歌"。其實他之所以取筆名藍雲,他之所以將其最重要的詩集取名《海韻》,都表示他喜愛那麼一種如天空一片藍色雲朵樣空靈的詩,表明他自己的一種崇高的藝術旨趣。的確,大海的韻律,湖泊的籠煙,高山的流泉和平野的空曠,是他詩中常常出現的意象。當然,藍雲也是一位關注現實、夢繫家園的現實主義愛國詩人,他描寫都市生活的詩有深沉的一面,也具有空靈的一面。他頗致力於現代都市詩的創作,但他所表現和傳達的幾乎都不是那種面與點,而能用敏銳的感覺捕捉和把握都市生活的心理與節奏。〈擠〉、〈鐵軌與蝴蝶〉表達了人在工業社會中受限的痛苦和對自由生活的嚮往。〈農莊素描〉與其說是對沒有污染的生活環境的渴盼,還不如說是不滿現實而尋找精神家園的哲理表現。他所描寫的正是這種精神的、哲理的、藝術的境界,當然是在現實生活的實境中昇華起來的意象,因而多半具有了一種象徵性與暗示性。

平淡的現代社會中需要傳奇,所以傳奇誌怪的小說流行。當代詩壇在表現日常生活的同時也需要傳奇,所以有大量的神話詩的出現。藍雲並沒有去寫傳奇與誌怪的詩作,但却在詩裡表現出了神秘與怪誕的風味。的確,他的不少詩是在神秘色彩裡顯現奧義的。〈夢〉與〈尋鞋記〉等詩是帶有一定情節的抒情詩,表達的是失落的茫然以及對人生的不解。"可是,當我將它穿好了站起來時,却不知道我要走向何方。"(〈尋鞋記〉)這是困惑。"於是,我們就這樣依偎地走著/走過了山嶺草原/走過了海洋大地/走到一個無人知道的地方/我們就在那煙水朦朧中隱去。"(〈走在細雨霏霏中〉)這是神秘。〈自繪像〉、〈子夜吟〉、〈迷失的夢囈〉等詩都籠罩在神秘的氛圍中。藍雲的詩最動人之處,是他從神秘與怪誕的氣氛中表現他

獨有的思索。〈於是，開始追尋死亡〉和〈死‧不朽的神〉把死亡和難測的命運寫得那樣空靈。他把生作為死亡給予，命運是可定與不定之間的幽靈。對命運的表現，事實上是詩人於現實的曲折觀照，用藝術三稜鏡反照現實的種種樣相。〈門〉是生死之門，〈路的變奏〉是命運的變奏。人世生活給人們帶來的痛苦，使詩人時常把生死掛念於懷，同時表現了他對生命有限與永恆之間關係的思考，對生命的戀與熱愛。

藍雲的詩自然清新，空靈怪誕，但並非一覽無餘。他的大多數詩也是凝練蘊藉，耐人尋味的。情感雖呈自然狀態，但在結構上還是比較講究。如他的許多四段十六行詩就和中國傳統文學起承轉合的四段式結構相契合，並且講究內容的發揮和文字的控制。在內容上他有自己的思想與發現。這些發現的結果，他並不是用大白話直接告訴我們，而是通過一系列的夢境，用很有厚度與力感的意象把它傳達出來。如他關於生與死的哲理，即主要通過與死相關的"擠"、"忠烈祠"、"墓誌銘"等意象表現的。在莊嚴的意象中滲進哲思，在神秘中辨析真理，是理性與詩情結合的詩美創造。

在技巧上，他常用整體象徵手法而使全詩具有深廣的暗示功能。讓我們來讀〈清道夫〉：

你並非屠狗逐臭之徒
只是要把那些垃圾弄走
無論是紙屑、果皮
抑或是斷枝落葉爛木頭

你不須趕路

卻常望著地上發愁
尤其是在那野台戲演完
或一場暴風雨之後

世界上有很多地方需要清掃
因此，你的工作永無止休
掃完一條條的道路
還有一條條的水溝

而歷史上也有許多垃圾
有的已經隨水流走
有的還在那裡發臭
你是不是也要去把它們運走

　　這裡清道夫的形象，並非僅指那些早上天沒亮就執掃帚橫掃大街的清道夫，他所要表現的也並不只是對清潔工人的頌揚。他所要給出的見解，所要抒發的憤恨，恐都能在尾節中透出信息。歷史上也有許多"垃圾"，浪淘盡千古遺事，所以有的已經隨水流走，也就作罷。而可恨的是"有的還在那裡發臭"，正如已故詩人黃邦君〈老屋〉所寫的"老屋"；"老屋實在太老／大廳中殘缺著一塊石碑／是鑲著的唯一一顆／門牙／然而就這一顆門牙／死咬住不肯搬遷。"詩人所寫的"老屋"也正是那歷史上的"垃圾"。藍雲對清道夫："你是不是也要去把它們運走？"言下之意即你不運走我就運走了。其實他已經用詩做了許多清道夫所做的事。工人、農民、軍人、教師乃至學生，都可以當這種或那種清道夫。他詩的寓意是有一定

深度的。

　　而所有這些，正是象徵所帶來的含蘊。

　　藍雲不像台灣某些詩人那樣急功近利，浮躁囂張，而是一直腳踏實地地寫詩，不求聞達，這種忠厚實在的創作態度和處世精神，正是成就他清新空靈，怪誕蘊藉的藝術風格的基礎。

廢墟心中紅燈昇起

—— 簡介藍雲的短詩

一　信

　　有人閱讀到一篇好文章，常讚美地說：「好，很有詩意」。同樣地，若遇見一位氣質、風度非常好的人，也常會脫口說出：「這人像位詩人」。詩、詩人，常會受到很高的評價，可是近幾十年來，大家對詩多敬而遠之，甚至鄙而遠之。因為現在的新詩，很多都生僻晦澀或故弄玄虛，讀之再三仍不得要領。也有些詩，平鋪直敘，淡而無味，比散文還散文。因之，非常多的人，根本就不看詩。

　　近數年來，流行「短詩」，甚或「微型詩」，用最少的詩行，表達完整的詩篇。這種極短詩篇問世，雖構想至佳，但要寫好卻非常不易；有人寫短詩寫得像標語、口號、廣告詞，也有人寫得像嘉言、雋語、警惕詞，讀之了無詩意。

　　最近讀到詩人藍雲的中英對照之《藍雲短詩選》詩集，其中收集短詩二十首，非常出色，尤其內中之三行、四行詩，成一結構完整，內容充實之「微型詩」，更是令人激賞。現先以「三行四首」詩為例，提供大家共同品賞：

煙

他曾如龍似虎
現在化為一縷煙

以後隨風而去成無

此詩不僅語言簡潔、順暢、富意象，且充滿禪味，令人讀來，感到究竟是寫「煙」，還是寓意人生似煙。

窗

晴時冷眼旁觀
雨來閉目冥想
世態炎涼看慣

短短三行，每行六字，潔淨明澈，充滿理性與智慧，對晴時開窗，雨來關窗的意象及意識含意，表達得非常巧妙與精確。另一面詩人所寫的「晴時」也許是暗示得意時、風光時；「雨來」也許是指橫逆來時，困頓時，寓意深切，令人感觸良多。

傘

在雨中歌唱
迎向烈日笑
放下身段當手杖

這首詩一反〈窗〉詩之理智冷冽。字裡行間充滿了感性與歡欣的明快節奏，寫的是「傘」的功用，但略加深思體味，就可發覺寫的可能是終身相偕的伴侶，或是詩人自我人格寫照。

椅子

無論你願不願意

　　所有迎面而來的都得忍受
　　最厭惡的是那些不堪聞問的屁

　　一看即知，表面寫的是椅子，實際是在感慨人生之無奈，尤其最後一句至為生動，寫出那厭惡之人在此大發謬論（放屁），也不得不忍受。雖是無奈，倒不失幽默有趣。

　　前列四首短詩，每首均僅三行，都文字簡潔順暢，各有主題，作者寓物抒懷，或用意象，或以隱喻，或作聯想，運用詩藝術技巧，鮮活地表達出內涵用最少的文字，表達出最具體深刻之內容，令人讀後不得不欽讚，這種簡扼流暢且深具內涵的詩，不正是我們最需要且最愛讀的詩嗎？我們再看該詩集中的《四行四首》：

孤　獨

　　不是狐狸　有點像獅子
　　他把自己關在籠子裡
　　一個患有潔癖的人
　　總是保持著與世界的距離

　　這首詩應是作者自己的性格寫照，前段兩行表達他不會狡滑，而有獅子的勇氣及傲然，但自己卻將自己規範於自斂及道德的範圍內。後段兩行則肯定自己潔身自好，與污濁的社會保持距離，絕不合污同流。

鏡　子

　　每一個來到這湖邊的人
　　都成了納席薩斯

蘆花紛飛時
最怕見到的人是自己

作者以湖水作為「鏡子」的意象，並運用希臘神話中「水仙花」的典故，在第一段兩行中，借用納席薩斯王子的故事，反諷每個人都自我地顧影自憐，不接受別人的愛也不去愛人。再於後段兩行中，以蘆花象徵白髮，表達人老了，照鏡子會自慚形穢，連自己都不願看見真正的自己。以詩之前後段對照，突顯人生及人生哲理，表達手法不凡。

廢　墟

有人自你看到過去
留下的一聲嘆息
有人由你看到未來
心中一盞紅燈昇起

詩人以廢墟為喻，有人只看到過去的美好與光榮，如今卻是荒廢、殘破，陷入悲傷無奈情緒中。但有人卻由廢墟看到了未來，更新更好的建築興起，自己情緒也隨之充滿希望與奮發。這是一首有哲理的勵志小詩。再看四首中的最後一首：

謊　言

茫茫大霧中
虎成了貓　貓成了虎

太陽出現時
它便鼠竄而去

　　被謊言蒙蔽時，自斂的虎，常被認為是溫馴的貓，而
善於自誇及經常被寵驕的貓，往往被視為虎。當謊言被真
理太陽揭開了假面，其實只是鼠輩而已。這是一首充滿諷
刺意味的詩，此時一反前詩之樂觀、勉勵，而毫不留情地
羞辱慣常說謊言的騙徒。

　　這〈四行四首〉詩，與前〈三行三首〉詩顯然有所不
同，每首都多了一行，作者的妙筆下，寓意自然也廣泛多
元了，而且內涵也更深遠了。

　　除此而外，這本短詩選中，還有如〈尋訪六記〉內之
〈尋人記〉、〈覓職記〉、〈探險記〉、〈問路記〉、〈求醫記〉、
〈訪友記〉，又如〈淚之諸貌〉也是四行四首，都是難得
的微型好詩。

　　綜觀詩人藍雲的短詩，殊少豪放、縱情、詭異、新奇、
怪幻類的作品，多為內容豐實，寓涵哲理，且每首短詩都
簡鍊精扼，結構嚴謹，尤其難得的是運用意象及暗示，自
然而精妙、準確，充滿生活與生命智慧。筆者雖讀過作者
很多詩作，佳作非常之多，但筆者最欽佩、最鍾愛的，仍
是他的微型短詩。

春暉寸草難爲報

—— 讀藍雲的短詩〈遊子淚〉

周達斌

　　中唐詩人孟郊〈遊子吟〉詩云:「慈母手中線,遊子身上衣,臨行密密縫,意恐遲遲歸,誰言寸草心,報得三春暉。」這是一首抒寫母愛的膾炙人口的名篇,千百年來不知使多少讀者受到感動。

　　無獨有偶,一千多年之後的今天,詩人藍雲,作為回應,卻寫下了〈遊子淚〉這首詩。兩首詩的主題,都是抒寫母愛,語言平實,而表現手法卻有所不同。孟詩是通過遊子臨行前,母親緊針密線為之趕製寒衣的生活細節和「寸草」、「春暉」的比喻,來表現母愛和遊子對母親的感激之情。而藍雲的詩呢,則通過形象描寫的強烈反差和中國古典詩歌中「無」的藝術,表現遊子對偉大母愛的無比內疚之情。請看藍雲的〈遊子淚〉:

　　浪跡天涯的遊子／風來　風裡去／雨來　雨裡去／是猛虎　也要向其迎擊／但當母親節的歌聲響起時／他卻獨坐一隅／像一頭受傷的獅子／黯然欲泣……

　　這首詩沒有分節，渾然一體。但我們理解這首詩，不妨分成兩節，前面四行為一節，寫「浪跡天涯的遊子」為了自己的前程和事業，奮力拼博，「風來風裡去，雨來雨裡去」，歷盡艱難，甚至勇敢地和猛虎博鬥，正是「風雨滄桑五十年」，雄心壯志氣衝天。而在詩的後面一節（也是四行），詩人用「但」字一轉，說「當母親節的歌聲響起時，他卻獨坐一隅，像一頭受傷的獅子，黯然欲泣」。前面是一頭雄獅奮力與猛虎博鬥的英雄形象，有如泰岳摩天，是何等的英武偉岸。而後面卻突然跌入低谷，描寫這頭雄獅受傷，獨坐一隅，黯然欲泣。這強烈的反差，給讀者的心靈以巨大的震撼，其中原因，耐人尋味。中國古典詩歌，善於運用「無」的藝術，表達言外之意。漢樂府名篇〈陌上桑〉，描寫采桑女秦羅敷面對使君的調戲，即興誇夫，說她的丈夫如何年輕英俊，步步高升，官運亨通，詩的最後兩句是「座中數千人，皆言夫婿殊」。詩寫到這裡，戛然而止，結局如何，留下一片空白，給予讀者以補充想像的廣闊天地。這就是「無」的藝術，〈遊子淚〉的第二節，正是運用了這種「無」的藝術，來表情達意。「一頭受傷的獅子」這七個字，內涵十分豐富，令人想見那頭雄獅同猛虎博鬥時的艱難困苦的情景，這也是現代商品經濟社會競爭激烈的必然產物。再說，這頭「受傷的獅子」，為什麼「當母親節的歌聲響起時」，他就「獨坐一隅，黯然欲泣」呢？因為這個時候，他想起了母愛。人處在逆境中，總會想起他最親愛的人，這正如司馬遷在〈屈原列傳〉中所云：「夫天者，人之始也；父母者，人之本也，人窮則反本。故勞苦倦極，未嘗不呼天也，疾病慘怛，未嘗不呼父母也。」至於母愛的具體內容，詩人有意隱而不現，讓讀者去想像。與母愛相聯繫的是孝道。中華民族是一個

重孝道的民族，中國的孝文化非常豐富，歷史上留下了許
多講孝道的嘉言懿行，民間流傳著許多諸如黃香扇枕溫
被，王祥「臥冰求鯉」以及老萊子「七十娛親」的動人故
事。對其中的某些具體做法，我們不必仿效。但其孝心可
嘉。像這樣的文化遺產，不得視為封建糟粕，應當看成中
華民族的傳統美德。因此，〈藍雲短詩選〉中，與〈遊子
淚〉構成姊妹篇的另一首詩〈老鴉夜啼〉，則向那些把一
生劬勞的父母「當球踢」的「不孝子女」敲起了警鐘。

論藍雲抒情詩的精神指向

劉景蘭

台灣著名詩人藍雲已出版《海韻》、《燈語》、《方塊舞》等數本抒情詩集。其真誠純樸的詩情、鮮明生動的話語、溫柔敦厚的詩風在台灣當代詩壇上格外引人注目。本文意在探討其詩歌的精神指向,與其詩情意結構模式的建立,並討論這種精神指向和結構模式的文化價值。

一、"金字塔"式和"歌特"式

我們知道,金字塔式建築的建造往往注重根基的牢靠性,底層寬大,體現一種穩固、堅不可摧之勢,但難於給人一種飛躍之感;歌特式建築的塔尖高聳入雲,伸向宇宙,往往體現了西方人嚮往天堂的信仰,但在給人以動感的同時也往往給人以危機感。從這樣的建築美學理論出發來考察藍雲的抒情詩,其情意結構既具有穩固性,又具有動態性,是一種動靜結合的構造。我們認為,藍雲抒情詩中的情意可分為"血緣親情"、"自然怡情"、"文化和情"和"生命極情"四個層面。這四個層面由下而上逐漸減小,情意由低級向高級升華。每高一層要比下一層更精、更深、更純粹些,最頂一層也就自然達到了一種至高的人生境界:對人生的終極關懷,超越了自我、自然與社會。在其抒情詩中,往往是由低層豐富的情意滋生高一級

的情感，情意結構的穩定性就是指有這種豐富的根本作為基礎。情意結構的動態性就是指其抒情詩各層次情意之間的層層昇華，以及各層之間的相互作用：下層是上層的基礎，同時上層反作用於下層；各層面情意相互流動，整個的組合成一個"閉合電路"。動態性和穩定性使其抒情詩的情意結構模式成為多樣的統一。靜中有動，動中有靜，這種多樣的統一便呈現出一種其他詩人筆下少有的和諧之美。由此，我們可以將藍雲抒情詩的精神指向概括為一種圖示，即我們通過世界上兩種典型的建築形體的象徵方式所得到的模式：

二、情意系統的構成

　　藍雲的抒情詩在台灣詩壇具有廣泛的影響力，其詩作不僅被選入台灣和大陸出版的各種詩歌選集，並且多次獲獎。研究其抒情詩的論文往往多從其藝術形式入手，而對其內容特徵和精神指向很少提及。其實，雖然詩歌的藝術形式具有一定的獨立性，但其藝術效果的發揮却絕對離不開一個詩人的創作時所存活的精神指向。因此，有必要進一步分析藍雲抒情詩的情意構成系統。

　　我們認為其抒情詩的精神主要指向這樣四個層面：

1. 血緣親情層

　　"血緣親情層"是最低級也是最豐富的情意層面，是藍雲抒情詩整個情意大廈的基礎。它包括親情、愛情和友情。藍雲作為從大陸到台灣的遊子，多年以來行踪漂泊不定，因此對親人情感的渴望，在詩中就居於神聖地位。〈遙祭母親〉和〈心祭〉兩首詩濃縮了詩人的親情：有對親人

的盼望 —— "我何嘗不想歸去啊／只是我有翅難飛"（〈心祭〉）；有對離家前夕親情的回憶 —— "更有那昔日伴我夜讀的情景／不時複印在我的心田／天寒喚我加衣／病時殷殷地垂詢／猶依稀縈繞在我耳邊"（〈遙祭母親〉）；有失去雙親的悲傷 —— "此刻，椎心泣血／豈能形容我的傷悲／我對您無窮的追慕啊／淼漫一若台灣海峽的水"（〈心祭〉），"當我得知您思兒成疾／不待我歸去，便離開了這人間／我的心頓如撕裂了一般的痛楚／不知該如何向您訴說我的罪愆"（〈遙祭母親〉）；有未盡孝的悔意 —— "雖然我無時或忘／您褓抱提攜的恩惠／而我不但未盡反哺心／弔臨都不曾，該是何等的罪"（〈心祭〉）。這些至真至誠的情感，在詩人心中激起了巨大的漣漪，成為其抒情詩情意的主體部分。讀藍雲的抒情詩，覺得其情真意切，沒有空洞的叫喊，也沒有無聊的議論，原來就是其血緣親情在其詩中起到了基礎性的作用。

　　情愛往往使人產生無限的遐思和起伏的心潮。藍雲的抒情詩也並不迴避對情愛的的抒寫，因而詩更具有人情味，更具有一種親和性。請讀〈當你進入我的思念中〉："當你進入我的思念中／我的心便成了騷動不安的海洋／每一片翻滾的浪花／每一次潮落潮漲／都緣你而起而蕩漾"。每當此時，作者猶如進入一個"夢境" —— "思念有著會飛的翅膀／不知你可看見／我日夕翩躚在你的身邊。"這樣的情詩是不能不讓人心動的，頗有一種西方情詩的大膽和直率。這也許還不是其真正狹義的情詩。讓我們讀他給妻子梅英寫的〈等你，在永世〉。如果說戀愛的情感熱度是尋常溫度表所不能測量的，那麼，夫妻相愛的永久也是時鐘不能計算的。"曾經等你／在月上柳樹時"，"曾經等你，在一座小橋邊"，其中的時間、地點

也許是泛指，所代表的是不同的地點和時間，但無論在何時何地，"我一直守候你"："當你施施然／如一尾魚向我游來／我彷彿擁有了全世界"，"當我們相偎在一起／……那個叫尾生的人／似在嘖嘖稱羨不已"。這首詩寫出了他們相愛的甜蜜與愉快；"戀愛的露水是甜的，結婚後的雨水未必是酸的。"特別應當注意的是，此詩的第三節連續用兩個"等你"，把愛情的深濃推至極致："如果有一天，我必須遠行／在前去的那地方／我仍將等你／等著與你相聚是我們永世的心契。"卡·列耶夫曾經說過："詩歌－它與女人是永遠分不開的，女人從來沒有讓世界上的抒情詩爐冷却過。"藍雲作為一個男詩人，也有女人一樣的情與意。哪一個少男不鍾情，哪一個少女不懷春？藍雲的抒情詩當然是來自於其心中的愛的海洋，出自於一顆多愁善感的心靈。其對於愛的多層次的表達，也許可以說明如果人間離開了愛，詩其實就不存在。

詩人也非常珍視友情。朋友所贈的一盒蘋果使作者激動不已："自那小小的手中／跋涉千里而來／落在我的心上"，"一盒蘋果／是滿天星光／在這晦暗的日子裡／我聽見了知更鳥的歌唱"（〈一盒蘋果〉）。朋友的葬禮使詩人黯然神傷："沒有習慣的手勢／沒有說再見"，"我們所愛的人要遠行了／……千言萬語都化成了涕淚泫然"（〈殯儀館〉）。他的朋友中有充滿浩然之氣的英雄（〈忠烈祠〉），也有為事業鞠躬盡瘁、死而後已的詩人（〈生前身後〉），這些人雖囊中羞澀，不善吃喝，但通過藍雲的抒情詩，其情其名也許會永遠流傳於人間。如果一個人一生沒有朋友，那麼他肯定會孤獨而寂寞。當然，這樣的人也並不是不可以寫詩，但人間的友情在詩人的筆下是應當得到充分而生動的表達的，動物往往也要"求其友聲"，何況

人類？詩與友情也許可以作為一個重要的命題進入詩人的構想中。

親情、友情和愛情是圍繞在詩人身邊的雲、霧和陽光，也是詩人生活和生命的基礎。其抒情詩在表達此種情境时常常是相當用心的。當然，詩人並沒有完全沉溺於此而不能自拔，他最終還是回到了"自然"的懷抱，於是便有了其抒情詩情意系統的第二個層面："自然怡情層"。

2. 自然怡情層

人是自然的產兒，就如大樹枝頭的花與鳥是自然的產兒一樣。在人類社會中，人入世深似一天，離自然往往就遠一點。人類的危機往往也在於此。請問離開了泥土的花草還會有生命嗎？離開了水的魚還能快活嗎？於是，藍雲的抒情詩從大自然吸取滋養，茁壯成長為一片詩情的綠蔭。

〈養鴨人家〉、〈漁港晚眺〉表達了對農家悠然自樂生活的憧憬，〈農莊素描〉與其說是對沒有污染生活環境的渴望，還不如說是不滿現實而尋找精神家園的哲理表現，〈墓誌銘〉把這種追求推到了極限："這是世界上最美好的地方／沒有噪音擾人／沒有空氣污染／戰爭到此止步，重擔於焉釋放／我一來這裡就不想走了／這裡才是我永恆的故鄉。"於此我們是不是可以得到一個認識：詩不會誕生於沒有潤澤的心靈，只有熱愛自然的人才可能從自然中發現詩，一個對自然冷若冰霜的人自然不會有所幻想。傑出的詩人的創作歷程可以說明：對自然的愛浸潤著詩人的心靈，讓它像春日的陽光那麼溫暖，像晶瑩的水珠那樣透明，像浩瀚的大海那樣深邃。有了這樣美好的心靈，就充滿了愛情，就能用聰慧的眼睛去發現詩情詩意。

而藍雲正是這樣的一位詩人。

我們的詩人一向熱愛自然、嚮往自然，一塊火星可以在他的心中燃起燎原大火。詩人有深沉而強烈的情感，所描寫的自然，哪怕是一塊石頭、一把泥土、一棵小草，也無一不寄託了自己的深厚感情。〈橋〉表達了兩岸人民同甘共苦的願望："你是多麼的盼望啊／盼望見到那手牽著手同遊的美好圖畫"。詩的開始就對"橋"的沉默進行讚揚："所有路不敢的／你一肩扛下／縱然面對波濤洶湧／你眼睛眨都不眨"。如果說這裡所寫的只是對"橋"的一般情思，後來却聯想到海峽兩岸正是需要一座"橋"："多少舟車來來去去／竟似開了又謝的花／而你像一參透萬事的哲人／只是默默地諦視著周遭的變化"。世事滄桑，風雲變幻，而"橋"只是像經歷了萬事的哲人那般地等待著。詩人的期盼之情躍然紙上。詩人有這樣豐富的想像，這樣兒童般的純真感情，胸中往往充溢著一股愛的暖流。正是這股愛使詩人活躍起來，由平凡的"橋"想到了兩岸之"橋"，由"波濤洶湧"想到了台灣回歸的艱難險阻，由"舟車"來來往往想到了雙方多年的交涉。可見，詩人發現了許多感情冷漠狀態下難以發現的特徵，在"橋"的意象上寄託了一般人覺察不出的詩美。自然的並不就是詩的，但詩往往離不開自然風光與自然情懷。詩人回歸自然，在大自然中陶冶情操，淨化心靈，實現自己種種夢想，得到個人的滿足。

3. 文化和情層

台灣與中國大陸分離五十年來，有多少人在對岸經營著"鄉愁"，又有多少人在這邊望白了頭。一灣淺淺的海峽，隔離了歸鄉的路。藍雲站在時代的峰巔，發出了"那

衛石填海的精衛鳥呢／能填平這隔絕半世紀的鴻溝否？"（〈溝〉）的悲壯疑問，他渴望海峽不再是不可踰越的鴻溝，渴望"這溝能變為坦途／一任兩岸間來去自由"（〈溝〉）。多少次對祖國心想神往，多少次向母親呼喚，詩人只能用"夢遊"的方式抒發不能身遊故鄉的惆悵。

"凹凸鏡"中，詩人觸景生情，想起了杳無音信的兒時玩伴："曾是玩泥玩沙的小手／如今在玩什麼游戲？"濃縮的思念，溢於輕淡的一問之間。"夜夜／我都聽見海那邊淒切的呼喚／聽見黃河、長江的水聲湧到我枕畔"（〈永恆的火炬〉）。對往事的回憶是最富有詩意的，詩人往往從關切故人入手，表達了對生於斯、長於斯的故土的懷念。他面對壁上的地圖扇動想像的翅膀，穿過海峽的萬頃波浪，降落在記憶的家園（〈地圖〉）。他歷數他所見所聞的每一景物，都飽含著深深的感情。從他的喃喃自語中，我們分明看到了一個在海峽彼岸頻頻西顧的海外遊子的形象。在〈秋夜望月〉中，詩人曾發出"為何不見我年少時的那輪月影"的感嘆。見到清明雨時，也有"心中的雨何時止／淚乾猶欲哭"（〈清明雨〉）的悲涼。他也曾立於北回歸線上，發出"問我何所來"的悲嘆。每當此刻，我們就好像看到失根的鄉愁縈繞其心，浪子漂泊的艱辛讓他在夢中回到祖國溫暖的懷抱。而令人慶幸的是"同一張日曆／在兩岸同樣歡度得有聲有色／／五十年的分割／何曾讓五千年的血脈隔絕。"（〈端節有感〉）我們相信在台灣同胞的心目中，中華情感是根深蒂固的，一脈相承的中華文化是隔不斷的："淡水河正以熱情的手伸向／那遠遠奔來的長江／彷彿兩手相握在波瀾起伏的海上"。

詩人追尋民族文化之源，在許多詩中故意用"屈原"、"汨羅江"、"洞庭湖"等具有文化意義的意象，

來說明中國傳統文化對自己的影響。他這樣寫屈原："你是一粒種子／已蔚然而樹而林／是一永不熄滅的火焰"。(〈弔屈原〉)"你的詩魂／瀰漫六合／詮釋了何謂不朽的生命"(〈巍峨〉)。可見，屈原的精神超越了地域和時間，成為詩人靈魂的主體因素。正如鄒建軍曾評論的那樣："〈孩子與粽子〉、〈弔屈原〉、〈遙望汨羅江〉和〈夢返洞庭〉等，無一不是對傳統文化的尋覓，是斷乳兒童對母親的呼喚，是基於現實的歷史文化與現代心理的連接。"我們認為，藍雲在詩作中善於把歷史文化與現代精神結合起來，把傳統文化與個人特性結合在一起，在古代文化中尋找台灣與大陸的傳統血緣關係，在現實與歷史中構建詩情的橋樑。作者的情感由表層、個人向深層、時代發展，隨著範圍的擴大，情意也在升華。詩人經常是超越了個人的悲歡離合，總是考慮民族的命運，因此在詩中隨時與祖國人民共呼吸。

詩人還時時將他的情感普及到全人類，思索人生和命運，表現出對人類與地球的終極關懷，於是其詩情常常達到"生命極情層"的崇高境界。

4. 生命極情層

"生命極情層"是抒情詩系統中最高的一層，也是人生情感的最高境界，它超越了親朋好友、自然和社會的層面，將目光轉向宇宙，對生、死、命運等命題表現出終極關懷。

生，就要活得充實和灑脫。〈晨讀〉、〈殯儀館〉勸人多讀點書、寫點東西，"不朽之盛事"方可傳名後世；〈出來〉要求人們率性而行，不要壓抑個性，活出"自我"；〈燈語〉、〈獨坐〉要人打開心窗，善於與外界溝通，去發

現"門內有門內的溫暖／門外有門外的可愛"。人若要從世俗中超脫，就要做到"四周暗潮洶湧／我依然堅持自己的信念／在天下烏鴉一般黑的世界／我是拒絕污染的蓮"（〈燈語〉）。一方面，要有恬淡的心境："如今一若泊岸的船／不再惑眩於遠方的虹影／唯愛眼前的一片恬淡／淡淡的斜陽裡／有詩有酒相伴"（〈秋之頌〉）；一方面，能不為物喜不為己悲："冷而不冷／熱而不熱／……榮而不榮／辱而不辱／"（〈煉〉）他認為只有達到了這樣的境界，生命才算得充實而有意義。

三、情意所呈現的結構及其文化意義

　　藍雲抒情詩情意系統中"血緣親情層"、"自然怡情層"、"文化和情層"、"生命極情層"四層次是依次升華的。只有人無衣食之憂而生活在親情、友情、愛情的氣氛中，才會有閑情雅致來欣賞自然。這種美好的自然事物引起的愉悅感，使詩人更用心體會人間溫暖，小到自身（即血緣親情層），大到祖國統一（即文化和情層）。詩人對大陸的深厚愛意在自然景物上寄託，睹物生情，景中的鄉愁、思念就是對親情、友情的呼喚。"血緣親情層"和"文化和情層"交滙於"自然怡情層"，使其情意厚度增加，"自然怡情層"使上下兩層情意得到抒發。情意本身是一種精神力量，一方面它使詩人活得有意義，另一方面它又能促進思索，從而有了恬淡的心境和灑脫的人生。因此，我們說"生命極情層"是在其他三個層次基礎上產生的。高尚的情操增加了詩人的歷史責任感和民族自尊心，培育了他對親朋好友的奉獻精神，激起了對自然的熱愛。
　　"生命極情層"不但直接支配各個層面，而且統帥"血緣親情層"、"自然怡情層"、"文化和情層"，使三者相

互交融為一體。從總體上看，一個詩人的詩歌情意系統本身是不能劃分層次的，情感世界本身是一個完整、充實而穩定的系統，複雜情意在其整體性的內部自然流動。這裡的劃分只是為了分析的方便，這是需要特別說明的。

當然，藍雲的抒情詩也並不是沒有缺點，任何優秀的詩人詩作都會有其局限性，我們認為，由複雜的情意而來的詩本來應是耐人尋味的，其結構與語言都不可能是一時就可以窮盡的，但藍雲有時將詩寫得明瞭易懂，讓詩沒有蘊藉和厚度。部分詩的構思不夠獨特，落入俗套。不過從總體上來看，詩人創作的從狹隘到寬泛、從低到高的情感勃發的詩歌具有中國傳統抒情詩歌的特點，又有西方現代詩歌的優點，是一朵朵璀璨的藝術之花。

藍雲詩中那種關注生命、關注國家和民族前途的命題，那種自然純樸、溫柔敦厚的感情，以及平淡而親切的表達方式，都體現了一種文化價值趨向。反叛現實、批判人生；歌頌大眾、禮讚英雄；怪戾暴躁，浮淺晦澀，都自然是與此不同的文化價值選擇。文化也是一種精神，而藍雲的抒情詩正是當代一種精神走向的代表。目前，中西文化交流頻繁，有融合也有對抗；中國人的心理和情感極不明朗，光明和黑暗交織。在這種大形勢下，藍雲在吸收世界優秀文化滋養同時，保持中國詩歌自身的特色；注重表現尊老愛幼、尊朋愛妻，注重表現團結和睦精神，他的詩熱愛和平，嚮往光明，這體現了中華傳統文明的價值取向。他的詩歌能激發讀者的愛國意識，把讀者引向健康向上的境地。從這兩方面講，藍雲抒情詩的精神指向是值得肯定的。

微型詩能微言大義嗎

── 兼評介詩人藍雲的微型詩

一　信

　　最近讀到詩人藍雲的中英對照之《藍雲短詩選》詩集，其中收集短詩二十首，非常出色，尤其內中之三行、四行詩，成一結構完整、內容充實之「微型詩」，更令人激賞。現先以＜三行四首＞詩為例，提供大家共同品賞：

煙

　　他曾如龍似虎
　　現在化為一縷煙
　　以後隨風而去成無

　　此詩不僅詩語言簡潔、順暢、富意象，且充滿禪味，令人讀來感到究竟是寫「煙」，還是寓意人生似煙。

窗

　　晴時冷眼旁觀
　　雨來閉目冥想
　　世態炎涼看慣

短短三行，每行六字，潔淨明澈，雨來關窗的意象及意識含義，表達得非常巧妙與精確。另一方面詩人所寫的「晴時」也許是暗示得意時、風光時；「雨來」也許是指橫逆來時、困頓時，寓意深切，令人感觸良多。

傘

在雨中歌唱
迎向烈日笑
放下身段當手杖

這首詩一反〈窗〉詩之理智冷冽。字裡行間充滿了感性與歡欣的明快節奏，寫的是「傘」的功用，但略加深思體味，就可發覺寫的可能是終身相偕的伴侶，或是詩人自我人格寫照。

椅 子

無論你願不願意
所有迎面而來的都得忍受
最厭惡的是那些不堪聞問的屁

一看即知，表面寫的是椅子，實際是在感慨人生之無奈，尤其最後一句至為生動，寫出那厭惡之人在此大發謬論（放屁），也不得不忍受。雖是無奈，倒不失幽默有趣。

前列四首短詩，每首均僅三行，都文字簡潔順暢，各有主題，作者寓物抒懷，或用意象，或以隱喻、暗示，或作聯想，運用詩藝術技巧，鮮活地表達出內涵，用最少的文字，表達出最具體深雋之內容，令人讀後不得不欽讚，

這種簡扼流暢且深具內涵的詩,不正是我們最需要且最愛讀的詩嗎?

　　除此以外,這本短詩選集中,還有如〈四行四首〉、〈尋訪六記〉、〈淚之諸貌〉……等等,都是難得的微型好詩。

　　綜觀詩人藍雲的短詩,殊少豪放、縱情、詭異、新奇、怪幻類的作品,多為內容豐質、寓涵哲理,且都簡練精巧,結構嚴謹之詩作,尤其難得的是運用意象及暗示,自然而精妙、準確,充滿生活與生命智慧,筆者雖讀過作者很多好詩,但最偏愛的仍是他的微型短詩。

　　在當今社會生活忙碌,網路在生活的活動中佔了非常重要的位置及非常多的時間,大家都很難分出時間來閱讀及欣賞較長或較繁複的詩,單純而涵蘊豐富內容的「微型詩」,能讓閱讀者,不用太多時間,由「微」知著,且能回味無窮,若更能進而欣賞到「微言大義」,這不是當前最需要的詩嗎?也許這種微型詩的創作,能振興詩運,媲美盛唐時之文字簡扼、內容豐富的五律、七律、五絕、七絕呢!

一朵湛藍的雲

—— 讀《藍雲短詩選》有感

孔倩倩

　　楊傳珍老師是一位非常注重培養學生文學素養的老師，常常推薦一些好書讓我們讀，並且從不吝惜把他珍藏的好書借給我們。一日課後，楊老師拿了兩本書給我，說："這兩本詩集是台灣朋友送我的，不錯，你認真讀一讀，寫一寫讀書筆記"。我恭敬地接過這兩本書。一本是《拼貼的版圖（乾坤詩選）》，另一本是《藍雲短詩選》。兩本書的扉頁上都題了字，落款都是"藍雲敬贈"。我想，這位藍雲先生一定就是楊老師的朋友了。由仰慕楊老師而仰慕楊老師的朋友，我自然要先拜讀《藍雲短詩選》了。

　　這是一本薄薄的小冊子，共有 63 頁。封面以煙藍為底色，中線靠上闢一方奶米色矩形，上面題著粗黑體繁體字：藍雲短詩選。頁內顏色是淡淡的鴨蛋青，給人一種清爽、乾淨的感覺。

　　本來是一篇讀書札記，我卻絮絮叨叨說了許多與詩無關的話。其實，讀詩需要一種心情，你與一部詩集的緣分，這部詩集給你最初印象可能為你接受詩集裡的詩埋下了深深的情感底蘊。言歸正傳。我們先來認識一下藍雲先生吧！

藍雲，本名劉炳彝，1933 年 8 月 15 日生。祖籍湖北省監利縣，寄籍湖南省岳陽市，1949 年由廣州乘船至台灣，現居台灣板橋。曾任中小學教師三十餘年。著有詩集《萌芽集》、《奇蹟》、《海韻》、《方塊舞》、《燈語》等。1997年創辦融合現代新詩與古典詩詞於一爐的《乾坤》詩刊，現為該刊發行人兼總編輯。

這是作為社會一員的藍雲先生，以後去台灣，我們可以憑此找到這樣一個人。但這却不是詩人藍雲先生，在詩歌所瀰漫出的淡藍色煙雲中，我所看到的藍雲先生是一位頑強的探索者、一位驕傲的愛國者、一位悲切的思鄉者、一位睿智的思考者、一位慈悲的關懷者。

一、頑強的探索者

在〈探險者〉一詩中，詩人是一名"赤著腳"，"連一件大衣也沒有"的"勇敢的探險者"，向著"一座冰山"進發，"要以我所有的熱量／去融化那深厚的雪層／然後，在那裡埋下一顆種子／當明天太陽出來時／人們將會發現一株綠苗的長成／ —— 那就是我揚起的勝利的旗幟。"

而在〈自繪像〉一詩中，即使"兩翼已硬化"，詩人"猶作鳶飛的遐想"。"背後是一喧騰的世界"，腳前的路"如許淒涼"，而"遂以兩眼凝注遠方"。一位永不放棄夢想，永不懷疑未來，永不停止前進的探索者形象躍然紙上。這一形象在另一首詩作〈覓職記〉中更為凸顯，詩人告別三尺講台，"欲覓人生第二春"，可在這"寒意襲人的時代"，"卻到處布滿狐疑"，換了別人，也許要縮回家中，安享晚年了，可詩人卻"但願步武普羅米修斯"，真是"老驥伏櫪，壯心不已"！

在上述三首詩中，我們還可以找出三個相似的意象：
"綠苗"（〈探險者〉），"一株常綠的樹"（〈自繪像〉），
"竹子"（〈覓職記〉）。由此也可以窺見詩人心中不熄之
熱情，勃發之生命力。

二、驕傲的愛國者

讀藍雲先生的詩，不由你不為生而為華夏子孫而驕
傲，詩中洋溢的愛國熱情時時感染你，鼓動你。

在〈巍峨 ── 致屈原〉一詩中，詩人禮讚屈原："你
的詩魂，瀰漫六合／詮釋了何謂不朽的生命"，"而你的
名字啊／照耀了那夜色中的史乘／你的形象／已樹立為
永恆的典型"。詩人把屈原比作"一座恆在上騰的山／磅
礴直逼蒼冥"，"在我們的仰望中／成了巍峨的峰頂"。

而在〈萬里長城，我來了〉一詩中，詩人的情感更加
不可遏制。一開篇即歡呼"萬里長城，我來了／我要來看
你這條巨龍"，中間層層鋪排，從遠古寫到現代，結尾又
是昂揚的音調："萬里長城啊！萬里長城／你是所有華族
子孫的驕傲與象徵"。

這兩首詩的形式也很有特色，都是與描寫對象的對
話，感情激昂，音節高亢，直抒胸臆。內容與形式的完美
結合，使詩人真摯而強烈的愛國熱情汩汩流淌。

三、悲切的思鄉者

"鄉愁"是從大陸到台灣的詩人們的一個普遍的寫
作主題，藍雲先生離鄉多年，自然也有不少鄉愁詩。

相比余光中先生的那首著名的〈鄉愁〉詩，我們在藍
雲先生的詩作中能夠看到更多的情節和動作，像一幕感傷

的鏡頭，殷殷家國情歷歷在目。如在〈遊子淚〉一詩中，那位風裡來，雨裡去，敢於迎擊猛虎的遊子卻在“母親節的歌聲響起時”　“獨坐一隅”，“黯然欲泣”。而在〈京廣道上〉一詩中，祖國的山川竟對詩人“橫眉瞪眼，青筋暴張”質問道：“這麼多年你去哪裡了／為什麼到現在才回鄉”。

屈指算來，藍雲先生已近古稀之年，老來思鄉更是難奈，好在兩岸三地已實現通郵通航，老先生可以回故鄉走走，看看。

四、睿智的思考者

藍雲先生的詩非常富有哲理性，如〈約會〉寫道：

我覺得有誰在等我
可是，我卻不知道他在哪裡
因此，我常徘徊於此
去了又來
來了又去

也許我倦了
我竟倒在地上
這時有一個影子走來
悄悄俯在我的耳畔低語
“我所要等的就是你！”

人被死亡意識所操縱，在有生之年裡急於尋找，茫茫然、期期然如等一位佳人赴約的男子、“徘徊於此”，“去

了又來，來了又去"、大有"一日三秋"之慨。等到髮也白了，赴約者才姍姍來遲，忙碌了一生的人才發現臆想中的佳人卻原不過是一個空空的影子，也許從你開始等待的第一刻起，他就早在暗處窺視你、戲弄你、折磨你。這不正象徵了人生之無目的性與人生之死不可知性。

在〈四行四首〉一詩中，詩人把孤獨比作了"一個患有潔癖的人，總是保持著與世界的距離"，深刻而形象地表現了卓然獨立於這濁世的孤獨心境。

可見，藍雲先生對生活有著多麼深沉的思索。

五、慈悲的關懷者

在〈老鴉夜啼〉與〈火災一瞥〉中流露出詩人悲憫、善良的天性，令人暗自對自己的生活起了反省之心。

〈老鴉夜啼〉是詩人在報上偶然看到的一則子女虐待老人的消息後有感而發，仿白居易"慈烏夜啼"而作。在詩中，詩人想像了不孝兒女年老後的情狀與悔意，留給後人"多少唏噓，多少警惕"。在〈火災場一瞥〉這首詩中，詩人抓住斷壁殘垣間一個受了母親保護而毫髮無損的嬰孩形象，讚美了無私的母愛。

一個對生活不滿懷慈悲和關愛之心的人是無法捕捉到這些細節的（尤其通過閱報）。詩人，首先必須是一個心地純潔，善良的赤子。

除以上所述，藍雲先生的詩歌也頗具藝術特色。首先，比喻豐富而獨特。在〈淚之諸貌〉一詩中，詩人將痛苦流涕比之為"心花怒放"之際"不勝雀躍的落英"，將英雄垂老的悲愴比之為"臉上泛濫著一行行無題詩"，將演員表演比之為"不值智者一哂"的"鱷魚假慈悲"。其次，形式也有特別之處。如〈獨坐〉一詩的第一節；"一

四分休止符／退潮的海灘／禿了的梧桐／冷卻的火山"
僅僅簡單排列了毫不相關的意象，便勾畫出一種寂寞而又
闊大的意境，素描出一個淒涼而又恬淡的獨坐形象。

　　擷一顆湛藍的心放在雲裡，便有無數的詩情隨風而
逝。任天寒天暖，心自純然，雲自淡然，情自切然，詩自
絢然。這就是我所想到的藍雲先生，這就是我所讀到的藍
雲先生的詩了。

《隨興詩鈔》與詩意棲居

楊傳珍

　　讀藍雲先生「《乾坤》10 周年詩叢 2」《隨興詩鈔》，發現詩人「我」很少以抒情主人公的姿態出現，發出歌聲的，要麼是一頭老牛，要麼是一塊石頭。有的詩作，乾脆隱藏人稱，把抒情題材變成敘事詩，把禮讚的形象，以客體形式出現在讀者眼前。這樣，詩人自身、詩人所創造的抒情者、在敘事詩裡出現的美善形象，實現了不動聲色的重疊，詩人的文化人格、藝術追求和價值取向，實現了內在的統一。

　　讓我們看看這些詩句：「心地敦厚，生活單純／無視於人世的冷暖／忍辱負重地過一生／／你不識恨為何物」。（〈詠牛〉）「沉默是我的個性，也是一種抗議／別以為我沒有聲音／我的話只說與知音聽／曹雪芹便把我對他講的故事／寫成一部不朽的鉅著」。（〈石頭的話〉）「野地的花兒開始吐蕊／鳥兒已在枝頭鳴春／可是，春天在哪裡？」（〈失落的春天〉）

　　單獨看這些詩句，似乎是詩人的直抒胸臆，其實，第一首詩詠的是牛，第二首詩是石頭的自言自語，第三首詩採用的是古代「比興」策略，不是詩人立於天地之間發出追問，而是「以彼物比此物」，用自然界的春意盎然反諷人心的冰冷。

　　藍雲先生的詩作，看似隨興，如果從整體來看，詩人還是塑造了一個鮮明的形象：**這個形象是入世的**，在＜戲正上演＞裏，我們看到，這個抒情主人公雖然沒有出現，可他對選舉作弊，選「錢」舉「佞」，對「賢者已在重重的夜色中失蹤」，對「堯舜禪讓的風範何以未繼」在苦苦深思。**這個形象是有情的**，在＜牽手之歌＞裏，詩人深情地回憶了與愛妻三十年的琴瑟之美，在詩的結尾，藍雲發出這樣的歌吟：「你已成為我的，我也成為你的手杖／我們就這樣始終手牽手地走著／縱使玉山無陵海峽水竭亦相傍」。**這個形象是藝術的**，他詩心未艾，創造力豐沛，在慶祝《葡萄園》詩刊創刊三十周年的＜與時間賽跑＞裏，藍雲寫道：「而世事滄桑／昔日青年也已變老／唯詩心未艾／一若那原野上的春草」。**這個形象是達觀的**，面對秋色，詩人沒有看到蕭瑟，而是看到：「一位畫家／將彩筆一揮／黃了菊花／白了蘆葦／讓楓林燃成一片火海／在他的調色盤裏／少了綠的青澀與曖昧／表現一派成熟美」。（〈秋色〉）**這個形象是有血性、有正義感的**，在〈江行有感〉裏，詩人對過往人物發出歷史宣判：「望著那滾滾波濤／彷彿飄動的歷史面紗／隱約看見她的臉上寫著／多少英雄王侯變成了這江中泥沙」。當然，詩人並沒有迴避作為藝術家所特有的痛苦，〈飄逝於暴風雨中的花蕾〉表現了藏在童年心田裏錐心泣血的疼，〈長江之戀〉裏流露的是永遠的鄉愁。

　　藍雲先生以他恬淡、和善、謙卑、勤奮的為人，團結了一批詩人，經營詩國乾坤。在「隨心所欲不逾矩」之年，交棒給年富力強者，隱《乾坤》後臺，默默地為詩壇奉獻。

　　他有一首〈月亮與詩〉的佳作，讓我一讀再讀：

月亮笑著，薔薇花般
有人對著那花兒
編織一個一個的夢

月亮哭了，淚流滿地
有人蘸著那淚水
寫成一篇一篇的詩

月亮不見了
她被詩人藏起來了
要讀詩才知道她在哪裡

　　在這裏，月亮是人間喜怒哀樂的載體，是一個濃縮了的意象。詩人把這個意象變成了詩，世界也就變得豐厚而深邃。而他的詩裏，承載了人間五味。我們走進了藍雲，也走進了複雜的人生，接近了「詩意地棲居」的境界。

向陽的坡地不寂寞

──《藍雲短詩選》讀後

曾　勇

　　中外現代詩名家集萃台灣詩叢系列中英文對照本由香港銀河出版社隆重推出，無疑是詩歌界的一大盛事，必"將使中國詩壇和世界詩壇更加緊密地聯繫在一起，從而促進中國現代詩藝術的發展和提高。"由於詩友們的惠贈，我也曾窺叢書之一隅，有幸作一次神聖的詩歌之旅，沐浴繆斯的靈光。在所贈詩集中《藍雲短詩選》是較早的一本。

　　詩集精選了詩人歷年來的短詩二十餘首，有的已見於其《燈語》、《方塊舞》、《海韻》等詩集，有的卻是第一次讀到。雖然詩歌數量不多，但所選的題材同樣豐富多彩，且多能代表詩人的詩藝水平。

　　詠物抒懷之作是詩集中較多的一類。詩人一方面體物，審視事物本身的特徵；一方面聯繫社會人生，無限寓意寄於片言之中。〈廢墟〉一詩"有人自你看到過去／留下的一聲嘆息／有人由你看到未來／心中一盞紅燈升起"，表面上寫廢墟，而實是體現兩種不同的人生觀，悲觀過去的"嘆息"和"心中一盞紅燈升起"的展望未來在這裡涇渭分明。其他如〈三行四首〉、〈四行四首〉、〈淚

之諸貌〉、〈蟬〉等詩則於對小物件的褒貶中體現出大世界的心情冷暖。

在詠物詩中值得一提的還有〈竹語〉。不知竹是否是詩人的痴愛，我卻由詩人對竹的詠嘆中，看到了詩人如竹的高潔與堅貞。"似柔實剛的個性／恬淡無慾的風骨／面對一切打擊／不憂不懼"。聯繫另一首詩人的〈自繪像〉"背後是一喧騰的世界／俯視腳前，如許淒涼／遂以兩眼凝注遠方／遙見微黯中有一影子走來／寂寞中有聲音在呼喚"，我們有理由相信，善於體物的詩人，其心是敏感的，其目光是一直凝視前方，關注未來的。客觀的說，遠方儘管還有"微黯"，但那"影子"畢竟正在走來，那"聲音"畢竟還在呼喚。面對現實世界的諸多不如意，詩人心中美好的希望從未破滅，並做著自己的努力。

體現在詩集中，我同樣為詩人赤子般的真誠所感動。遠客他鄉的遊子最抑止不住的當是思鄉之情，尤其是人年事漸高之時，更是如此。鄉情如酒，窖藏的時間越長便越醇、越濃，而於詩人來說，這又是一段多麼長的窖藏期啊。"浪跡天涯的遊子／風來　風裡去／雨來　雨裡去／是猛虎　也要向其迎擊／但當母親節的歌聲響起時／他卻獨坐一隅／像一頭受傷的獅子／黯然欲泣……"（〈遊子淚〉），寫出了遊子們的千般悲苦，萬種淒涼。"夕陽西下，斷腸人在天涯"此情何堪！

如果說〈遊子淚〉還只是寫出了天下遊子的普遍共性，那麼〈京廣道上〉其指向性則更為明確。詩人"一腳踏入廣州車站／才真正感覺回到了故國的土地上／車輪一轉動，我的心便開始喊著：我即將投向你的懷抱了，故鄉！"／／車窗外，我的眼睛飢渴似地搜尋著／那些稻田農莊……／看來有點陌生，卻不陌生／就像見到許久未見

的朋友一樣"，其熱切如是，其情如是。

另一首〈萬里長城，我來了〉，則更多的表現出詩人作為一名華族子孫的驕傲，面對萬里長城，其激動之情溢於筆端"我來了，萬里長城／在這秋色醉人的時分／我來到你弓著的脊梁上／高而峻峭的八達嶺／一種欲飛 欲歌的衝動／將我帶入陌生而又熟稔的夢境／在那廣袤的原野上／萬馬奔騰，獨見一驊騮昂首而鳴"。

詩集體現出詩人為詩的真誠，一如他為人的"溫柔敦厚"。詩集中不乏如〈蟬〉、〈尋訪六記〉般的諷喻之作，但其語言並不見辛辣，其詩意往往寓於欲言又止的境界之中，也許詩人更希望讀者能於思索中作出自己的正確判斷，而他的表述只是起引領的作用。

詩人的語言是質樸的，但其詩情卻是噴湧而出的，往往於平實中蘊含感人的力量，一如〈探險者〉中所寫的那樣"雖然赤著腳／連一件大衣也沒有／但我之敢於向那裡進行／是因我的心中蘊有無窮盡的熱量／我自己會溫暖我自己／而且要以我所有的熱量／去溶化那深厚的雪層／然後，我在那裡埋下一顆種子"。我相信，有了種子就有希望，即便是在荒蕪的坡地。"當明天太陽出來時／人們將會驚異地發現一株綠苗的長成"，詩人向陽的坡地也將不會寂寞。

品嘗詩的甘露

—— 讀藍雲《隨興詩鈔》

王式儉

　　藍雲是台灣著名詩人、資深教育工作者，早年曾與文曉村等一起創辦《葡萄園》詩刊，並為《秋水》詩刊編輯委員；1996 年退休後，創辦融合現代新詩與舊體詩詞於一體的《乾坤》詩刊，為該刊發行人兼首任總編輯。已出版《萌芽集》（1962）、《奇蹟》（1984）、《海韻》（1990）、《方塊舞》（1993）、《燈語》（1996）等多部詩集。適值《乾坤》創刊十周年，有幸拜讀藍雲先生的新著詩集《隨興詩鈔》，很感興味。

　　一部作品是否成功，關鍵在它能否引起讀者的興趣，是否能抓住讀者的思想，引人深思，這便是作品的魅力。藍雲這部詩集，便有這種魅力。一開始，作者便在自序中為讀者提出了一個很有興味的話題，他說："一位很有才華，頗具創作潛力的作家，多年前不知何故停筆不寫了。自己有次與其相遇，問他何故停筆，那位朋友卻反問我說：為誰而寫？……"。這實在是每位寫作者不可迴避的命題。我想，寫作是一種精神需求，一個人不能只有物質需求；除去個人的精神需求，一個社會，一個民族，也有其文化需求。一句印度格言說得好："能消除這個艱苦的

世界的恐怖的，就是嘗詩的甘露與交好的朋友。"以筆者拙見，寫作畢竟是一種有益的排遣。"隨興為之"正是寫作者應有的心態。

作品的魅力來自於作者的人格魅力。在這部詩集中，無論題材的選擇與開掘、表現手法，還是對語言藝術的追求，我們不時可以看到作者深睿的思想和閒然自處的詩人情懷。這部詩集，首先令人關注的是那些吟詠人生的詩篇，如〈生與死〉、〈旅人之歌〉、〈無名湖畔〉等，在〈生與死〉中作者寫道：生與死／猶如日與夜的更替／白晝可愛／入夜，有星斗在天不也很美。在〈旅人之歌〉中寫道：人生"只是途中一旅店"／"遲早總有離去的一天"／這花花綠綠的世界／無論多麼令人流連／當離此他去時／帶不走風一絲、雲一片／……；在〈無名湖畔〉中寫道：在這裡，我發現了人生的至寶／幸福乃生活單純者的酬報／但願我心就像這湖／寧靜、澄澈而無煩惱／……這些詩蘊涵著很深的人生哲理，表現了作者對人生的徹悟和對死亡的達觀態度。讀罷這些詩，再讀集中作者寫給覃子豪、劉菲、王祿松的幾首悼詩，不能不令人感慨萬千！請看這首〈永恆的畫廊〉：你雖隱沒於那畫廊的黑色帷幕裡／留下的身影卻與時間等長／畫廊依然輝煌如昔／其中不可窮究的抽象與具象／依然如星空之浩瀚／吸引了無數仰望者的目光／／……這是作者為紀念覃子豪先生逝世 35 週年所作，詩中作者對覃子豪先生的人生給予了高度評價。在〈送別－給遠行的劉菲〉一詩中寫道：燭炬化灰光猶在／在你走過的路上／在你留下以及友人懷念你的詩裡／將成為永遠不滅的星芒／／……詩中又一次向我們揭示了生命的價值所在。這部詩集，還有許多篇章都涉及到人生這個主題，如〈盪鞦韆〉、〈夜與床〉、〈詠牛〉、〈天

眼〉等，這些詩將各色人生作了淋漓盡致的展示，並告誡人們：「在那有如君父的眼裡／做個俯仰無愧的人。」（〈天眼〉）

這部詩集，一些關注時事民生的詩也令人矚目。譬如：〈當赤馬揚蹄〉，這首詩採用象徵手法給世人描繪了一幅驚心動魄的圖景，表達了詩人對戰爭的深深憂慮。詩中寫道：看呀！當那赤馬揚蹄／在阿富汗／在巴勒斯坦／在牠可能去的每一個地方／血，勝似奧萬大的楓紅／不時到處泛濫／屍體在玩疊羅漢／疊給撒旦，也疊給天使們看／／從來不知疲倦的那赤馬／誰能教牠停止亂竄／在牠噠噠的蹄聲中／這世界將被帶入毀滅的深淵／那嘴衛橄欖葉的鴿子呢／如今不知藏匿在何方／……据〈聖經〉啟示錄描述，赤馬乃戰爭之象徵，奧萬大位於南投縣境，為台灣著名景點。該詩比喻貼切，形象鮮明生動，一氣呵成，給讀者留下深刻印象。〈失落的春天〉寫現代社會人際關係的冷漠。詩中寫道：當這世界愈來愈冷／樓上樓下的鄰居相遇／恍若隔世般陌生／那搭乘公共巴士的老人／跌跌撞撞如酩酊／而坐著的青年卻在閉目養神／被歹徒行搶的婦人縱然大聲求救／所有的路人莫不袖手旁觀……面對此情此景，詩人感嘆道：也許，那石頭還沒這些人的心硬／什麼時候啊，在哪裡可以見到／那煦煦然的春景。〈林家花園〉寫板橋林家花園的變遷。在詩人眼前，那裡往日的盛景早已風光不在。詩中寫道：昔日撲面而來的青山綠野／如今只有在畫冊裡去找尋／觀稼樓上望去的已非滾滾禾浪／而是一片煞風景的水泥叢林／……〈嗚咽八掌溪〉是為不幸喪生八掌溪的四名勞工而作，表達了詩人對民生的關注，詩中作者悲憤地寫道：這一切或將隨滾滾洪流而去／難以抹去的是那驚心動魄的畫面／看著被困

在洪水中的四名勞工／為何呀！為何竟那麼孤立無援／
多動聽的"全民政府"／這口香糖怎如此令人心寒／聽
那頓失怙恃的號咷痛哭／誰的眼眶能不讓淚水泛濫
／……八掌溪啊！八掌溪／莫非你有太多的積怨／為了
發洩你的憤懣／卻不意使得多家骨肉泮渙／……〈台北，
台北〉寫作者對台北這座"龍蛇雜處"、"鬼影幢幢"的
城市的憂慮、期待和無奈。〈戲正上演〉表達詩人對"選
錢舉佞"選舉制度的質疑。〈伯勞鳥的悲歌〉採用象徵手
法寫一代漂鳥的悲涼命運。〈孤獨之歌〉是一篇作者的內
心獨白。詩中採用暗示等手法，表達詩人數十年來，尤其
是近十年來，內心曾經歷過的孤獨和迷茫，以及與友人高
擎朗照乾坤的火炬，為詩的志業所付出的艱辛。

　　〈長江之戀〉、〈又登岳陽樓〉、〈萬里長城，我來了〉
以及〈九州行吟〉一組詩，是詩人近年回鄉探親及隨團訪
問時所作。請看這首〈長江之戀〉，詩中寫道：長江水，
長江浪／日夜澎湃在我耳畔／鮭魚從未忘記回家的路／
我豈能忘記你的呼喚／／長江呀！長江／我記憶的錦繡
中永不褪色的一段／在你身畔有我兒時的腳印／是你孕
育了我胸中的千嶽百川／／……詩人祖籍湖北監利，寄籍
湖南岳陽，1949 年去台時，才 16 歲。這首詩寫於 1997 年
中秋之夜，恰逢詩人 65 歲生日，當時他正在長江游輪上，
在此風清月明的夜晚，怎能不讓詩人感慨萬千！在〈初履
成都〉中，詩人寫道：自機場至市區／一路亮麗的景觀相
迎／古城展新貌／滿目高聳如林的樓層／／彷彿與情人
初次約會／我有著莫名的喜悅之情／走在一片熙攘的人
潮車陣中／感覺不到她的陌生／／……這組詩，寫得親切
感人，深切表達了作者對家鄉和祖國的熱愛。

　　在台灣，藍雲是一位很有個性的詩人，記得他在一首

以"山"為題的詩中曾這樣寫道："也曾似浪，也曾似雲
／而今，禪定如斯／一臉的凝重肅穆／誰知你的心思／／
當你探首天際／欲究生命何所似／似有聲音告訴你／應
如大海無涯涘／／"這首意境深邃的詩，應是一幅形神畢
肖的詩人寫真。他在另一首題為〈一個叫詩人的人〉的詩
中，曾這樣袒露自己的心聲：詩人應有"孩童的天真／獅
子的精神／有戰士的意志／鴿子的溫馴／……"我想，這
正是藍雲先生人品、詩品的魅力所在。

一首蘊含哲理的詠物詩

—— 讀藍雲的＜樹與太陽＞

周達斌

　　中國古代詩歌中，有許多詠物詩，現當代詩歌中也有。所謂詠物詩，就是描寫客觀世界中的某一具體事物，言在此而意在彼，名為詠物，實則寫人，寫人的精神品質，「詠物而不滯於物」。如果詠物詩只停留在詠物的層面，而沒有深刻的思想內涵，那就不是好的詠物詩，甚至稱不上是詠物詩。蘇軾詩云：「作畫只形似，見與兒童鄰。賦詩便此詩，定知非詩人。」所以好的詠物詩，不僅詠物「形似」，而且要有深刻的思想內蘊，寄託遙深。我以為，藍雲的〈樹與太陽〉（《乾坤》2011 年夏季號 P25），就是一首好的詠物詩作。全詩三節。

　　第一節，寫樹。說樹葉一片、二片、三片、無數片，從樹上落下，而「樹，依然昂首而立」。在樹看來，世間萬物，有生必有死。這是自然規律。樹葉的凋落，就是這規律的體現，不必為之惋惜。樹葉如此，人對錢財等身外之物，就更沒有什麼「不捨得」的了。何況樹葉的飄落，對樹本身還有好處呢。「落紅不是無情物，化作春泥更護花」。（龔自珍詩句）說的是「落紅」，樹葉何嘗不是這樣。樹葉凋落於地，與泥土混合在一起，變成肥料，養護樹的

根部，使樹長得更加粗大茁壯。如果把人類比作一棵大樹，那個體的人，就是樹葉了，犧牲個人利益甚至生命，而能造福人類，何樂而不為？

第二節，寫太陽，說太陽每天從東方升起，把它的光和熱奉獻給地球，使地球的生物得以生長。而且這種「奉獻」是永恆的，並不因為某個「偉人走了」，某個「大師走了」，某個「清道夫走了」（所謂「世事多變」，而改變其初衷，卻「永遠不改其本色」。人應當像太陽，一生光明磊落，多做好事，不做壞事，不管世道如何變化，自始至終把「光和熱」奉獻給別人。你看，這哪裡只是詠物，明明是在寫人，告訴我們應當怎樣做人嘛！

上述道理如果不能從詩的第一節、第二節領悟的話，那詩的第三節意思就非常清楚了。這一節詩由詠物過渡到寫人，最後一句，「人而如此，來去從容無惴慄」。篇末點明題旨，正如白居易的諷諭詩之「卒章顯其志」。

從詩的寫作方法上看，此詩繼承了中國古典詩歌「大體整齊，押韻」的特點。詩的第一節、第二節，詩句兩兩對稱。句子的長短，也大體整齊。詩的第三節的開頭，「像樹……」，「像太陽……」，也兩兩對稱。緊接著筆鋒一轉，由詠物到寫怎樣做人，點明題意。全詩雖然不像有的古典詩歌那樣句句押韻，或隔句押韻，但三節詩，每節詩的最後一句的最後一個字是押韻，如「依然昂首而立」的「立」，「每天仍打東方升起」的「起」，「來去從容無惴慄」的「慄」，是押韻的。押韻，不僅使詩句念起來音韻和諧，而且這韻腳就像一根紐帶把全詩聯結在一起，使之渾然一體不致太散漫。這是押韻的好處。

詩人用詞精當，如「惴慄」一詞，耐人尋味。何謂「惴慄」？惴者，惴惴不安也。慄者，戰慄心懷恐懼也。像陳

水扁之流,像大陸的某些貪污腐敗分子,他們儘管擁資億萬,穿金戴銀,日食山珍海味,夜擁美女妖姬,只因昧著良心,幹盡壞事,做賊心虛,何曾睡得安穩,不過惴惴不安,常懷恐懼而已。而那些「像樹」、「像太陽」一樣的人們,懂得自然規律,不做錢財的奴隸,心地光明正大,以犧牲個人利益,樂於奉獻為己任,一生不做壞事,只做好事,他們哪有什麼「惴慄」呢?俗語說:「為人不做虧心事,夜半敲門心不驚。」此之謂也。

堅守與清逸

—— 淺釋藍雲的詩

林明理

其人其詩

　　藍雲（1933），祖籍湖北監利縣，是個「學而不厭，誨人不倦」的詩人。著有詩集《萌芽集》、《奇蹟》、《海韻》、《方塊舞》、《燈語》、《藍雲短詩選》等多種，自教育單位退休後，即著手創辦傳統詩與現代詩並濟的《乾坤》詩刊，迄至 2011 年底，已走過 15 個冬天。在同仁中，有不少位具知名度；藍雲係《乾坤》詩刊的創辦人，也是我所敬重的長者之一。他身材修長，剛直不阿，頗具文氣；其詩側重表現詩人的內在心靈世界，體現著詩歌淨化人的靈魂的職能。藍雲在七〇年代的詩更加注重對自己內在靈魂的展示，它並非文人雅士酒後的傾訴，也沒有諷刺詩的尖銳激憤；而是多以緬懷的心情審視自己的精神歷程，以抒情詩言志抒懷，但帶有崇高感與浪漫性。

佳作細析

　　收到藍雲寄贈的兩本詩集，興奮之情自不待言。細讀

之後，更瞭解詩人一生經歷過的那個奔騰時代的滄桑和離鄉遊子的無奈，是刻在他詩魂深處最重的烙印。比如 1983 年夏寫下的＜星＞：

> 有一顆星
> 一直亮在我的前面
> 不論白晝或黑夜
> 都在我的心中灼灼然
>
> 他曾被囚於泥土的深層
> 經過諸般烈火的鍛鍊
> 只因執著那永不屈服的意志
> 終於燦然在天
>
> 當那些苦難與黑暗湧向我時
> 我就看見了那顆星的光線
> 像一隻溫暖而有力的手
> 一步步引導我向前
>
> 也許若干年後
> 一個跋涉在荒野的人看見
> 我留在那裏的腳印，說
> 啊！已有人走在我之先

全詩意象清靈，用象徵意象表現內心感受，藍雲借「一顆星」表達出心中的孤獨和奮飛，是掌握自己命運的執

著，是崛起無窮的希望。用「永不屈服的意志」與「燦然在天」相對映，苦難與溫暖相比照。詩裡他沒有悲傷，而是巧妙勾畫出自己在逆境中成長的氣節。這種手法與現代象徵詩派的藝術接軌，他在土地上艱難而又頑強地向前，讓自己的詩歌之鳶繫在藝術之空翱翔，豈不也正是一個好漢與謙遜的詩人本色！再如 1994 年二月寫下的＜走在故鄉的路上＞，這首詩真實記錄了藍雲於 61 歲時的心路歷程：

> 一條昔日走過的路
> 當你再走上它時會有什麼感受
> 是重逢的喜悅
> 抑或感歎往事不堪回首
>
> 在離別故鄉許久後
> 我曾回到一條路上　走了又走
> 沒有人了解我為什麼如此
> 我的眼淚卻不禁潸潸地流
>
> 這是我離家時走的一條路
> 我想重溫那記憶中的鏡頭
> 兩旁的瓦屋　小樓依然在
> 卻再也見不到那曾與我握別的手
>
> 走過天南地北
> 沒有一條路走來不是精神抖擻

　　唯有走在這條故鄉的路上
　　一步一欷歔，竟似夢遊於另一個星球

　　全詩抒情與敘事緊緊結合在一起，對心理的揭示深刻生動；其中，有不少的段落催人淚下，這是一曲感人至深的壯歌。因為，詩如果不觸痛人的精神層面，那它的力量就不彰顯。如藍雲在 1995 年夏寫下的＜等你，在永世－給梅英吾妻＞，是最被稱道的詩作之一：

　　曾經等你
　　在月上柳梢時
　　當你施施然
　　如一尾魚向我游來
　　我彷彿擁有了全世界

　　曾經等你
　　在一座小橋邊
　　當我們相偎在一起
　　隱約間，那個名叫尾生的人
　　似乎在嘖嘖稱羨不已

　　等你，等你
　　我的心因等你而無比甜蜜
　　如果有一天，我必須遠行
　　在前去的那地方，我仍將等你
　　等著與你相聚是我們永世的心契

　　詩句語言是生動的，但是這種美如果僅僅是對愛妻兩人生活的表層描摹，它便沒有觸及到更深層，也就無法給人以新的啟示和感受。所幸，此詩的時空是流動的，情感完全隱藏在意象之中，詩味隨著意蘊的隱曲，也變得厚重起來；愛意終將透過時間的考驗放射光芒。如果說，藍雲的詩有些像清淺的溪水，那麼，這首 1996 年寫的＜燈語＞，就像一條坐落在鳴風山側裡深邃的墾谷了：

> 面對黑暗
> 我恆抗議
> 不要以為我沒有聲音
> 便苟同那些鬼祟的行徑
> 凡明眼人都明白
> 是我揭穿了那惡者的謊言
> 並非舉世都已被他征服
> 縱使烏雲遮蔽了星空
> 四周暗潮洶湧
> 我依然堅持自己的信念
> 在天下烏鴉一般黑的世界
> 我是拒絕污染的蓮

　　詩歌面對的世界是無比廣闊的。舉凡社會、人生、日月、山河的改變……這是宏觀世界。此外，還有人的內心、精神，這是屬於微觀世界。當然，詩的題材與藝術形式也是需不斷地探索與創新的。在這裡，此詩是藍雲感覺的意象化，意在啟迪人的靈性，並趨向精神層次的真。詩中「烏

雲遮蔽」與「暗潮洶湧」是非現實的，它暗喻自己對現實
社會黑暗面的感應，外現出思潮的湧動和精神的震動。最
後詩人擺脫了舊的美學原則的束縛，讓詩的靈翼展開了。
他選擇不斷更新自己的藝術生命，猶如「動中取靜」的一
朵蓮那樣。

藍雲：虛靜以納萬象的詩家

　　知人方可論時，藍雲的詩，它屬於別一世界；沒有故
弄玄虛的深奧，沒有惹人注目的風景，有的只是一個身為
詩刊創辦人，謙卑又真摯的坦蕩之人。他似無拘無束的流
雲般潔白，同時又帶著過往滄桑歲月的感悟和同多數返鄉
跋涉者腳上的泥痕。他歌頌自己熱愛的土地和生活，也是
虛靜以納萬象的詩人。數十年如一日，他始終是《乾坤》
詩刊社的忠貞守望者；也是民族的良心。從他的詩集中我
分明可以聽到他熱血的流淌，也可以看到一個雪山般晶瑩
的心靈；他以虛靜之心去靜觀萬象、空明的覺心，也浸入
了讀者的生命。

讀《隨興詩鈔》札記

朔 星

〈泳池旁觀記〉 —— 旱鴨子也有銳利的雙眼，不會游泳並不等於不知深淺。

〈生與死〉 —— 莊子的超脫，適合某些想不開看不透的人。

〈石頭的話〉 —— 仁者的抗爭，可能無效但極為堅硬。

〈葬〉 —— 新詩之絕唱，短短十行破了生與死的界線。死者復活，乃生者思念之極至；而生者欲死，則寂寞無知音之極至，足已震撼人心。

〈鐘聲〉 —— 對現代文明中喪失傳統美德的呼喚。

〈盪鞦韆〉 —— "有扶搖而上的亢奮，有風中落葉的心情"，此描寫乃意象融合之佳句，

〈失落的春天〉 —— 冷世素描，我原以為大陸才有的殘酷現實，不幸台灣也有。

〈也是羅生門〉 —— 遠離真理的無意義之爭論，何時休？

〈牽手之歌〉 —— 夫妻相伴一萬多個日夜後的深情吟唱，古典的語言讓這愛情更顯得悠久。

〈然後〉 —— 只截取某個關鍵細節進行放大處理的獨特手法。

〈飄逝於暴風雨中的花蕾〉 —— "導演是那間鄉村私

塾／他讓我們牽起了手／上學回家的途中／是我們最感甜蜜的時候"。半個世紀前的美好初戀，斷送於 1949 年的暴風雨中。而半個世紀後的"芳蹤杳然"，令人嘆惋不盡。

〈又登岳陽樓〉── 作者重登岳陽樓與杜甫、范仲淹相見，乃超現實主義手法。"日益消瘦"的洞庭湖讓詩人心情沉重、無奈，往日風光何處尋？詩文的產生離不開社會生活與自然環境，自然環境被破壞對文化的發展威脅很大。

〈旅人之歌〉── 詩人中不求聲名者甚少。藍雲則懂得放棄。他嚮往一朵白雲悠遊於藍天的廣闊，往返於台灣與大陸之間。這是一種至美和灑脫，"無所戀／無所求／無所憾"，正是他靈魂流浪的真實寫照。

北大荒　2007.5.4

與時間較勁的詩人藍雲

── 讀他的《日誌詩》

向　明

　　這是一個可以肆意「跨界」的時代，也是一個刻意追求「創新」的時代，只要「跨」得逾矩；只要創意得近乎人意，就是搞怪一點也會令人感覺新鮮為人接受。別的不說，我們詩的這一行業，就已經進入到這麼一個令人感覺與過去大不相同的新境，老老少少詩的工作者都在作一些新的嘗試，向從來不敢逾越，或想不到也可以發揮的領域進軍。

　　過去的詩與文是有著非常大的界限的，基本而言，詩是講求秩序性和音樂性，現在的新詩雖然已無格律和韻腳的限制，然在形式上仍守住分行和每行字數簡短的潛規則；在語言上則仍是講究以意象語言，來達致詩的含蓄內斂和飽和的張力。屬於非詩的其他文類如小說散文戲劇則多屬敘述性的散文語言，只要起承轉合流暢裕如，是不會有文句的字數限制，更無需內斂含蓄的講求、可以作盡興的發揮。

　　最近有位年輕詩人名「煮雪的人」出版了一本《小說詩集》來挑戰小說與詩兩者本具的各自規範與限制，而達到兩者融洽調和，成為一種新興詩體，亦如早年「散文詩」

的出現與存在然。這是一種難得的超越與進步，令人興奮詩並沒苦守在原地踏步，而是在求得新的進境。據為《小說詩集》作評介的名詩人鴻鴻的讀後評價，他認為「作者以『小說詩』為全書的內容與風格定義，畢現作者初生之犢的自信。『小說詩』的特色在於有角色、情節，然而因為邏輯超乎現實，詩意於是油然迸出。由於詩句都在描繪情景，動作，意象鮮明可觸，不致陷入抽象意念的繁別增生，可讀性極強。」從鴻鴻的研判「小說詩」確實已具將小說與詩合體、在互惠的原則下出現的一種新詩種。不過它是用小說的一些原素，而使詩「油然迸出」。

　　在此之時另一種看似文類互惠的詩體也「迸」了出來，老詩人藍雲出版了一本《日誌詩》。無論日誌或日記其文體本應屬敘述性的散文語言，而其文本內容更不講究修辭或修飾，只求達意存真即可。由於其目的在記載每日瑣事，也具「備忘」作用，它與詩的要求是南轅北轍的。尤其詩要求每首詩都有其獨創性，有如北島所言「每首詩都是從零出發」，「詩又不像別的手藝，可以熟能生巧」，因此以日記或日誌文體來寫詩就會困難重重，在未仔細讀這本《日誌詩》之前，我們不免存疑：藍雲先生怎麼樣完成這本一年三百六十五天，天天都寫的「日誌詩」？

　　讀書先看書的「前言」或「序」「跋」是比較能瞭解書的來由和主旨，更可進入作者寫此書的心路歷程。當我先將本書的前言看完並翻看後面的詩創作之後，便發現藍雲兄寫「日誌詩」的動機與寫「小說詩」採取的是兩種文體交配互惠而得出的一種新詩體，而「日誌詩」是「以日記方式每天寫一首詩」（見書前言），而詩仍是分行的新詩，內容並非像行事曆一樣記載那一天天的瑣事細節。三百六十五天每天的詩都必有各自獨立的內涵，互不相涉，

也不像日記樣記流水帳。這種「天天必交卷，交卷必是詩」的苦工，恐怕對任何一個天份高的年輕詩人都是一種挑戰，何況一個已達七十好幾高齡的老詩人藍雲。

對此，藍雲在前言中亦先作了交代，他說「自知年邁又缺乏才情，每天寫一首詩，寫一整年，尤其還得照顧久病在床的妻子，三天兩頭跑醫院，每日一詩，未免太自不量力。」但他執拗的認為既然決心已下，便得著手進行，以之視為對自己的挑戰，無論多麼難，他都要一試。在他的堅持下，終於 2009 年這一整年的三百六十五首詩創作就呈現在我們面前了。不但伏案創作一整年的詩人藍雲自己，當其終於完成之時，想必會要長嘯一聲，狠狠地一吐久存心中的鬱積；就是我這旁觀的讀者，當我按奈住詫異與興奮，讀完他這一年最後一首詩（2009 年 12 月 31 日），標題為〈世界末日來臨時〉，我終於瞭解我的這位老同學（1953 年中華文藝函校詩歌班同學），他是將「每一天都視如世界末日般／善盡我做人的本份」，他是要將這些詩當作「留下自己活過的證據」（前言的後段），原來他是在如臨深淵、如履薄冰般在完成他這生的一件大事。

這本《日誌詩》有幾處特殊的地方值得特別介紹，它是以每日一詩的方式，仍以詩集的方式呈現，至於日誌或日記方面，也就是那一天他的日常生活情形，他並沒有完全放棄，僅用極少的文字，以條列的方式，用「記事」的標題安置在詩行的下方。我們仍可從中看到他每日生活的重點所在，可以說全以他所一手創辦的《乾坤詩刊》為主，刊物的集稿，排版、校對、印刷、發行，以及與同仁接洽一切瑣事他都簡要記述。其次才是他夫人久病，他必須不斷忙碌奔波在醫院和家之間，他說有的詩不是寫於醫院候診室，便是誕生在公共巴士或捷運車上。

　　藍雲在台灣詩壇應屬老生代，和瘂弦、麥穗及我等都是覃子豪前輩的學生，但要不是他出來辦《乾坤詩刊》，幾乎很少人知道台灣還有這麼一個資深的詩人，主要是他從來不參加任何活動，寫東西也是惜墨如金，絕不隨便發表作品。他辦詩刊的目的，幾乎和我們共同的老師覃子豪先生當年自微薄的薪水中拿錢出來辦《藍星》詩刊一樣，為的是要鼓勵和培植後進。藍雲在本書中有一首五行小詩〈山谷中的百合花〉，對那些望詩卻步的年輕詩人給予了殷切的期盼：

　　　你寫的詩
　　　沒人讀，還寫嗎？

　　　當然

　　　那深山幽谷中的百合花
　　　豈因沒人欣賞便不綻放

　　詩的追求必須付出堅強的耐性與持久力，更需與功利絕緣，沒有人讀便退卻，真不如深山幽谷那些從沒人理睬的野草閒花開放得怡然自在。至此，我不免也要如夢初醒的高呼一聲：「藍雲！你真老得漂亮，這麼一本厚厚的與時間較勁的《日誌詩》，足以證明你是一個堅不與世俗妥協的真正詩人。」

讀藍雲的詩〈大路之歌〉

胡爾泰

　　一九四九年前後渡台的軍人 —— 詩人，由於走過大江南北，並且遭逢時代的洗禮，因此多半閱歷豐富，生命力旺盛，而且觀察敏銳，創發力十足。這些人格特質多少反映在他們的詩中，還因此形成了一代詩風。在這些詩人當中，藍雲先生是比較不受重視的一位（雖然他先後參加過三個詩社，並且是《乾坤》詩刊的發起人），其中主要原因，大概是他行事一向低調、澹泊名利、謙沖為懷所致吧！

　　藍雲的詩風亦有其獨特之處：用字白描，不事雕琢，但是氣魄雄渾，意境深遠，發人深省。他在 2009 年寫的《日誌詩》（文史哲出版，2011 年），逐日以詩記事，並抒胸懷，以一年的時間完成 366 首詩，其中展現的胸襟、氣魄與毅力，非常人所能及，實令人感佩！其中〈一生有多長〉這首詩反映了詩人對一生的反省與關照：

> 一生有多長／很長，很長／長得讓你看不到彼岸
> 一生有多長／不長，不長／約莫一根火柴燒成灰那麼短暫

　　這首既「短」又「長」的詩，讓我們想起莊子的齊物論：世間的一切都是相對的，端視人們用何種心情、何種

眼光來觀照。〈山谷中的百合花〉一詩則反映了詩人對於
寫詩的堅持與執著：

> 你寫的詩／沒人讀，還寫嗎？
> 當然／那深山幽谷中的百合花／豈因沒人欣賞
> 便不綻放

在〈大路之歌〉這首詩中，藍雲除了秉承了他一貫的
詩風之外，還反映了他的行事作風和氣質。全詩分為五
節，並以擬人化的手法來表述「大路」的特質：很忙碌、
肯犧牲、善良樂觀、氣度恢弘，而且不孤獨地始終面向穹
蒼。這首詩充滿隱喻與象徵：「大路」的忙碌正如詩人生
活的忙碌（詩人有〈我是忙碌的〉一詩）；「大路」的「天
職」正是詩人的天職：「大路」之「任千萬人馳騁的氣度」
正是詩人恢弘的氣度；「大路」之「不計一切的付出」正
表明了詩人犧牲奉獻的心態。質言之，「大路」的特質其
實也是詩人的氣質。就像鏡子反映人身一樣，藍雲的詩常
常帶有這種「鏡子美學」的特質。

全詩五個詩節又可以大別為兩部分：第一部分是前面
四個詩節，出之以水平的觀照；第二部分為最後一個詩
節，出之以垂直的考察。第二部分雖然只是四行構成的一
節，卻是全詩的靈魂，點出了詩人像大路一樣不孤獨（「德
不孤，必有鄰」），而且「始終面向穹蒼」，「看日月的巡迴
展演永不落幕」這兩行正是詩人心境的寫照：「始終面向
穹蒼」一語反映了詩的昇華與詩人虔誠的宗教信仰；「永
不落幕」一語正如詩人在另一首詩中所說的一樣（置身在
這塵土飛揚的現實生活中／為了保持心靈的明淨／必須
不斷擦拭，以詩），是詩人的選擇與堅持。

　　藍雲的〈大路之歌〉是大地之歌，也是生命之歌。詩人說：「如何使一切成詩，是詩人的責任，也是本領」，因此我們期盼藍雲寫下更多的詩，唱出更多的歌。

自憐孤獨　傷心人別有懷抱

── 讀藍雲的詩〈孤獨之歌〉

周達斌

　　梁啟超評辛棄疾〈青玉案・元夕〉詞云：「自憐幽獨，傷心人別有懷抱。」這裡，我改「幽獨」為「孤獨」，用來作為此文的標題，詩人當不會反對吧？

　　〈孤獨之歌〉是一首從思想內容到寫作形式都具有中國特點的好詩。從思想內容看，此詩抒寫孤獨，卻不為孤獨所屈，而能於逆境中奮然前行，去最終實現自己的理想和人生價值。讀著此詩，眼前立即浮現歷史上許多孤獨者的身影：戰國時期的屈原，生當楚國最黑暗的時代，當其內修法度，外抗強秦的政治路線，不被朝廷採納，卻遭到上官大夫靳尚等佞臣的讒言中傷，身處逆境，心懷孤獨之際，他毫不放棄自己的理想和追求，「路漫漫其修遠兮，吾將上下而求索」，「亦余心之所善兮，雖九死其猶未悔」〈《離騷》〉。直到秦將白起攻破郢都，楚國滅亡在即，他眼看著大勢已去，無法挽回，才自投汨羅江，以身殉國。

　　南宋愛國詩人陸游，力主抗金，收復失地，卻遭到投降派的排斥打擊，報國無門，其內心的"悲涼"，難以言狀。他在〈卜算子・詠梅〉詞中，以梅花自比，說這梅在"驛外斷橋邊，寂寞開無主。已是黃昏獨自愁，更著風和

雨。"這梅"無意苦爭春",卻遭到群芳的嫉妒。但梅花自有梅花的高潔,"零落成泥碾做塵,只有香如故"。堅持自己的政治信念,至死不屈。正是一息尚存,此志不容稍懈。好一個孤獨的陸放翁!

歷史發展到了當代,原北京大學校長馬寅初,也是這樣的孤獨者。他在二十世紀五十年代之初,就提出"新人口論",認為社會物質財富的增長,趕不上人口增長速度,主張節制生育,控制人口數量。此論一出,被誣為馬爾薩斯論的翻版,遭到眾人的圍攻與批判,因為他違背了毛澤東"人多,熱氣高,幹勁大","中國人口再多,也有飯吃"的指示。但馬先生相信自己的理論沒有錯,拒不檢討,而且敢於迎戰。他說:我自識勢單力薄,寡不敵眾,卻願意接受挑戰,奉陪到底(大意)。表現出知識分子的硬骨頭精神。時間和實踐證明了馬寅初的意見是正確的。"錯批一人,多生幾億",這就是人們對"馬冤案"的最好平反。

〈孤獨之歌〉一詩中表現的孤獨者不屈不撓,堅持走自己的路的堅韌的戰鬥精神,與歷史上的愛國詩人屈原、陸游是一脈相承,而與當代馬寅初先生相通的。

人生在世,不如意的事,十有八九。因此,身處逆境,心懷孤獨,是常有的事。問題在於怎樣對待孤獨。像屈原那樣因"眾人皆醉我獨醒"的孤獨而投江自盡,愛國精神,固然可嘉,而其行為似不必效法。只有陸游堅持抗金復國的政治信念不變,夢中還呼殺敵,臨終前還望"九州同"的孤獨者(指對在朝的眾人而言),才是後人學習的楷模。馬寅初、藍雲都是當代中國優秀傳統文化中吸取精神力量的孤獨者。

從表現形式上看,此詩有四點值得稱道。

一、典型形象的概括性

　　一首引發讀者聯想，耐人尋味的好詩，必然是通過典型形象，概括廣闊的社會生活和人生經驗的。〈孤獨之歌〉中的孤獨者，正是概括性很強的典型形象。正如我在開頭所言，此詩抒寫孤獨，卻不為孤獨所屈，而能於逆境中奮然前行，去最終實現自己的理想和人生價值。這樣的艱苦歷程和人生經驗，豈只詩人藍雲獨有，他人亦常有之。文曉村先生膾炙人口的小詩〈一盞小燈〉，不就是表現了類似的人生經驗嗎？愚意以為〈孤獨之歌〉和〈一盞小燈〉可以交相輝映，相得益彰。

二、大體整齊、押韻

　　中國的新詩應當怎樣寫，雖然沒有定法，但大體整齊、押韻，應當是多數人能夠接受的。中國古詩都是整齊（或大體整齊）押韻的，這是民族詩詞文化的特點和審美要求。我們雖不能以是否整齊押韻，作為評價一首新詩的優劣的唯一標準，但既然新詩要走中國化的道路，大體整齊押韻，應是詩中應有之義，是不應當忽視的重要因素。〈孤獨之歌〉是一首大體整齊押韻的好詩。

　　先說大體整齊。全詩三節，每節六行，每行的字數和節奏大致相等，最長的句子，“成為支撐我不致倒下去的力量”，十三字，最短的句子“眼前一片迷茫”，也有六個字，而多數句子則為七、八、九個字。尤其是第二節的六句，不僅每句的字數幾乎相等，節奏也基本相同。例如“明天／離我／愈來愈遠／，但我／仍將／走著不停／。”“孤獨／乃／孤獨者的命運／，蒼松／自有／蒼

松的堅挺／。”這樣的詩句，讀起來朗朗上口，看起來有整齊之美。

再說押韻，詩為什麼要押韻呢？押韻的好處，不僅使詩句念起來音韻和諧美聽，而且利用韻腳做紐帶，把整首詩連結起來，形成一個整體。如果不押韻，整個詩就散架了，給人以鬆散之感。當然，新詩的押韻，不必如舊體格律那麼嚴格，只要押相近韻就行了。〈孤獨之歌〉押的正是大體相近的韻。如第一節，“茫” “涼” “量”（去聲），偶句句末押韻；第二節 “明” “箏” “停” “運” “挺” ，一、二、四、五、六句句末押韻；第三節，“徑” “清” “行”又是偶句句末押韻。用韻放寬，這是新詩的優點，值得當代舊體詩詞的寫作者借鑒學習。

三、倒敘開頭，奇峰突起

此詩在章法結構上採用倒敘開頭，寫 “潮湧而來的” “千種萬種的悲涼” ，即沉重的壓得透不過氣來的孤獨感。這樣寫有如奇峰突起，具有震撼人心的力量。接著追敘產生孤獨感的原因是 “曾經苦苦守候的黎明，如今已似斷線風箏，明天離我愈來愈遠” ，即希望渺茫，無可把握。最後寫孤獨者在 “一顆星” 的 “支撐” 下繼續奮然前行。結果呢，詩人沒有說，讓讀者去想像。

四、用詞精確，前後照應

詩人用詞，頗費推敲。例如，他不說 “黑暗”（一般化），而用 “暗黑” 形容 “荒野”。這就強調了 “荒野”的一片漆黑，不僅造成 “眼前一片迷茫” ，而且渲染出一

種陰森恐怖的氣氛。身處此境，心中怎不湧起“千種萬種的悲涼”？再如，他用黎明似斷線的風箏，明天離我愈來愈遠，來比喻象徵希望的渺茫，無可把握。“但我仍將走著不停。”一個“仍”字，說明這位孤獨者在此之前，已在人生旅途上走過了多少日日夜夜、坎坎坷坷，而這“暗黑的荒野”，乃是人生旅途中使他產生“千種萬種悲涼”的最痛苦最傷心的一站。就此“倒下去”嗎？不！雖然自認這孤獨的命運，但“蒼松，自有蒼松的堅挺。”孔子曰：“歲寒然後之松柏之後凋也。”誰笑的最後，誰笑的最好。於是奮然而行，“走著不停”。這“仍”字乃承上啟下之筆。而在“走著不停”的漫長路上，他已“走過陰沉的幽谷，走在人跡稀少的山徑。”用“陰沉”“幽谷”“人跡稀少”“山徑”這些程度上有區別的詞語，說明情況已開始好轉。所以儘管“這路上如何冷清”，我們深信這位孤獨者必將有著光明的前景。因為“確知有一顆星未嘗離開我”“與我偕行”。前面說“渴望有一顆星”“支撐我不致倒下去”，這裡說“確知有一顆星”“與我偕行。”前後呼應，渾然一體。要問“星”的寓意為何？他是親人、友人，也是一種信念，更應是希望理想之光，如〈一盞小燈〉中的“小燈”。

生命的沉靜與豁達

── 讀藍雲的詩〈路燈〉

林明理

　　藍雲〈1933-〉過去曾是中小學教師,退休後仍孜孜不倦、癡迷於詩;為詩壇犧牲奉獻,幾十年從不間歇。今年二月,收到其新著《日誌詩》,感動的是,如同他在為這本詩集所作的前言中說:此書願當作是「留下自己活過的證據」;事實上,這不僅是他個人創作生活的總結,也是對臺灣詩壇的一份珍貴的獻禮。書中詩句的誕生多是生活的感思,像樹葉生長般那樣樸實無華。他用自己的青春與熱血寫出與愛妻梅英深情的湧動、寫同仁之間的關懷,寫人民生活,寫讀書心得與人生感悟等等。其對待詩美的追求有自覺的哲思,手法也俐落、光明,篇篇都是作者真實心聲的流露。

　　如這首<路燈>,作者以悲憫心去感受身邊的一草一木、日月星辰和人際往來中對自我靈魂的要求;其中,有喜悅、有傷感,有渴望、有悲傷,更恰切地透射出藍雲在八十大壽前感情噴湧而出的力量:

　　太陽只一個
　　路燈則很多

他自知絕非，也不可能是太陽
但願成為一盞路燈
在夜色沉沉，還兼風狂雨驟時
燦爛奪目的太陽，已不見影蹤
月亮　星星也都不知去了哪裡
這時，唯有路燈一個個挺身而出
無論在通衢大道或鄉間小路旁
有路燈，黑夜便不再那麼可怕
一盞　兩盞　無數盞路燈
像一朵朵的花
綻放在黑暗的大地上
不像太陽那般光芒耀眼
祇是默默站在那裡
守護著夜行人來往

　　這首詩詩境很開闊，共排列了三個意象，我力圖用它們從不同方面去闡發「堅守」這一意念。詩的前三行是「象」、是「景」，是說明謙遜的本質。後四行是直接抒情，說明了希望的軔長。接著又直接點出「路燈」意象的比喻意義「像一朵朵的花，綻放在黑暗的大地上」。啊……多麼明亮，如不屈服的星光。於是，我們不難找到詩的主旋律，因為詩人正是從「路燈」這一看似平凡又不可或缺的具體物象中，與詩人堅守崗位的眼睛疊印到一起，成為一種默默耕耘，不求回饋的戰鬥精神的象徵。很顯然，「路燈」它具有現實性內涵，又有形而上的意義。這些具象展示了藍雲對生命豁達的理解，而他對妻友的慈愛與社會的溫情，也多以詩表現出沉靜的靈思和渴望安和的氛圍。

2012.4.29

參透人生順自然

── 讀藍雲舊體詩〈八十感懷〉

周達斌

　　讀到藍雲的舊體詩〈八十感懷〉二首，我很驚訝。原來我總以為他只寫新詩，想不到他的舊體詩竟寫得這麼好，真是深藏不露啊！他的〈感懷〉引發我的同感，故特就其中第一首撰成此文，以為嚶鳴之和。

　　這是一首七言律詩。首聯從「歲月如流」說起，感歎人生短暫。「歲月如流鬱鬱愁，人生能有幾春秋」。詩人為什麼發愁呢？因為人生短暫，來日無多。說到人生短暫，古代詩人吟詠多矣。屈原在〈離騷〉中說：「日月忽其不淹兮，春與秋其代序。唯草木之零落兮，恐美人之遲暮」，曹操在〈短歌行〉中亦云：「對酒當歌，人生幾何。譬如朝露，去日苦多」，李白、蘇軾則感歎「浮生若夢」、「人生如夢」，可以說人生短暫，是中國傳統文化中詩人吟詠的共同主題，而其思想感情，則流露出淡淡的哀愁。詩人藍雲對人生無常的感喟，亦復如是。

　　頷聯緊承首聯說：「八旬已屬邀天幸，千萬毋須上壽憂」，在短暫人生中，詩人已經年屆八旬，這是天意，值得慶幸。可千萬不要為了追求上壽而終日憂心忡忡，只要聽從主的安排，順其自然就好。為什麼年屆八旬，就值得

慶幸呢？因為八十是高壽。前不久，湖北省人民政府出臺了一項新政策：無論城鄉，凡八十歲以上的老人，均可享受每月五十元以上不等的高齡生活補貼。但要登上八十歲這個高臺，卻不容易，君不見多少人早年夭折，英年早逝麼？難怪杜甫有「人生七十古來稀」之歎。為什麼說不要去「追求」「上壽」呢？因為「上壽」是指一百歲以上，一般人很難達到。假若上帝要他壽過期頤，當然很好：如去刻意追求，則大可不必。以上兩聯是講人生短暫，以及如何對待這短暫的人生。

頸聯筆鋒一轉，由人生短暫轉向精神永恆。「冷眼旁觀塵世亂，清心自守洞天幽」，說到「塵世亂」，想起了我不久前寫作的一首打油詩。那詩說：「小小地球村，何時得太平。那邊才海嘯，此處又山崩。恐怖無辜死，戰爭草木腥。天災與人禍，苦難累蒼生。」詩人說的「塵世亂」，大概就是我所說的「恐怖襲擊」和「局部戰爭」吧。二者雖係人為，但我們無力阻止，只能「冷眼旁觀」，徒喚「奈何」！不過有一點可以做到，也應該做到，那就是管好自己，堂堂正正做人，認認真真幹事，守住道德底線，清正廉潔，不為非作歹，不幹那些損人利己的事。此之謂「真人」、「大寫的人」。能如此，則正氣長存，流芳百世，豈不美哉！「清心自守洞天幽」一句，是全詩的亮點，應當成為我們處世的座右銘。

尾聯總合以上詩意，說「行來那計山川阻，況有耶穌伴我遊」。「行來」、「山川阻」等語，當然不是本來意義上的旅遊，而是說在人生的旅途中，為了實現自己的人生價值，那計山川阻隔，困難重重，也要勇往直前，克難奮進，不達目的，誓不罷休。何況在此「旅途」中，還有「神」的保佑，「耶穌伴我遊」呢？

　　從寫作藝術的角度看，此詩起承轉合，章法謹嚴。而語言平易曉暢，但不直白，繼承了中國古典詩歌語淺意深的優良傳統，值得當代舊體詩詞創作者學習。也許有人會說：「律詩的頷聯、頸聯，要各自兩兩相對，而此詩的頷聯對仗不嚴，怎能稱合律？」此言差矣。殊不知，律詩頷聯的對仗可以放寬，可以半對半不對，或大體上相對。這在古今詩人的詩作中已有先例。唐人駱賓王〈在獄詠蟬〉一詩中的頷聯「不堪玄鬢影，來對白頭吟」，就對得不是很工整。崔顥的〈登黃鶴樓〉（七律）詩的頷聯「黃鶴一去不復返，白雲千載空悠悠」，也是對仗不工。再看毛澤東的七律〈和柳亞子先生〉，其頷聯「三十一年還舊國，落花時節讀華章」，也是半對半不對。上述三首詩都是名篇，難道名篇可以，別人這樣寫就不行麼？

《宮保雞丁》的精神含量

楊傳珍

　　收到藍雲先生的《宮保雞丁》已經三個多月了，之所以拖到過年時拜讀，是因為我在剛拿到這本書時，隨便讀了幾則，認識到這本書的分量，捨不得在匆忙中流覽這部營養豐富的書，而等到時間充裕的時候以便細嚼慢嚥。

　　一向謙虛的藍雲先生，自稱這本書是「信筆璅語」，可是，我卻從卷一論詩的篇章裏，想到了古代那些言簡意豐、見識高遠的詩品與詩話，讀卷二論人的篇章，又不能不聯繫到《菜根譚》。

　　筆者 1998 年開始接觸藍雲先生的詩作，十年下來，每年至少要讀他幾十首詩。對於一個不以讀詩安身立命的讀者，長期鍾情於某個詩人並非易事。可是，我只要見到藍雲先生的詩，都要拜讀兩遍，甚至更多遍，沉浸其中，慢慢品味。由於他的詩作平實儒雅，很少用險詞構建奇警的句子。初讀時，雖能感到溫潤，卻不能一下子體會出深意。而他的詩又很有味道，你讀了一遍之後捨不得丟下。對於這一審美效果的秘密，我一直沒有從詩學的角度進行考量，因為本人既不是詩人也不是詩評家，業餘讀者只顧印象，不究學理。可是，讀了十年藍雲，我又不甘心停留在印象式的層面上。感謝上帝，藍雲終於洩露了他經營詩的奧秘。

　　論詩卷，收錄了作者 784 條關於詩與詩人的論述。這些論述，有的是格言雋語，有的是靈光一閃的隨筆，有的是濃縮的詩論。藍雲先生結合自己讀詩與寫詩的經驗，討論了什麼是詩，什麼是好詩，什麼樣的詩是詩的經典：討論了詩人的天性、學識、人格、修養、閱歷、道德底線：討論了詩的創作方法、態度、繼承與移植……涉及的範圍，囊括了詩國裏的方方面面。可貴的是，這些真知灼見，多數為教科書上所沒有，教科書裏已經說的，藍雲先生以自己的見解給了重新詮釋。

　　中國引進自由體的新詩，不到一百年歷史，在這短短時間裏，雖有偉大詩人和詩作出現，但是中國的現代詩學，距二十世紀西方人文科學的成就相比，還有相當的距離。漢語詩學理論，目前尚處在一個尷尬的局面；古代詩話、詩論的術語及其論述的範疇，與處在強勢地位的西方詩論很難對應，我們在評述漢語現代詩的時候，必須向西方詩學靠近，服從人家對術語的界定。在世界詩壇上，我們的聲音顯得微弱。只有構建我們自己的詩學體系，才能在詩壇上佔有一席之地，獲得發言權。藍雲先生這些沒有刻意構建成詩學體系的「詩話」，為後來者建造詩學理論大廈，準備了「預製件」。

　　如果說藍雲的詩，是顯露在水面上的冰山一角，這本書裏的論人卷，則是那座冰山的水下部分。藍雲先生做人一向低調，他的謙遜與隨和，在臺灣詩壇有口皆碑。可是，謙卑與隨和，並不意味著沒有主見。讀《宮保雞丁》卷二 789 條論人的短章，讓我看到了詩人的真面目。

　　法國文藝理論家布封說，風格即人。這只是原則性的說法。在世界文學的發展歷史上，文如其人的有之，不如其人的亦有之。中國古代的詩人，或者被美化為聖人、仙

人，或者被打扮成不食人間煙火的高蹈之士。在中國新文學運動的初期，我們引進西方現代詩的時候，雪萊、拜倫這些浪漫主義詩人首批登陸，在先入為主的心理機制下，我們對外國詩人產生了一種幻象，即詩人都是瘋瘋癲癲的，起碼是無形的，有人甚至認為，放縱的性關係和不負責任的生活態度，是激發詩人靈感的一個重要因素。藍雲先生身為一個現代詩人，他堅守的是傳統道德的路數。可是，這個嚴責己而寬待人的詩人，對別人卻不苛刻，他沒有流露出把自己的價值觀強加於別人的意願。在這個意義上，藍雲實現了與當代世界的接軌。

平時不善言辭的藍雲先生，在《宮保雞丁》的論人卷裏，展示了他看透世象的犀利，他對文人、商家、政客的不同嘴臉，都進行了全方位透視，讓我想起了王鼎鈞的《隨緣破密》。由此，我也瞭解了藍雲先生的許多詩作卻說還休的秘密。

讀藍雲的《宮保雞丁》是愉快的，書中不時有讓讀者會意的句子。作為一篇評介性的文章，筆者可以摘錄出許多段落供大家分享。可是，我想把這個權利留給讀者自己，讓有緣讀到《宮保雞丁》的讀者，在開卷中慢慢享受。

山東棗莊學院 2008.2.9

附 錄

作家書簡(一)

尊敬的藍雲先生：

　　惠贈新著《日誌詩》收到。非常敬佩您在困苦生活中堅強的意志和對詩歌的摯愛。您曾在《葡萄園》辛勤耕耘，晚年又創辦《乾坤》詩刊，在海內外產生了影響。您年近八旬仍在寫詩，是臺灣詩歌燦爛的夕陽，剩下的每一分每一秒都令人倍感珍惜。

　　如果不在乎是否進入文學史，學者如何評價，您每天寫一首詩可稱之為「留下自己活過的證據」，所思所夢所詠必有高尚的動機，自我教化，也會影響他人，這正是詩至今不死的價值。好的作品總是鳳毛麟角，就目前新詩現狀而言，沒有人會成為李白或杜甫，但至少會有王之渙和劉長卿那樣的詩人，留下幾首好詩被後人不斷傳誦。人類精神的火炬就是這樣傳遞。

　　以挑剔的眼光去讀這 366 篇詩作，我驚喜地發現了一首不容再挑剔的好詩〈白色康乃馨〉。此詩婉約而淒美，意象朦朧，空靈卻不失豐富，令人浮想聯翩。在色彩構成上，與美國詩人威廉斯的〈紅色小推車〉有異曲同工之妙。吟誦如下：

　　　初夏的五月

窗外飄雪
母親的臉在雪中浮現

溫馨的五月啊
何以人手一束紅色康乃馨
我的卻是白色

　　據您寫此詩當天的記事：兒子兒媳攜子女來家共進午餐，並切蛋糕慶祝母親節，由此引發您寫作此詩的靈感。「初夏的五月／窗外飄雪」，是母親節眾多白色的康乃馨引發的幻覺，更是人生歷經冷暖的強烈對比。而「母親的臉在雪中浮現」，引發讀者紛紛的聯想：是說母親像康乃馨一樣清香、美麗，還是暗示兒時記憶中的母親像白雪一樣無瑕的面容？還是母親在天堂裏永恆的聖潔？也許只可意會，不可解釋。這「溫馨的五月」，本該是浪漫的季節，您卻因為妻子身患重病而心憂，因為懷念在大陸逝去的母親而悲傷。您說：「何以人手一束紅色康乃馨／我的卻是白色」，這痛苦的發問戛然而止，留給讀者無盡的欷歔。

　　在這 366 篇中，〈白色康乃馨〉如獨絕的山峰，遠遠高於其他詩作，原因何在？您自述家務繁重，照顧病妻，寫詩精力不足，一時匆忙之作難出好詩。〈白色康乃馨〉釀造的時間相當長久。看您自傳得知，您的母親在大陸於 1979 年病逝。且於當時兩岸尚未解禁，您不能與母親最後相見，甚至連她老人家病逝的消息也不知曉。遲到 1990 年您才返回故里含淚為父母上墳。這中華民族內戰留下的悲劇，在您心頭是怎樣的撞擊？您的一生，除了母親的養育之恩和言傳身教外，來臺灣後結識的妻子是您生活和事

業上的百靈鳥、感情的後花園，相濡以沫 40 餘年，婚姻可謂圓滿。這兩種至深的愛流淌不息，猶如江河彙聚成大海。所謂一揮而就的成功之作，定是詩人情與思的常年積累猛然間找到一個噴發口而已。

　　向您致敬，生命與詩同在！中國詩歌，因為有您這樣品質高尚的詩人而充滿希望。望您多保重，再寫好詩！

　　　　朔　星　2012.5.24 於北大荒

作家書簡（二）

尊敬的藍雲先生：

　　冬日風雪之中接到您惠贈的大作《袖珍詩鈔》，一直細心珍藏。在北國天氣漸暖的初春重讀，心如南風拂面般愜意。

　　您的〈三代記〉字字精湛，抓住關鍵，僅用九句就寫出三代人的經歷、希望與困惑。〈遊子淚〉用淒美的語言訴說對母親深深的思念。那一代人的創傷更是鬱鬱國殤。〈月臺〉語言整齊，意象蒼涼，以小小月臺看盡天下眾生的悲歡離合，其未酬之壯志令人感慨萬端。〈春天，春天〉構思新穎，把春天比作想吃魚的小貓，可愛又別致。

　　新詩沒有格律，名為自由詩，其實並不自由，沒有航道的輪船，即使不觸礁，也有波濤中的顛簸歧路。要想真正自由，恰恰需要克服創作時的自發性和隨意性，出於古典，融入現代，建立被讀者廣為認同的形式，並使這些形式高度成熟化，供詩人們選用和再度創造。詩與歌的分家，最終導致流行歌詞的濫觴，限制了新詩的傳播，在日常生活中，人們依然大量引用古詩。選春聯也是五言七言最好，很少有人引用和當下最貼近的新詩。按上述標準，您的〈答問〉才是理想的詩歌，既有語言的柔美又有音樂的動聽，是可以譜曲的自由詩。欣賞如下：

你問我人生
我說：你看那夜空的星星

你問我愛情
我說：你聽那簷下的風鈴

你問我幸福
我默默閉起了眼睛

　　這裏有排比，有對偶，有象徵，頗有古詩的空靈。最
後一行收尾精彩，變化最大，顯示了新詩不受拘束的自
由。通篇押韻嚴謹，節奏和諧，沒有繞口的字眼。目前許
多新詩只能讀不能誦，是原生態，有人甚至標榜為新詩的
徹底解放。此舉是禍是福，需要時間來評判。

　　新詩中有很多悼亡之作。聞一多就寫過著名的〈葬
歌〉。您的〈葬〉歌也非同尋常，有愛倫坡小說的驚怵之
感。

埋葬在我心中的一個人
始終死不了
總是在不經意間
從蔓草叢生的墳塋中走出來
尤其當我被重重的寂寞圍困時

昨夜，更深人靜
我又聽見那熟悉的聲音
看見那令我寤寐難忘的人影

　　我發覺我已無力埋葬那人
　　便開始設法埋葬我自己

　　生者懷念亡人，常常不分陰陽之界，亡人音容笑貌鮮活如初。詩人的心靈最豐富也最孤寂，在需要安慰和支撐時，那亡魂總會向你悄悄走來。但這終歸是夢，回到現實中得不到的無情，想忘記又做不到，甚至不能自拔，願以死亡來解脫思念之苦。這首看起來很直白的詩，以生別死離的幻象曲曲折折深入，把真摯的感情推向人性的高度，達到刻骨銘心的藝術效果。讓我想起蘇軾的江城子：「十年生死兩茫茫，不思量，自難忘，千里孤墳，無處話淒涼」。

　　您的詩無比真誠，不回避，在當代詩人中，極少有人能夠做到如此坦蕩。我特別欣賞下面這首作品：

　　那天，在街上遇見
　　一個彷彿自馬蒂斯的畫裏走來
　　全身飾以火紅玫瑰的女子
　　許多人的眼睛都變成一隻隻蝴蝶
　　繞著她翩翩起舞
　　我也忍不住多看了幾眼

　　看著，看著
　　那條曾經出現在伊甸園裏的蛇
　　竟悄悄爬到了我的腳邊
　　我悚然而驚，轉身疾步而去時
　　始覺攀在一株古樹上的自己
　　不禁說：好險

　　自古文人多風流，在當下更是尋常。您老自小受儒家傳統教育，後又承蒙神的恩典，最懂得克制的好處，而對誘惑及時自省、自嘲、自斷，在當下沉迷物質，縱情聲色的社會暗潮裏，您潔身自好，不染如蓮。我之所以欣賞這首詩，是因為它傳承了孔子「克己復禮」的重要思想，這種思想在今天被認為阻礙人的個性自由，早已被新新人類視為古董。但我認為，過度競爭、信仰迷失、慾望膨脹的人類社會恰恰需要它來警醒。

　　您的新作由於真誠而赤裸，更注重思想感情的充分表達，與早期詩作相比更加厚實、敏銳、包容、開闊。因為家事繁瑣，缺少充足的創作時間，您難以顧及藝術的錘煉，一些詩作留下了構思勿忙，意象不足的遺憾，但總體來看依然是奮進的姿態。詩人多半年老詩衰，自古皆然。但在臺灣詩壇，卻有耄耋之年的余光中、洛夫、向明先生和您為代表的一群愈老愈強的詩人在寫好詩。臺灣詩壇新銳輩出，多元多彩，卻始終無法暗淡這些煥發青春的老詩人，這是非常值得研究的「高齡高端的文學異象，翻開世界文學史，也不曾有過這種盛況。

　　祝您詩情不老，盡情享受創作又一春！

　　　　　　　　　　　　　　　朔　星　2013.3.25

輯 二　藍雲評論

泛論現代詩

　　許多人在談起我國的現代詩時，常與法國的現代主義連在一起，認為現代詩就是現代主義的詩。這應該是一種誤解。這種誤解，不僅招致了許多保守的讀者們的反感，也給現代詩的作者們帶來許多困惑。

　　我們說誤解，並不是認為現代詩與現代主義絕對沒有關係。事實上，一切現代的文學藝術，自藍波喊出「我們必須徹底現代化」的口號以後，莫不皆受現代主義的影響。以新的技巧、新的觀念，來表現對於當代現象的敏感，與傳統的反叛。

　　但是，現代主義一方面由於對當代現象，在感覺上所引起敏銳轉變的影響，日益裝腔作勢，一方面想用自動文字，報紙碎片及工廠的汽笛，以圖創造一種十分現代化而夢幻般的氣質的作品，使本來僅能擺脫傳統，將自己投身於現代現象的激流中的現代主義，至終由於揚棄了太多的傳統，自己孤立的個性感受了過多的重壓，而迷失了自己，使現代主義的運動，趨於沉寂。

　　目前，我們所稱的現代詩，是指時間上的，中國的現代詩而言，亦即現代的中國人所寫的現代現象的詩。這便足夠說明了現代詩與現代主義並沒有直接的血親關係。因此，我們可以大膽地說，即或世界上沒有過現代主義的運動，我們也還是會有屬於我們這一時代的現代詩。因為有

現在這個時代，就會有現在這個時代的詩。

由於「現代」是指現代的時間與現代的空間而言，我們所指的現代詩的界說，就極其廣闊了。不過縱然如此，現代詩也仍是有其範疇的，舊瓶裝新酒固然不是現代詩，徒具現代的外貌，而無實質的現代內容，也是不配登上現代詩的殿堂的。

那麼，甚麼是現代詩呢？下面，我們試舉幾個普通的原則，凡合乎這幾個原則的，我們認為都是現代詩。

一、**現代的語言**：現代詩的工具，應該是現代人所習用的現代語言。現代語言的特色是活的、新的，自然而又真實，它排除陳腐，冷僻與造作。語言是一種表達思想、情感的工具，現代詩所以要用現代語言，主要的目的是溝通詩人與讀者的心靈，換句話說，即利用文字的功用，將詩人的詩思傳達給讀者。如果一首詩，用了冷僻的字眼，或是陳腔舊調，便很難給讀者以親切與真實感，若是玄虛、晦澀，就更無異拒絕了讀者進入詩人所要表現的世界。而這絕非詩人創作一首詩的本意。

二、**現代的生活**：現代詩是表現現代現象的藝術之一。因此，現代詩的內含，必須概括著現代人的生活特色，這特色自民族的環境，生活的方式，到機械文明給現代人帶來的轉變的影響，和體驗的經過，自各種不同的角度，將之表現於詩中。於是，這詩便不同於傳統的才子佳人的綺思遐想，或含光混世，寄託物外的出世之作，而是真真實實地反映了現代人的生活與心靈的藝術品。

三、**現代的精神**：現代精神，本來就反映於現代人的生活中，表現了現代人的生活，便也表現了現代精神。但現代精神，有其可貴的一面，也有著陰暗的一面，可貴的是現代人對於傳統與規律的反抗，詩人或藝術家，都要求

自傳統的規範中脫出，以嶄新的姿態，來面對他的世界，這便是現代主義要求「投身於當代現象的激流中，並運用自己戲劇化的日漸深邃的敏感，自其中創造出藝術或文學作品。」的原因，但陰暗的是在工業進步中，給人類帶來轉變時所感到措手不及的惶惑，形成精神的空虛現象。於是一方面，人們覺得現在是生活在一個比過去任何時代更好的物質世界；一方面，心靈深處又蘊藏著過去任何時代所沒有的悲哀，因此大多數人對人生便漸漸失去了信心，而終於迷失了自己。

　　詩人置身於這樣現代現象中，不能僅僅是表現而已，他應該清醒，當人們感到迷失，不知何去何從時，詩人應該給找出一條出路來。（這好像是哲學家的事，但是，沒有一個真正的詩人的作品，不是含有哲學意味的）。此之所以我們認為作為一個現代詩人，不僅以表現現代人的精神為能事，還要能給這種精神以批判，因為任何時代的詩人，都該是人類心靈的導師。

　　綜上所述，我們所說的現代詩，乃指當今這個時代的詩，它非師承某種主義與流派，雖然現代主義曾經給我們以影響，但，我們僅能接受其啟示，未必可以奉為創作的圭臬，因為我們有我們的生活，我們的看法。從事現代詩的創作，當然也就有我們要走的道路了。

《葡萄園》第 4 期 1963.4.15

詩往何處走

　　曾經讀過一篇文章，標題是〈迷路的詩〉，內容已不復記得，但由那標題所引起的思緒，卻一直縈繞在我腦際。

　　詩，迷路了嗎？

　　這問題的答案可以說「不」，也可以說「是」。

　　詩怎麼會迷路呢？翻閱詩的歷史，別的國家不說，我國自第一部詩歌總集《詩經》以降，詩的體式，雖迭有變更，但並非沒有脈絡可尋，甚至可以說，一路走來，踵其事而增華者，斑斑可考。詩經之後，而有楚辭，兩者看似迥異，實則楚辭的若干篇章，不僅襲用了詩經的比興手法，脫胎於詩經的某些句法，亦隱約可見。至漢而後的樂府，五古、七古，以及唐之律絕，宋元的詞曲等，無不其來有自。我國詩的體式之變而最劇者，莫過於胡適倡導文學革命時期的白話詩；但早期的白話詩，依然有許多不脫傳統古典詩詞之格調者。今天所盛行的現代詩，乃是歷經數十年之摸索而來，其間雖曾一度在「西化」的風潮激盪下，有「橫的移植」之說，但那只是順應當時潮流的策略，待其時代要求與階段性的任務完成後，便已進入歷史。一若黃河雖經千繞百轉，仍不廢萬古流向東去。歷史的呼喚未曾或停，傳統的燈火何嘗熄滅。腳步偶有凌亂，整個方向並無改變。沒有人能真正棄絕傳統，因為她是生命的源頭。也許有人迷失過，終究在煙消霧散後，看清楚了自己

要走的道路在哪裡。這可從許多曾惑於西方流派者之迷途知返的表現找到答案。實在說來，我國的現代詩從未割裂傳統的血脈，在大多數現代詩人的作品中，始終依稀可以窺見其繼承我國傳統文化的遺風餘韻。因此，就這一觀點來看，詩，可以說不曾迷路過。

　　然而，若從另一方面來觀察，又讓人覺得我們的詩，似乎走到了岔路上。主要的原因是：有一部分詩人，仍執迷於西方那些標新立異的流派，發表一些令人不知所云，甚而旨趣荒謬的作品；雖美其名為創新，卻「翻為怪怪奇奇，不可致詰之語以欺人自欺」。如此固然自設障礙，不讓讀者進入其心靈世界，也阻絕了讀者欲往詩國的通路。由於此一現象的影響，再加上物質文明的腐蝕，現在，詩幾乎成了這個社會的棄兒。雖然某市政當局想要讓詩滿街跑，提倡所謂「公車詩」，不知是那些詩的魅力不夠，還是市民都患了詩的冷感症，並未引起多少迴響。而大多數詩人也都只求自我陶醉，自囿於小眾化的一隅，而與少數氣味相投者，以之互相吹捧。現代詩人中，除了屈指可數的幾位詩人的作品較為讀者熟知外，何嘗見到像有唐一代那麼普遍重視詩的風氣，更別談如白居易，或高適、王昌齡等那般「禁省、觀寺、郵堠、牆壁之上無不書，王公、妾婦、牛童、馬走之口無不道。至於繕寫模勒，衒賣於市井，或持之以交酒茗者，處處皆是」其詩的盛況。放眼當前社會，徒讓一些粗俗的俚詞鄙語充斥於一般大眾所耽溺的電視節目、M（K）TV中，以致文化水準日趨低落，社會風氣每下愈況；這固然是當道有責，難道被稱為人類靈魂工程師的詩人沒有責任？

　　我們素以詩的民族自豪，因我們曾經有過一段輝煌的詩的歷史。今天，我們若不願見到所謂詩將亡的命運，就

應加以挽救；而挽救之道，首在為詩找到應走的道路，不能再讓詩徘徊歧途而迷路了。

　　詩的道路在哪裡？詩往何處走？這是值得所有的詩人和關心詩的發展的人來深思探討的問題。在這個一切追求現代化，尤其中西文化交流日益密切的時代，我們的詩固然不能故步自封，必須面向國際，朝世界文學的行列走去；但從那些聞名世界的詩壇巨擘的作品來看，莫不各自具有代表其民族的濃厚色彩。即以今（1996）年諾貝爾文學獎得主的作品而言，便「充分體現了波蘭人以文字精雅，形式完美的詩作，對道德、現實及人生問題的哲學省思的特長」。雖然藝術無國界，但是一如世界運動大會，在「世運村」裡，所有的選手無不以其各個不同的鮮明的旗幟或標誌，來代表其國家或地區。作為東方的文明古國，一個有著數千年文化，尤其詩歌曾經特別發達的民族，現代詩中，豈能沒有表現我們民族文化特色的作品！為什麼總是唯西方的流派是從，一味隨舶來的什麼超現實主義、後現代……而起舞？欲表現我們民族的特色，就應循我國傳統的詩風，在歷來既有的詩藝基礎上去求發展。當然，紹承傳統，並非就要為傳統所縛，也不一定要完全沿襲傳統的體制，而是秉持我們民族文化的特質與風格，以求自我的表現。而凡是表現自我的創作，固然不應落入既有的窠臼，拾前人之唾餘；但也不應邯鄲學步，效顰其他國家文學之末技。我們不是文學殖民地，應保有自己民族文學的尊嚴。走自己的路，唱自己的歌。文學創作，雖然可以追求各種不同形式的表現，但是不論如何表現，都不應忘記其作品，是屬於整個民族文化的資產之一。我國文學的花朵，自應綻放於我國文化傳統的基礎上，彰顯我們民族的特色。如此方能在世界文學的行列中，找到屬於

自己的位置。不然，若被視為接枝於某一外來文化的產品，或成了一種騾子式的文學，有什麼可引以為榮的？豈是我們要走的道路？在我國的傳統文化中，我們原是一個相當重視詩教的民族。今天，我們若希望詩充分發揮其功能，詩人們就不應置身於象牙塔裡，只求孤芳自賞，或矜驕於「曲高和寡」，而放棄了詩人的職責，無視讀者之需要與教化。我們的詩應如花圃中的花卉，可供大眾欣賞。唯有讓眾人樂於接觸詩，讓詩走入人群中去，然後方能導引群眾走向真善美的境界。淨化人心，美化社會，原是詩應有的功能。唯有充分發揮其功能的詩，才有價值。

　　總之，保持我們民族優良的傳統詩風，在追求詩的藝術性或詩美學的同時，不要忽略了詩應有的功能，而置讀者於不顧；必須把握「厚人倫、美教化、移風俗」的方向，才是我們的詩永遠可以向前走去的一條大路。

乾坤創刊號　1997.1.1

語言是一切嗎

　　詩是語言的藝術，人盡皆知。但是，如過於強調，或只重視語言的表現，則會趨於以賣弄語言為能事的偏鋒。有的詩人因惑於「語言決定詩的存在」一類的論調，誤以為語言是一切，往往為了翻新語言，而棄語言法則於不顧，任意切割支離，極力炫新出奇，以致讓讀者如墜五里霧中。殊不知語言並非詩的唯一條件，詩也不是因語言而才有。語言只是將詩迻譯出來的一種工具而已。詩大都先語言而存在。許多詩恆在語言之外，不能言傳，只可意會。

　　當然，這也不是說語言就不重要，而是要了解語言並非一切，還有比語言更重要者。因為詩除語言外，若非另有寄託，別具蘊涵，縱然天花亂墜，不過是耍嘴皮子而已。花言巧語雖也討人喜，但是能動人心弦，引人深思者，大都因其內容有以致之。許多為人傳誦不絕的詩章，並非在其語言如何詭異新奇，而貴在蘊奧涵深。杜甫雖曾有言「語不驚人死不休」，可是在他的詩中，鮮有故作驚人狀，或詰屈聱牙，讓人不知所云者。如他那首萬口流傳的〈登高〉詩：「無邊落木蕭蕭下，不盡長江滾滾來。萬里悲秋常作客，百年多病獨登台。」其語言句法，在某些現代詩人看來，也許不足為奇，但其意境之雄渾，情感之深沉，豈僅知耍嘴皮子，玩弄文字障眼術者所能及於萬一！即如現代新詩中卞之琳的那首名作〈斷章〉：「你在橋上看風景／看

風景人在樓上看你／／明月裝飾了你的窗子／你裝飾了別人的夢。」何其平常的語言，卻意味無窮。而這些也恐非那些故弄玄虛，以怪怪奇奇的語言譁眾取寵者可比。語言雖重要，但它畢竟只是詩的一種表現形式，或如我曾說的，只是詩的衣裳。固然人要衣裝，但是「繡花枕頭」，就未必值得欣賞。語言並非詩的終極目的，而只是跳板。詩人之著力經營語言，不過是為了達成目的的一種手法。詩人可以「為達目的，不擇手段」，但其目的（所要表現的主題）必須明確，而且正大光明，其作品才有價值；否則，手段縱然高明，恐亦不足觀，更遑論流傳久遠。

什麼是好詩

　　好花人人愛，好詩也是。然而，什麼是好詩？可能言人人殊。尤其是那些老王賣瓜，自賣自誇，或被某些人特別標榜的好詩，不見得為其他的人所認同。你喜歡的好詩，他可能嗤之以鼻；他欣賞的，你也可能不屑一顧。如此說來，所謂好詩，似乎沒有一定的標準。不過，真正的好詩像鑽石，是無人見到不愛的。而那些引起爭議的「好」詩，也許是情人眼裡出西施，各有所好。他說好，就好他的吧！至於是不是真的好？讓歷史（時間）老人來解答。許多自以為「天下好詩在吾家」或曾名噪一時的所謂好詩，後來卻「石沉大海」，而當時未嘗獲得知音欣賞者，卻在千百年後被人挖掘出土，視如瑰寶。這種例子，無須臚舉，大家知道的一定不少。

　　因此，什麼是好詩？可以確定的一個答案應該是：禁得起時間考驗的才是好詩。而什麼樣的詩才禁得起時間的考驗呢？大概不外乎：

　　一、內容充實。缺乏內容的詩，不可能是好詩。銀樣蠟槍頭者，徒有其表，不耐久看，自然會被時間淘汰。而一首真正好詩的內容，不但蘊奧涵深，也必能啟發人性的真、善、美，提高人生的境界。其價值勝似黃金，當非明日黃花可比。

　　二、形式完美。所謂形式，包括其語言、結構、音韻

等，如果這些都能給人良好的印象，自然會讓人樂於接受而百讀不厭。能有別出心裁的表現，當然很好，但若只是賣弄花樣，故意奇裝異服地來招搖過市，雖也引人側目，除非內容深刻，足堪咀嚼，不然，真正欣賞的人，可能不會多。

好詩的條件也許不止這些，以上所述，不過是犖犖大者，倘能把握及此，雖然不一定能寫出眾口傳誦的好詩，將也不致一無可取。當然，好詩的標準難定，所謂「文章千古事，得失寸心知。」是不是好詩，除了讀者知道外，詩人自己應有自知之明。詩寫得好不好沒有關係，切莫自欺欺人，將砂礫說是鑽石，以為讀者都會認魚目為珍珠，豈不是滑天下之大稽。

詩　是情感最好的出口

序《春之弦》詩集

　　人之相遇，也許是種緣份。沒有想到因為一本小書的出版，得以認識李懷忠先生，且因此而讀到他在大陸上的姪女寧馨小姐的作品，的確是讓我感到相當快慰的事。

　　我是一個詩的愛好者，在台灣的大部分詩人的作品，我都或多或少地讀了一些；然而，對大陸上詩人的作品，至目前為止，我讀的還很少。不過，就我所讀過的一些作品而言，內容都相當深刻，情感也十分真摯，表現的技巧，各有千秋，其水平，絕不亞於台灣的詩人。

　　初讀寧馨小姐的詩，我便發覺她是一個頗具詩人氣質的人，也就是說，她是一個很有寫詩潛力的人。雖然她的詩齡尚淺（她的年齡也不算大，現在不過才二十餘歲），但是從她過去所寫的作品來看，已然達到相當的水平。只要她肯繼續努力，相信不久的將來，她必然會成為中國詩壇上一顆光燦奪目的明星。

　　大體來說，寧馨小姐的詩，大都在個己情感的抒發。這許是因為詩，是情感最好的出口。而她無論在戀情、友情，以及親情、鄉情等方面，都寫來十分生動感人。例如：

　　「喝遍生命中種種美酒
　　　唯有你這杯最甘醇」

　　── 我說，我愛，但不能
　　「黑夜裏，夜來香聽著
　　我憂鬱的哀之歌
　　晚風送來你心靈的默應
　　輕輕地替我抹去淚痕」

── 這是愛，真正的愛

　　將一顆沉醉於戀愛中的心靈，所感受到的情懷，描繪得淋漓盡致。又如對友情的吟詠：

　　「我想和你終日相伴
　　讓我把話說完
　　以傾訴我倆友愛
　　這一切竟是枉然
　　…………………………
　　我不會哭泣
　　讓淚水在思念中積蓄
　　待到相逢時
　　化著一壜濃蜜」

── 你要走了

　　字裏行間，流露出何等溫馨的情誼。再如對親情的描寫：

　　「我讓我的熱淚暢流
　　為了對我母親的摯愛

透過夕暉的落幕
我望見了那脈脈柔情
我把我的心永遠留在母親的身邊
希望啊！送她一朵五彩的雲」

—— 我的思念

「燈下，坐著一位年輕的母親
一雙靈巧的手
正為寶寶編織毛衣
一針一線，溶進了千般摯愛
一線一針，滙集了萬縷柔情」

—— 燈織

前一首，寫出了作者對母親的孺慕，後一首，可能是作者的自畫像。無論是寫給母親，或描寫自己，都把那感人的親情，寫來入本三分，足見體驗深刻，表現精湛。還有抒發鄉土情懷的，如：

「錦江，故鄉最甜蜜的江
她是母親柔軟的暖床
輕輕把我擁抱
她是一葉小舟
載著我渡過童年的河流」

—— 覓

讓人讀來，不禁油然興起思鄉之情，而產生對那「載

著我渡過童年的河流」的「小舟」（我們都曾擁有這樣的一葉小舟）的懷念。除了這些洋溢著至情至性的作品，另外也有若干借物寄情，或敘事感懷的佳構，如〈屋旁的小溪〉、〈水仙〉、〈冰花〉、〈寫給小草〉等，都值得細細品味。

　　這是作者的第一本詩集，佳作固然不少，但也並非一無瑕疵。有的作品，似嫌近於散文化，詩質略顯淡薄。今後如能在意象的塑造，文字的錘鍊方面多下點功夫，必定會有更精進的表現。野人獻曝，願與勉之。

天府之國一新秀

── 讀寧馨的詩有感

　　有人說：「地靈人傑」，揆諸史實，足證所言不虛。因為歷史上不少名人偉人，的確是出生於那山明水秀，風景優美之地。這也許是因其從小受了大自然的薰陶，啟發了天賦的潛能，以致後來卓然有成。我雖不敢說在市井塵囂中，並非絕無誕生過傑出的人才，但在比例上，我相信出自鄉野畎畝之中者，必倍於都會鬧市。真正原因何在？有心研究者，不妨加以探討。

　　我國四川，向有「天府之國」的美譽。鍾靈毓秀，可以想見。故自古以來，人才輩出。別的方面不說，單以詩人而言，古之蘇軾，近如覃子豪先生，都是名聞天下，眾所崇仰的一代宗師。其他名家碩彥，更是不勝枚舉。

　　青年女詩人寧馨，四川成都人，從事寫作，雖然才起步不久，卻展現了相當驚人的才華，在短短不到兩年的時間中，便接連出版了三冊詩集。這些作品雖不能說是篇篇珠玉，但就其產量而言，則不能不說是十分難得。今後她若能在量的方面稍加控制，而在質的方面再求精鍊，當會有更好的成就。

　　我感到很高興的是：在寧馨的三冊詩集付梓之前，都有先睹為快的機會。我覺得這集子裡的作品，仍然一如她的前兩冊詩集，大都以抒發其一己的情感為主。其中有不

少表現不俗，讓我讀來特別感動。如〈真情〉一詩。

「既然命運注定
聚少離多
你走時
我不再挽留
只默默望著你
揮一揮手
你曾經說過
怕長長的別離
—那層層雲翳
會遮住日夜思念的笑靨
留下一片茫然
………………………………
相愛是無盡的寶藏
雖不能長相聚首
遙遙呼應是
愛的契合
情的雋永

我不會哭泣
但有點點滴滴
思念的淚
在荒原閃爍」

據說詩人與其愛人因工作關係，聚少離多。因而在這

首詩裡，將別離的無奈，別後的情懷，十分深刻地表現了
出來。而在〈思情〉這首詩中，更是刻畫出滿懷閨怨與期
盼：

> 「⋯⋯⋯⋯⋯⋯⋯⋯
> 對鏡梳妝
> 發現思念的眸子裡
> 竟流著愛的淚光
>
> 一陣和風
> 一絲細雨
> 好像捎來你的叮嚀：
> 去睡吧
> 明年春回時
> 我一定會來與你共度良宵」

其他尚有許多像此類表現對愛情的嚮往與執著的詩
篇，都相當溫婉纏綿，扣人心弦。在此我就不加多引，請
讀者們自己去仔細品味吧。

在這集子裡，固然絕大部份都是抒發情感的作品，但
也有幾篇相當出色的寫景之作，如〈九寨溝〉組詩之一的
「珍珠灘」：

> 「是誰
> 把你從深山引出
> 一路歡歌
> 奔到這傾斜的石坡

濺起千萬朵水花
似落盤的玉珠
永不停息
奏著一闋絕美的交響樂」

　　著墨雖然不多，卻把珍珠灘的美麗畫面十分生動地呈現於讀者的眼前。所寫景象，有聲有色，但是並不夸誕，而恰如其分地給人在視覺與聽覺上一種賞心悅目的美感。四川的名勝古蹟不少，希望今後透過詩人的彩筆，能欣賞到更多這類的作品。

　　對一個青年詩人來說，可能難免「為賦新詞強說愁」，所寫作品，自然大都偏重於個人情感的抒發，而詩本來就是情感的產物，抒情詩，也一向是詩中的主流。尤其是女性詩人，更善於抒情詩的創作。不過，詩的天地遼闊，一個有抱負的詩人，當不只囿於某一層面的探索。所謂「上窮碧落下黃泉」，詩人的作品，應從各方面去取材。而這也許與生活經驗有關。本書的作者年紀尚輕，要走的路還很長。但願今後她能隨著生活經驗的增加，視野的不斷擴展，作品的題材將隨之愈豐富，表現技巧也日益純熟，將來自會有更令人擊節稱賞的作品問世。

　　蕪詞贅語，不敢稱序，只能說是我讀了這冊詩集後的一點感想與衷心的祝福。

1991.8.12

永恒的風景

── 讀文曉村著《水碧山青》

　　隨著時代的演進，世界不斷地在變化。今天，人類的物質文明，較諸過去，其進步的情形，何止一日千里，簡直是不可以道里計。這種快速的進步，本是可喜的現象，但因此而產生的後遺症，卻又不免令人心憂。如社會道德的式微，自然環境的破壞，似與這種進步的現象，形成了強烈的對比。在愈來愈功利化的社會上，人已成了一種最危險的動物；在愈來愈工業化的時代裏，天地也不如往日的那般可愛。往日的青山綠水已經變色，有的甚至變得令人不忍卒睹。本是「青山多嫵媚」，現在竟成了濫墾濫建，或觸目皆垃圾的「癩痢頭」；原來「綠水何溦艷」，如今則變為工廠廢水，及諸般污水滙流的「黑龍江」。對於那已經或將要消失的風景，人們在惋惜之餘，雖然大聲疾呼，要求保護，可是，除非能讓這疾駛的工業巴士煞車，欲保大自然的風景，不被破壞者幾希。

　　雖然在時代進步的輪子下，大自然的風景，難免斷喪的命運，但幸而這世界上還有詩人，為我們保留了一處永恒的風景。在那裏，水恒碧，山恒青；水碧山青，是何其令人嚮往的夢境。縱然往日的那種如詩如畫的美景，在今天人們生存的土地上，已很難找尋，但祇要我們以詩人的眼，詩人的心去觀照，或從詩人的作品裏去細加品味，必

會發現這風景，不難，且無須舟車之勞頓，便可找到。因它就在你我的身邊，已經走入了我們的心裏。

最近，讀了詩人文曉村先生的詩集──《水碧山青》，不禁讓我這個處於市廛塵囂中的人，有眼睛豁然為之一亮，心中頓獲無比舒暢的感覺。雖然其中作品，我大都已在報刊上讀過，但是有謂「好詩不厭百回讀」，現在重來品嘗這些佳作，依然讓我有著「嘗新」的喜悅，且覺齒頰留香，餘味無窮，深願能與有此同好者共享之。

文曉村的詩，向以質樸閒淡見稱，有如宋人的山水畫。他不故弄玄虛，不耍花招；不像某些詩人，喜歡穿金戴玉；或盲目地追隨西方的那些什麼主義、什麼派，寫出一些讓許多人不知所云的詩來。讀文氏的詩，祇覺如嚼橄欖，愈讀愈見其蘊含，而非某些看來像棉花糖的詩，雖然炫目，卻往往缺乏內容，讀來索然無味。我認為一個人，如要藉化妝來打扮其美，並非真正的美，唯有在樸實自然中所顯示出來的丰姿，才是最為動人。詩，也是如此。一首詩，只要把握了詩的本質，縱然不假雕飾，無須巧技，仍不失其為好詩。例如：「天蒼蒼，野茫茫，風吹草低見牛羊。」（斛律金〈敕勒歌〉）這是何其渾厚動人的詩，但它表現得淺白如話，並無什麼特殊的技巧可言。再如：「前不見古人，後不見來者；念天地之悠悠，獨愴然而淚下。」（陳子昂〈登幽州臺歌〉）之所以令人感動，傳誦不絕，不在其運用了多麼高明的手法，師法了什麼主義的技巧，而是由於激盪在詩人心中的那種深切的情懷感染了讀者。如果陳子昂未能把握詩的本質，缺乏這種豪曠的詩情，而只是咬文嚼字，徒在詩的表相上下功夫，恐怕不見得能寫出這麼深刻感人，千古不朽的名篇來。是以，我覺得唯有心中有詩的人，筆下才會寫出真正的好詩來。不

然,只是玩弄文字的魔術,或耍嘴皮子,賣弄一些自以為
「詩」的語言,未必就是好詩。當然,我這並不是說,詩
人就不該講求文字藝術的修鍊;也不是說,用了奇字警策
的詩就不好。例如:杜甫在〈返照〉一詩中寫的「返照入
江翻石壁,歸雲擁樹失山村。」其中「翻石壁」之「翻」,
「失山村」之「失」,雖用字奇崛,卻十分確切地寫出了
詩人當時所見的情景,自然是好詩。再如現代詩人羅門,
在其〈海邊遊〉一詩中這樣寫著:

> 車跑上高速公路
> 將都市脫掉
> 我們走出車門
> 海跑過來
> 　將我們脫掉

乍然讀之,可能有點奇怪,車如何將都市「脫掉」?
海又怎麼「跑過來,將我們脫掉」?可是稍加咀嚼,就會
不禁發出會心的微笑。詩人竟把來到海邊的人(特別是久
居都市的人),看到海的那種歡躍的心情,寫得如此出神
入化。可見字詭句奇,也是許多好詩的一種標幟。更多膾
炙人口的詩,卻都看來平淡,實則醇厚有致。這,也許就
是所謂「大味必澹」吧。而能達到這種「平淡見真味」的
境界,也殊非易事。文曉村的詩,正是以平淡取勝,其所
以值得吟誦再三者,不在其語言如何花俏,手法多麼新
巧,而實由於他把握了詩的本質,在質樸平易的文字中,
蘊藏了濃郁的詩情。這,恐非一般惟技巧是尚,銀樣蠟槍
頭者所可同日而語,故格外覺其可貴。

《水碧山青》為文氏從事新詩創作以來的選集,其中

極品大都為抒情之作。或寫關關雎鳩之情,如〈第八根琴弦〉、〈落霜後〉、〈墜崖記〉等;或寫憶舊思親之情,如〈想起北方〉、〈生日〉、〈母親節前夕〉等;或寫對師友的懷念,如〈種火的人〉、「致海外詩人」等;或寫對祖國的熱愛,如〈頌〉、〈創造者之歌〉等。而不論所寫之情為何,都能發而皆中節,臻至不淫不傷的境地。此外,尚有若干寫景詠物之作,也極具情味,如寫碧潭樂園的〈庇護者〉:

　　庇護我　以你濃濃的綠蔭
　　且讓我的孤獨
　　在這臨湖的半山
　　築成一座城堡　一隅小千
　　而後　且任我伸手
　　邀請一些流浪的雲
　　不語的相思　與我共享
　　這一隅小小的寧恬

　　輕輕吟來,宛如一闋柔和的小夜曲,真是沁人心脾。在這充滿了煩囂的時代,幾乎被各種噪音、污染所窒息的心靈,誰不渴望尋求到這樣的庇護者的撫慰呢?而詩,也應該具有這種撫慰人心的作用。對於厭倦了塵俗生活的人,或滿懷創傷的心靈來說,詩也是最好的庇護者。但願有感於此種情形的朋友,不妨多讀一讀像《水碧山青》這類的詩,或許可以洗去心靈上的塵埃,獲得很好的安慰。

　　詩人,大都有著悲天憫人的胸襟,充滿了民胞物與的精神。在文曉村的詠物之作中,便流露出這種高貴的情懷。如〈乙丑年,牛也要唱歌〉:

甲子年滅鼠
你們可以說出幾千條理由
而今乙丑年來了
對於牛
不知你們要說什麼
我們是拙於表現的牛族
幾千年來
只知守著我們的泥土
默默耕耘
而且只要有草有水
便已滿足

只是今天
農業現代化的拍子
正在指揮我們
唱一曲耕牛退休的歌
而今而後
你們的子孫
恐怕要到圖書館中
才能讀到耕牛的故事

做為牛的樂趣，就在與泥土為伍。雖然牠們一直在默默耕耘，不求飛黃騰達，而且「只要有草有水，便已滿足。」但在「農業現代化」的時代裏，牠們卻面臨被迫「退休」，遭遇失業的悲哀。今後牠們將何去何從？可能只有待宰的命運了。誰關心過這些牛族的生活？誰對牠們未來的命運

寄予同情？惟詩人文曉村，以其惻隱之心，替牠們發出了
如此深沉的喟歎，讀來不禁為之戚戚然。

　　在《水碧山青》中，還收錄了好幾首作者為其友人的
攝影作品而寫的詩，將那些原本凝結在畫面上的景象，一
一生動地展現在讀者的眼前，可以說是「詩中有畫」，讀
來也別饒風趣。

　　文曉村氏乃當今名詩人，其詩保持了一貫清新明朗的
風致，一如那大自然中水碧山青的風景，著實令人欣賞。
不過，任何名詩人，並非所有的作品，都無懈可擊，即使
一代詩仙李白，也有若干作品（如「江夏贈韋南陵冰」、「陪
侍郎叔洞庭醉後」等），被人指其沒甚麼深意。如要吹毛
求疵，在《水碧山青》中，當然也可找出有待推敲之處。
惟小瑕不足以掩大瑜，這仍是一部值得置諸案頭，可以時
時拿來品味的佳構。其為傳世之作，殆無疑矣。

感人心弦師生緣

聽說「師生緣」要結集出版了，感到非常高興。

猶憶當初在「秋水」詩刊上讀到這種至情至性的文字時，即曾為之深深感動不已。那時，我對譜出這段門牆桃李的心曲，而享有盛譽的作者 —— 涂靜怡小姐，尚止於慕名而已。後來有幸得以識荊，發覺她的確是一位性情中人。於是，由其文，觀其人，益增我對她之具有這種念念不忘師恩的傳統美德的感佩之忱。同時，也從這些文字中，讓我更多地瞭解了一代愛國詩人古丁先生的風範。因此，過去每次接到《秋水》時，我都是先讀了「師生緣」的專欄後，再及其他。好幾次，讀著讀著，不禁感動得眼淚奪眶而出。我想：不僅是我，相信所有的讀者，讀到這樣的文字時，沒有不感動的，例如：

「……看到那枯萎了的相思樹，躺在山坡下，根朝上，都已沒有了生的氣息，心中就有如刀割一般的難受！想到古丁老師……我就忍不住內心的激動，跪伏在墳前放聲大哭了，我不知哭了多久，只覺得頭好暈，雙膝好痠，臉上的淚水和汗水已分不清……（見〈不堪回首〉篇）

這是何其感人的畫面，流露出多麼深切的悲情。尼采說：「我最愛讀那用血寫成的書。」我想：他若讀了這種以熱淚寫成的作品，也必會為之動容吧！

我與古丁先生，雖然早於涂靜怡小姐之前就已認識，

但因我們接觸的機會不多，對他實遠不如其入門弟子涂小姐所知之深。過去，我只知道他是一位具有高度愛國情操，學養非常深厚，在寫作方面有著極其卓越的成就，而為眾所欽敬的詩人、文化鬥士。及至讀了涂小姐的這些孺慕追思的文字，更知他不但慧眼獨具，發掘了像涂小姐這樣的千里馬；而且他所表現的那種諄諄教誨，循循善誘的精神；以及對其亦師亦父，關懷備至的呵護，實在也非一般「傳道授業解惑」者所能比。有人羨慕涂小姐的福氣，能遇到這樣一位好老師，洵非虛語。而我則與那位在南部擔任國中校長的顏女士有著同感：古丁先生也好有福氣。因為許多教了一輩子書的人，都不一定能遇到這麼一位足以引為安慰的高足。也許，這要靠緣分。至於古丁先生與涂小姐的這種師生之緣，不但為當代的人所稱羨，想必將來寫文學史的人，也不會忘了寫上一筆，而成為永遠流傳的佳話。

　　現在，做為這段佳話的藍本 ── 《師生緣》就要出版了。這固然是一部極具紀念價值的作品，而其中內容，除了大部分為作者對其恩師感懷傷逝的抒發，以及對詩友們相濡以沫的爐陳外；間或也可聽到作者對詩壇上的某些現象所發出的感歎，而這也未嘗不可做為喜歡研究史料者的參考。這實在是一部文情並茂，難得一見的佳構。我喜歡讀它，不在某些詩篇之下。相信許多讀者，也一定和我有著同感，甚至自其中發現我尚未道出的許多特色與美來；我只是在這裏略微說出我的一點最膚淺的感想而已。

原載《秋水詩刊》第五十五期

斗室見大千

── 我讀雁翼〈斗室偶記〉

　　過去，將近四十年來，對生活在台灣的人而言，海峽
彼岸的大陸，是一個非常遙遠遙遠，遠得似乎比離太陽還
要遠的地方，因而對那裏的一切，所知的極其有限。但自
兩岸關係開始解凍後，不僅是漂泊此間數十年的遊子，大
都可以重返故土，一探久違了的親友；甚至不少世居此地
的人，也能假道前往觀光，一睹嚮往久矣的大陸河山。而
對岸的人士，雖然限於種種條件，並非任何人都可以前來
作寶島遊，但是許多文學作品，却因此而公開、或半公開
地簇擁到了台灣。有的出現在各種報刊雜誌上，有的展售
於各地書店或書報攤，一時造成十分搶眼的大陸作品熱。
姑不論這些作品的表現技巧或價值如何，而從其中得以窺
見一個看來陌生而又熟稔的世界，以及生活在那個世界中
的人們的心靈狀態，則是相當引人注意的。

　　最近在《秋水》詩刊上，讀到若干大陸詩人的作品，
雖然各具風格，卻都有其共同的特點：情感真摯，內容深
刻；極少矯揉造作，故弄玄虛的表現。所以，大體來說，
這些作品，我都很喜歡讀。在上（六十三）期，讀了雁翼
先生的〈斗室偶記〉，咀嚼再三，深覺意味無窮。茲就管
見所及，略述我的一點心得。

　　顧名思義，所謂「斗室」，一般乃指極小之室，多用

於謙稱自己之居室，但我認為雁翼所寫的「斗室」，並非一般之斗室，而是以小喻大，另有所指。我們都知道，詩人的眼睛，敏於常人，可以「從一粒砂中窺見一個世界，從一朵花中看到天國。」而詩人雁翼，則視天地如斗室，納須彌於芥子。現在，就不妨讓我們一道來參觀參觀他那縮影的世界，不，還是說是他的斗室吧：

首先，進得門來，不對，原來這斗室並沒有門（全詩無一字寫到門）。既稱為「室」却沒有門，當可想見此室之大（你可見過這天地的門在哪裏嗎？）然後，抬眼一望，映入眼簾的是掛在兩壁的長江黃河（如果給這斗室取一名字，無疑的，便是「中國」了）。乍睹之下，真為詩中的此一景象所震撼。長江黃河竟一左一右地掛在壁上，其氣勢之磅礴，不亞於高歌「黃河之水天上來」的李白。這長江黃河，可以說是綿亘在中國境內的兩大動脈，一南一北地象徵著這個古老國度的源遠流長。而在這中間，則安放著「我的重量」。這重量，詩人未明說何所指，我想：也許是指那「一覽天下小」的泰山吧 —— 一種傳統文化的象徵。中國之所以能歷百劫而不覆者無他，乃是由於有其深厚的文化基礎在。縱令風狂雨驟，依然屹如泰山。

詩人將這「斗室」的環境介紹過以後，接著筆鋒一轉，告訴我們「要縮小的必須凝固，要放大的只有流淌」，如此或縮或放，幾經滄桑，一旦「感情的烈馬陡然脫韁」，我們自然不難理解到那是在何種遭際下的樣相！至於為什麼「要縮小的必須凝固」？在接下去的第三節詩句中，詩人給了我們答案：原來是為了支撐「我的身架」啊！而「血管裏，湧盪著太多太猛的浪」，又豈能不任其流淌！從這些詩句裏，我們聽到了詩人深沉的感歎，也充分表現出中國人難以壓抑的英風豪氣。

　　在第四節詩句中，詩人以「圓圓的電燈」比喻太陽，
實則借太陽來象徵宇宙中的真理，告訴我們：不論世事如
何多變，在我們頭頂上的太陽 —— 真理，卻始終在考驗人
—— 考驗我們的「理智」，也暴露了某些事件的「荒唐」。
而當我們對此有所覺醒時，就會看到「對面牆上的李白，
毫無表情的望著我。」詩人寫的是「對面牆上」，不是我
身傍的牆，而是歷史的牆上。李白，眾所皆知，是歷史上
一個光芒萬丈，永垂不朽的名字，已成了永恆的象徵。不
論我們「縮小」也好，「放大」也好；「理智」也罷，「荒
唐」也罷；在永恆的歷史眼光裏，是如何的，就是如何。
他對一切，無所好惡，故他看來「毫無表情」，甚至可以
說是近乎冷酷。不過，他一如那太陽，也在考驗我們。所
以，詩人說他「望著我，似乎在加減乘除，我的肉體和我
的思想。」這「加減乘除」一語，實乃神來之筆，把「我
的肉體和我的思想」的種種遭遇及變化，作了極其深刻的
描述，頗耐尋味。

　　最後，詩人說他「打開了一瓶家鄉的麴酒，引誘李白
從牆上走下來，共我品嘗。」這是一幅多麼生動可愛的圖
畫，不禁使我想起了「舉杯邀明月，對影成三人」的那幅
畫面，而那畫面中的主人，正是詩人雁翼要把他從牆上引
誘下來的李白。至於李白是否從牆上走下來，與詩人共飲
了那瓶「家鄉的麴酒」，或他們舉杯共飲的情形如何？不
得而知。不過，值得玩味的是：詩人用來與李白共飲的，
既不是伏特加酒，也不是白蘭地，而是「家鄉的麴酒」。
據《秋水》六十一期的簡介：詩人的籍貫是河北，而有名
的大麴酒則為川黔地方（並非詩人家鄉）的特產。詩人之
所以在此特別點出「家鄉」一詞來，想必是由於有著一股
濃得解不開的鄉愁吧。只是「借酒澆愁愁更愁」，即使我

這個向來不嗜酒的人，讀到這些詩句時，也似乎醺醺然地有了一點醉意，真想做一個不速之客，跑去與詩人對酌，或邀請他與李白來共我痛飲一番哩！

〈斗室偶記〉的確是一首頗具內容的好詩。雖然好詩的定義，見仁見智，不過我認為，凡足以引人「興觀群怨」的詩，都應屬於好詩之列。而「斗」詩，可以說是讓我讀來相當感動的一首詩，只是我並非一個善於解詩的人，拉雜寫來的這篇蕪文，並未能把「斗」詩的神髓充分地闡發出來，甚至我還擔心誤解了作者的原意；果如是，就請原諒我的唐突，而付之一哂吧。

衣帶漸寬終不悔

── 劉正偉著《思憶症》讀後

一

人生在世，各有所好。有人好名，有人好利，有人好色……詩人所好則在詩。

詩人並非絕對超塵脫俗，不食人間煙火者，而同常人一樣，也具有七情六慾，甚至其情感較諸一般人更豐富。但是詩人對情感的處理，除了一般人常有的方式外，更有非同等閒的表現，即將其情感昇華，藉諸寸管（如今大都改用電腦鍵盤）化為一篇篇動人的詩章。放眼古今中外，無計其數的詩篇，或詠史實，或言哲理，或狀寫景物，莫不有其詩人的情懷寄寓其中。而純粹抒發個人情感的抒情詩，更是一種充份表現詩人情意的語言，最能扣人心弦，引起共鳴。這也是抒情詩之所以成為詩中主流之原因，而成為詩人從事詩的創作最習見的一種作品。

二

青年詩人劉正偉，雖然在詩的路上起步不久，但是由於他具有詩人的稟賦，自始即在詩的領域中表現出它的俊逸雄姿，讀者不時可從各大詩、報刊看到他發表的作品。

近承以其即將出版的處女詩集《思憶症》的影本見示，不
但讓我有先睹為快的欣慰，也讓我這個虛長他不少年歲的
老朽感到十分艷羨，而不禁暗自讚嘆：真乃後生可畏也。

　　從這本詩集中大部分發表的時間來看，都是完成於最
近一兩年。在這麼短的時間內，能有這樣豐碩的成果，足
見其創作力之充沛。至於對其作品的評價，也許見仁見
智，每個讀者會有不同的看法；不過就一個新秀而言，其
表現，可說已是相當難能可貴，有些作品較諸某些詩壇老
將的並不遜色。在詩的創作方面，不同於其他技能或學術
研究，所謂資深或年長者不一定優於後生晚輩。劉正偉的
詩齡雖淺，其作品則顯然相當「早熟」，而令人刮目相看。

三

　　劉正偉的這本首度問世的詩集，一如其他青年詩人的
作品，大都以抒情見著。不過，其表現方式，卻有他獨特
的風格。就我讀後的印象而言，他的詩至少有如下幾點特
色：

（一）、情感婉約，筆觸細膩

　　「人非木石，孰能無情」，尤其是詩人的情感特別豐
富。有些人的情感外露，顯得豪放不羈；有些人則情感內
斂，顯得溫文爾雅。詩人將其情感形諸於詩中時，豪放者，
筆端大都情溢乎辭；溫雅者，則蘊藉婉約，筆觸細膩。劉
正偉的詩，應屬於後者。且看他作為書名的主題詩中的＜
憶十四行＞：

　　　妳遺落的髮梢，殘留著夏末
　　　野薑花的馨香

凋謝的形影搭上西逝的流水
在波峰間追逐的快馬

杜鵑泣血，抖落一地楓紅
掩飾深秋踽踽的小徑
西風揚起，傳遞古道窸窣的鄉音
那是妳遠颺的步履，我輕傷的悲鳴
即將埋葬的世紀末星空
獅子座的眼裡
曾經有妳閃耀的靈魂
照亮我黯淡的旅途
如今，我馱負著冬眠的星空
獨自踏上另一個歸程

這首詩中的「妳」像個謎，不知究竟何所指（也許是曾經愛戀的某個人；也許如其代序所述，是他所鍾情的繆斯），但他所表現出來的那種帶有「輕傷的悲鳴」，卻是十分動人的。

（二）、眼光敏銳，觀察入微

詩人較一般人來得敏感，不但是其心，也是眼睛，故能見人之所未見。一般人習以為常，視若無睹的事物，詩人卻能從其中發現無窮的奧秘。從劉正偉的詩裡，我們更可以透過他的眼睛看到生命的本相，例如他的＜生活所見＞：

沉默的蜘蛛
一輩子離不開灰白的網

生也是這片天空
死也是這點空間
只有迷惘的蝴蝶想逃離這步步陷阱
而露水，只是點綴風景的失足過客

這片陰影
奪走絢麗的色彩，也籠罩著
我的視界

　　雖然他說自己的視界為陰影籠罩，但他不僅看見有的人像蜘蛛「一輩子離不開灰白的網」，更洞燭了這塵世間的「步步陷阱」，要人們警惕，以免像露水般，成了「失足過客」。

三、內容深刻，富有哲思

　　一首詩，不論表現手法如何，若內容空洞，再怎麼玩弄技巧，標新立異，讓人看得眼花撩亂，不過是變魔術般，能瞞得了多少人？真正值得欣賞的詩，應該是內容深刻，而能給人啟發，令人感動，引人深思的詩。劉正偉的這本初顯身手的詩集，雖不能說篇篇都是擲地有聲之作，卻有不少含金度相當高的作品，例如＜油麻菜籽＞：

生來就是這種宿命
死後成為春耕材料
至少
春天來臨前讓我
在這無聊的田地裡

揮灑一些顏色吧！

我的從容不讓
黃花

　　像這樣沒有耍什麼花俏，也不故弄玄虛，平平實實寫
就，卻能入木三分的詩句，把一個出身寒微的小人物，甘
於默默奉獻，而又能自我肯定的精神刻畫出來，讓人讀後
不禁還想再讀一遍，較諸那些讀了一句就不想再讀，或雖
讀完卻不知所云的詩，不是更有價值嗎？
　　甚至還有一首被日人翻譯成日文在日本《青的地球》
季刊轉載，同樣也是平實的文字，卻充滿哲思－〈釣蝦場
裡的對話〉：

　　你、你、你、、、、
　　不要拿我的生命開玩笑
　　我、我、我、、、
　　只是來打發時間

　　你、你、你、、、、
　　你的歲月不要在我的生命裡掙扎

　　當然，就一個才開始寫詩不久的青年詩人來說，其作
品不可能沒有瑕疵（即以當今那些所謂名家的作品而言，
完全無懈可擊的又有多少呢？），例如有的文字尚欠精
鍊，有的結構不夠完整。我相信只要作者肯孜孜不倦，繼
續不斷地努力以赴，必將有登峰造極之日。而我如猜測得
不錯，作者在這本詩集的主題詩組之三《症》的末句所說：

他對繆斯，已「患了無可救贖的思憶症」，而「溺陷」其中難以自拔。如果真有這種「衣帶漸寬終不悔」的執著，相信有一天，「驀然回首，伊人卻在燈火闌珊處」的喜悅之情，也將是無可言喻的。

　　寫吧，正偉！不斷地寫，寫出更多更好的詩來，我深信你有此能耐。

繁華落盡見眞醇

── 我讀「墨人半世紀詩選」

　　以小說創作享譽我國文壇，並且蜚聲國際的名作家墨人先生，最近將其歷年來所寫的新詩精選出版，名曰《墨人半世紀詩選》。書中所收錄之作品，就寫作時間分成兩大部分：自 1975-1994 年間之作品，悉數完成於台灣：除兩篇卷首詩外，包含了〈大陸詩抄〉、〈大屯小唱〉、〈山之禮讚〉、〈植物風采〉、〈動物群相〉、〈歐洲心影〉、〈台北輕吟〉等七輯；自 1942-1962 年間之作品，因係完成於來台初期與大陸時期，故統稱為〈混成集〉。全書厚達三百餘頁，作品一七〇篇，是一部內容相當豐富的個人詩選集。

　　每一個卓然有成的詩人或作家，必有其獨特的風格。墨人先生的小說固有其小說的特色，其詩亦自有其不同於他人之處。讀完墨人先生的這部詩選，我有幾點淺見，不知是否正確，茲在此就教於各位讀者之前。

　　我認為墨人先生的詩，至少有下列三點特色：

　　一、**題材多樣化**：天地間萬事萬物，原都是作家與詩人寫作的素材，所謂「落花水面皆文章」。不過，當今有些詩人或作家的作品，不知是否生活經驗的關係，題材並不怎麼廣泛，好像台北街頭的小館子，吃來吃去就是那幾樣菜。而墨人先生的作品，却可以說是形形色色，包羅萬象。從大陸許多地方的名勝風景，以至台灣與歐洲各地的

翦影；尤其是那些動植物的風采群相，躍然紙上，不但形象生動，且都寄託遙深。至於早期，特別是在抗戰時期的若干作品，更為我們留下了寶貴的歷史腳印。孔子曾說：「詩，可以興，可以觀，可以羣，可以怨……多識於鳥獸草木之名。」這幾句話，殆可謂為墨人先生這部詩選的最好註腳。

二、**內容生活化**：就一般情形而言，生活是詩的土壤。產生自生活中的詩，有如自泥土中長出來的花朵，自然富有生意，而不同於那些人造花。我們可以從墨人先生的詩篇中，窺見他在已過的人生旅程中，各個不同階段時期的身影。固然可從〈春天，春天〉這類的作品中，看到他青年時期的浪漫情懷，也可從「熱帶魚」、「無題」等詩中，看到他中年以後的深沉蘊藉，既可從〈夜行者〉、〈火把〉、〈城市的夜〉等一類的篇章裏，看到他以及我們整個民族在那苦難的歲月中是如何走過來的，也可從〈大屯小唱〉、〈山之禮讚〉等組詩裏看出他那「無得無失／我與天地渾然一體〈中秋雨中吟〉」的超脫豁達。讀墨人先生的詩，絕不致像讀那些什麼超現實，後現代主義，什麼前衛派的作品，如丈二金剛摸不著頭腦。墨人先生在其「自序」中就這樣說：「我不是躲在象牙塔裏囈語的詩人，也不是外太空的超世界的詩人，我是生活在這個地球上的普通人。」所以，他的詩讓人讀來很容易接受。凡是與他生活在這同一塊土地上，與他有著相同生活經驗的人，都會對他的詩產生同感。

三、**風格樸實化**：人之不同，各如其面。詩的風格，也是如此，每每互異其趣。有的刻意雕琢，有的自由揮灑，有的極態盡妍，有的樸實無華。我們不一定要將之強分軒輊，墨人先生的詩，造語自然，平白如話；不耍花招，不

故弄玄虛；但是情感真摯，沒有無病呻吟，不見矯柔造作。每一篇詩，都是源自生活的土壤中，都有詩人特質的投射。無論是抒情、寫景、詠物，都是那麼質樸自然，但也都含有縷縷情韻，可說是溫潤如玉，一若其人。他的詩，表面上看來，也許並不怎麼絢爛奪目，可是細加體味，却能於平實之中見真醇。他往往以尋常的題材，平淡的字句，表達出深刻的情味。這可從他的那些組詩，如〈動物群相〉、〈植物丰采〉中看得出來，也可從其他許多感興之作中品味到。例如：〈孤芳〉、〈夜雨〉、〈廊上吟〉等，都是頗堪咀嚼的佳構。

墨人先生不但新詩自成一格，他的舊體詩也寫得極具功力。甚至有人說他的舊體詩，較諸新體詩尤為出色。這當然是仁智之見，我認為不論新體舊體，凡是詩，凡是由詩人嘔心瀝血所寫出來的詩，尤其是那些反映社會、洩導人情，為歷史留影的作品，都會成為我們民族文化的資產，值得我們珍視。而墨人先生的成就，不僅是在詩方面，更是在小說方面。他的將近兩百萬字的皇皇鉅著《紅塵》，不但為我國近代歷史作了有力的見證，也將成為我國新文學史上的一部經典之作，不讓《紅樓夢》專美於前。我們在讀過他的小說後，又得以欣賞他詩的丰采，真是何其有幸。

自心出發

── 讀浪濤的詩集有感

　　大家都知道：言為心聲。可是，一般人却往往有言不由衷的時候。詩人不同於一般人，有話要說時，非但說出心裡的話，更會運用藝術的手法，把話說到讀者心坎裡去。故凡寫得好的詩，都能令人賞心悅目，百讀不厭。

　　近讀四川詩人浪濤先生即將出版的詩集原稿，可看出一點，即：他的這些詩，大都是出自他心底的結晶。若說"言為心聲"，讀者當可感覺到這位青年詩人心跳的聲音。

　　當然，寫得好的詩，不僅是要自心出發，須有真摯的情感，表現技巧也是相當重要的條件。無病呻吟，或"為賦新詞強說愁"而缺乏內容的作品，固然不值得欣賞，如只是讓情感一覽無遺地直陳，便失之淺露，而乏足堪咀嚼的餘味，也難以為讀者青睞。許多人以同樣的題材寫出來的詩，却獲得讀者不同的評價，就像用同樣的食材，每個人烹飪出來的菜餚，讓美食專家品評的結果却不同一樣，其原因，即在刀功、火候等手藝之高低。而這種手藝可能需要多年的鍛鍊及經驗的累積，絕非一蹴而就。詩人之詩藝，除部分天賦外，大抵也是如此。

　　浪濤先生在寫詩的路上，雖然才起步不久，但從他的這冊處女詩集中，可略窺其寫詩的才華與潛力。在這冊詩集中，有不少佳句是很值得讀者細細咀嚼，而回味無窮

的。例如：

> 我聽見你在水面燃燒的聲音
> 在火中流淌的聲音
> 在我耳膜最深處低吟

—〈聆聽月光〉

> 誰不渴望企及
> 心中的月
> 我知道我已身在樓台
> 但我更清楚那月是在水中

—〈近水樓台〉

> 在洪澇的季節
> 我感受著乾旱
> 時常在海邊聆聽駝鈴
> 在沙漠眺望白帆

—〈沙漠・海〉

其它還有許多富有想像力及優美意象的詩句，在此就不多舉了，讀者可以慢慢地仔細品嘗。

對一個初顯身手的青年詩人來說，不可能完全無懈可擊（即使對詩壇老手而言，又何嘗沒有敗筆）。如果要吹毛求疵，當然還有需加改進的地方。如：部分意象的營造尚待加強，題材的選取再求創新。現代新詩的作者，縱然不必像古人那樣為了格律的要求，而"吟成一個字，拈斷

數莖須”，或者非要“語不驚人死不休”不可，但是，適
當的推敲，仍應有其必要。我相信以浪濤先生的才具及其
對詩的熱愛，只要肯不斷努力，未來輝煌的成就是可以預
期的。

　　忝承浪濤先生之命，草成此文，不敢曰序，聊作讀其
詩的一點感想。

忠於自己眼睛與靈魂的詩人

—— 《王學忠詩稿》讀後感

　　王學忠，一個忠於自己所目睹與心靈感受的詩人。他寫詩，不是為了追求名利，而是對真善美的嚮往，對不公不義的抨擊。他的詩，都是有感而發，不擦脂抹粉，質樸平實，一如其人。雖然我與他素昧平生，不曾謀面，但從有關介紹他的文字裡，可以得知他絕非那種躲在象牙塔裡、不食人間煙火的人；更非養尊處優、吃米不知米價的紈袴之流；而是一個生活在人群中，尤其是與底層民眾接觸最密切的人。他可說是我們所看到的那種勞工階級的典型。他的詩，固非吟風弄月之作，也非玩弄文字遊戲。在他的筆下所流露出來的，乃是熱淚與血汗的結晶。他的很多詩，每每令人讀來不勝唏噓。如果說，詩是反映時代的一面鏡子，那麼，從王學忠的詩裡，一定可以讓人看到他所生活的這個時代中的種種切切。

　　王學忠寫詩的時間不是很長，但是作品卻不少。據說已有幾千首之多，經各出版社出版發行的集子也有好幾部。每次書出，都廣獲各方好評。最近，我拜讀了由中國戲劇出版社推出申身選編、楊虔翻譯的中英對照《王學忠詩稿》。因為這是從他過去所出版的多部詩集中挑選出來的，可說是精華盡在其中，每篇都讓人讀來深為感動，值得一讀再讀。名詩人雁翼在其序文裡說：「王學忠這個人，

他不是用筆用墨水用紙寫詩的，而是用生命種詩的。他的詩，便是他生命的拓片，可以從他的詩作品中看到他的血氣、他的淚光、他的骨影、他的魂魄。」的是深中肯綮，我有同感。

　　茲以〈因為我是詩人〉一詩為例，擇錄一、二節就可看出其「血氣」是多麼凜然，可敬可佩。

　　　　當惡狗咬得鮮血淋淋／你可以說不會留下傷痕／忍受了十年囚徒的冤屈／你可以說不會產生悲憤／不過，我不能這樣／因為我是詩人

　　　　當「公僕」以人民的名義／甩著響鞭把大車小車的白銀／運進自己的家門／你依然可以高唱頌歌／怪馬兒跑得太慢／嫌車兒走得不穩／不過，我不能這樣／因為我是詩人

再讀〈小屋〉一詩，可看出詩人在面對冷酷的現實時，眼中所流露的「淚光」，何其令人惻然。

　　　　　一

　　　　床腿兒上／拴著／一張書桌／一疊稿紙／一串疲憊的嘆息

　　　　　二

　　　　茶是涼的／杯是涼的／牆壁也是涼的／冷酷的季節／唯有心是熱的

　　　　　三

　　　　淚珠溢出眼帘／滴在心上／心兒便痛了／孤獨

的小屋／是痛苦的無奈……

詩人在現實生活裡，也許什麼都沒有，既無財富，又無權勢，但是卻有一般人少有的骨氣。請看〈遭遺棄的日子〉這首詩裡所呈現的一種鐵錚錚漢子的形象：

一群下崗的弟兄／猶如斷了線的風箏／聚一起／抱頭嘆氣唉聲／渾身的力是痛苦的無奈／無奈是昨夜的西風

這刻不知下刻的命／絕望是心頭的鞭影／若囚籠的雄獅／向著天空悲鳴

火燃燒於胸／血淌在黃昏、黎明／有無眼淚皆無用／國家主人的稱謂／已是遙遠的夢／夢是驚悸中心音的顫動

獨守茅屋的日子／回首往事覺得好痛／猶如折了把兒的錘子／躺在寂寞的牆角／默默地犧牲／低賤但不卑躬

跌倒了再爬起的算條漢子／爬不起來的是孬種／一群下崗的弟兄／伴一盞快要熄滅的油燈／拳頭攢得緊緊／嘴裡一聲不吭……

好一個「低賤但不卑躬」，握緊拳頭，不吭一聲，在油燈尚未熄滅之前，絕不放棄奮鬥的「骨影」，歷歷如在眼前。

我們不但從他許多這類的詩作中，看到他的血氣、淚光、骨影，更看到象徵他那堅毅不屈，剛正不阿的「魂魄」。請看〈知了〉一詩：

不擠眉弄眼／也不唯唯諾諾／唱命運的坎坷／
生活中的平平仄仄

即使有一天／被扼脖頸，割斷喉舌／把聲音鎖
入棺槨／也要高唱自由的歌

　　古人有「詩言志」之說，並有指出「言為心聲」者。
無論言志、心聲，莫不皆為詩人作品中所要抒發的主題，
也即代表詩人的品格與精神所在。曾有某一流派的詩人，
提出反主題之謬論。殊不知詩而無主題，便可能讓人不知
所云，而淪為一種文字遊戲，則離詩遠矣。

　　綜觀王學忠的詩，不僅主題明確，表現手法亦可謂相
當老到。他運用了各種修辭技巧，如：譬喻、象徵、類疊、
白描、反諷等；而且大都意象鮮活，語言流暢；音韻亦甚
和諧，節奏自然。當然，最重要的是：他的詩絕非那些「為
藝術而藝術」論者的產物（雖然有些作品，就表現的藝術
性而言，難免還有待加強之處），而是歌民之所歌，詠民
之所詠。充分道出了人民的心聲，反映了民生的疾苦。故
有平民詩人、平民代言人的美稱。唐朝詩人白居易嘗言：
「文章合為時而著，歌詩合為事而作」，王學忠不少的詩，
如：〈中國民工〉、〈三輪車夫〉、〈詩為陌生的小妹而哭〉、
〈今年冬天不冷〉等，足可媲美白詩的〈秦中吟〉、〈賣炭
翁〉等作品。如稱他為現代白居易，應不為過。但其遭遇
處境，較諸白居易，更值得人同情；而以詩作為武器，向
醜惡的現實、殘酷的命運抗爭的精神，尤其令人敬佩。

皺紋吐心聲

—— 讀《陳墨的皺紋》

　　如果我們認同廚川白村的話：文學是苦悶的象徵，那麼，詩人應是最多皺紋的人。因為詩人的苦悶較諸其他人可能更多、更深。所謂「多愁善感」，幾乎成了詩人的特徵。

　　陳墨，這位出身理工科系，擁有多項發明專利，而縱橫商場多年的人，並無一般商人氣息，倒是饒具詩人氣質。也許在他的血管裡流的，本來就是詩人的血。雖然人在商場上打滾，他的心，或者說是他的靈魂卻始終與詩相繾綣（他也愛弄丹青，是一個有著多方面才華的人）。他在現實生活中，縱使歷盡滄桑，飽嘗辛酸，詩，永遠是他的慰藉，甚至成了他的拯救。他嘗言：如果不是詩，他不知道自己今天會在哪裡？說不定已不在這世界上了。因為他曾遭遇極大的打擊，像一個落水行將溺斃的人，是他抓住了詩這塊浮木才得以游上岸來，而未致滅頂。可見詩之於陳墨的重要性。我想：陳墨過去，固然有賴詩做了他生活的支柱，未來，不論他在科技方面，或商場上的成就如何，致力於詩的創作，才是他真正值得去追求的名山事業。

　　詩人在現實生活中的歷程，或悲或喜，或憂或樂，自然而然形成了詩人生命中一道道的皺紋，有如樹的年輪，刻畫出其成長的痕跡。陳墨在以往的那些悲歡歲月裡，並

未辜負繆斯對他的鍾愛，而以其生花妙筆，寫下了一篇又一篇展現他生命內涵的詩。現在，他將這些詩篇結集成書，額之以《陳墨的皺紋》面世。顧名思義，陳墨的這本詩集，應是他在人生旅途上一路走來的心路歷程的紀錄。他現在年齡尚屬中壯，正值春秋鼎盛，卻希望有人看到他的「皺紋」（其實，在他的額頭、臉上，我還看不出他有絲毫皺紋），我們就不妨來一窺在他的這本詩集，也就是他讓我們看的「皺紋」裡吐露了些什麼。

在本書的第一輯「異鄉與故鄉」中，我們看到一個漂泊異鄉的人（陳墨在大陸經商已有相當長的一段時間），所流露出的思親懷鄉之情，是多麼動人心弦。試讀：

流浪的路上
方言湊和的山歌
又長出了青翠的檳榔樹
柳丁樹和香蕉林
像一群熟悉的老友
來探望滿心癆傷的我

——〈思念故鄉〉

不曾離鄉背井的人，可能很難體會出平日在家鄉習見的景物是如何可愛。但在「流浪的路上」，在以「方言湊和的山歌」聲中，那些故鄉的景物，如：「青翠的檳榔樹／柳丁樹和香蕉林」，竟都搖曳生姿地一一展現眼前。作者以「又長出了」一語，強調其懷鄉之情切，而那些景物「像一群熟悉的老友／來探望滿心癆傷的我」，其「癆傷」一詞，更道出作者的懷鄉病何其深沉。

陳墨筆下的這類懷鄉之作不少，如：〈異鄉的黃昏〉、

〈故鄉的檳榔樹〉、〈著涼的相思〉、〈異鄉的西北雨〉等，字裡行間，在在都說出了他對故鄉的魂牽夢縈。至於思親之作，如「啊！母親」一詩，則把母親的養育之思，刻畫得入木三分。他說他的母親「把生命當柴火燃燒……把愛烘培一輩子」，為了他「煎熬酸苦甜辣鹹」。他感到幸福，是因母親已把它「精製成煉乳／而且保鮮期恆久」。可是，為人子者，尤其是浪跡天涯的遊子，如何報答母親的這昊天之德？作者在詩的最後一句：「啊！母親／何時才能讓您不再為我操勞」，抒發了內心深處對母恩難以為報的感嘆。而在另一首〈寫在清明前夕〉的詩中，則對已經謝世的父親表達了不盡的悼念：「聲聲呼喚／無力穿透黃泉／空留滿地懷念／／……夜半的哽咽／如對您撒嬌的變奏曲／您可聽見／／……清明之前／紛紛的夜雨把我濕透……」讀來不禁令人感動良久。

其第二輯「愛人與戀曲」中的作品，則屬情詩系列，可以看出陳墨對愛情的憧憬與追求。生而為人，鮮有太上忘情者，尤其是感情豐富的詩人，莫不渴望愛情的滋潤。而陳墨在這一輯約三十篇的情詩系列中，可說字字句句都迸發出他那有烈焰般的愛之火花，也譜下了那纏綿情深的動人戀曲。試讀：

為你寫詩／每個字眼／都噴著戀慕之泉／每段句子／都熬掉兩三個月圓／你卻用西北利亞的雪片／將我囚禁在冷酷的冬天

—— 〈愛　情〉

今夜／不安的靈魂／又在詩路上遊蕩／不解人意的秋風／卻冷笑我癡心的模樣

—— 〈心　喻〉

迷戀的烈焰╱不融綿綿的冰箱╱先把方寸燒成
焦土╱杏花村的醇酒╱不解濃濃的情愁╱卻把
神智弄成呆癡

——〈心　事〉

然而丹紅杏雨夜來香╱怎能治療我的瘍傷╱你
是知道的╱我的心啊，我的心╱已因你冷熱無
常╱病入膏肓

——〈你是知道的〉

從以上這些詩句，我們不難體會到陳墨在愛情方面的
執著、癡迷，即使被「囚禁在冷酷的冬天」，且已「病入
膏肓」，他在〈石磨心頭〉一詩中卻仍然說：將把「咀嚼
孤單寂寞」，視為「養生的秘方」。愛情，愛情，那「教人
生死相許」的愛情，陳墨的詩篇是最好的印證。

本書的第三輯作品「故事與歲月」，內涵既廣且深，
有對人生的感悟，也有對世事的感傷；有對生命的謳歌，
也有對命運的慨嘆。試讀以下詩句，殊堪發人深省：

在這文化滯銷的國度╱揮霍一下廉價的墨脂╱
何嘗不是一件生活雅事╱雖然依舊清苦度日

——〈想要寫詩〉

還有什麼值得逗留╱背後熊熊烈火╱是紅唇族
塗染的夜色╱沸沸揚揚的呢╱不過是食人族在
杯觥交錯

— 〈都會閱歷〉

看吧／雖然春寒料峭／生命的碼頭／我又興沖
沖的待發／無關流年八字／無關黃道吉日／揚
帆／一顆滾燙的心／就是溫暖／就是羅盤

— 〈船　長〉

默默抿緊雙唇／把欲吐不能的吶喊／凝固成藐
視自己的新詞／在命運的軌道上／無奈的留下
憤怒

— 〈日　子〉

綜觀《陳墨的皺紋》這本詩集，可見其「皺紋」中所
顯示的生活之一斑。其中作品大都為抒情之作。而抒情詩
乃詩的正宗，最能表現詩人的本色。陳墨的這些作品，率
皆出自真摯的情感，並非無病呻吟。因此，其中不少篇章，
讓人讀來深為感動。雖然部分作品的表現技巧，不無再加
推敲的必要。但其語言平易活脫，筆調自然流暢，可說是
其作品的特色，也是最為可取之處。

逆時光而行的人

—— 讀一信的詩有感

一信兄與我同庚，都是已屆耄耋之年的人。但在他的詩裡，依然煥發著青春的氣息，充滿了年輕人的奇思異想，沒有一般老年人的感慨，遲暮的感傷。讀他的詩，恍如血管裡注入了一股沸騰的血，頓感全身熱了起來，不像一般的詩，讀來一無所感。

我接觸一信兄的詩較晚。他早年發表及出版的作品，我都無緣拜讀。直到民國七十九年，他的第三本詩集《牧野的漢子》問世，始有機會得以拜讀（據他後來的年表記載：他的第一本詩《夜快車》出版時，我才剛從詩的路上起步，還在摸索中，不知該怎麼走，他卻已在詩的道路上快速前進）。不久，便陸續讀到他一冊又一冊的新著。對其詩之造詣及所獲致的成就，至表欽遲。

我最早讀到一信兄的詩，已將近三十年了，以管窺豹，在他的這冊第三本詩集《牧野的漢子》裡，即可得見他寫詩的才情之一斑。如：

「我是牧野的漢子
　山巔守歲月
　海上採浪花
　揚臂傲立　放聲呼嘯

花之上
雲之上
放誕之上

　　真是豪情萬丈，孤傲不亞於詩仙李白。詩人的詩，要寫得如此率真，令人動容，方無愧於詩人的令名。

　　請再讀他於民國八十五年出版的《婚姻有哭有笑有車子》中之代序〈浴火詩人〉：

詩焚你　你
眼睛與烈陽同炙與大風俱揚
語言狂飆
火舌吞噬文字

每個字入一朵烈焰
若著火刺蝟　在心中翻滾
也騰昇　衝成火鳥
延燒天空星群狂奔　吶喊
太陽月亮暗了又明　明了又暗
在焚火的詩句裡跳躍

你
被焚成如舍利子般的
一個字　一顆珠采
串連起來之一圈璣骨

也成千年後

一捧花朵化石　　或明日
一縷青煙

　　如果要在一個詩人的作品中，找到一首既足以代表其
作品的風格，也能見出其詩人的特色的，在當今台灣詩壇
上似乎還不多見。而一信兄的這首可說是「夫子自道」的
詩，可看出其人其詩活脫脫呈現於讀者眼前。試看「眼睛
與烈陽同炙與大風俱揚」不就是有著剛烈性格的一信兄的
寫真版嗎？至於其「語言狂飆……每個字……若著火刺
蝟……」不就是他那獨步詩壇，別具一格的詩嗎？我很羨
慕，也很佩服他的此一風格，雖想邯鄲學步，駑駘如我，
卻怎麼也學不來，徒然望而興歎。

　　現在請再讀他的《愛情像風也像雨》中的〈摟風而舞〉
的末段：

風摟我，我飛揚
我摟風，風飛揚
相互摟著，一起飛揚
如今都憩息於
詩　酒　夕陽

　　其詩中「摟」字，用得妙極。你我都可能曾經被風「摟」
過，卻很少人像詩人一信兄有著與風「互摟」的經驗吧。
全詩很長，我僅錄其末段，是因這短短的一段詩，已概括
了其少年時的輕狂，青年時的放聲吟嘯，老年的蒼茫。如
今只有「詩　酒　夕陽」最是令人沈湎。

　　現在，請讀他於二○○一年十二月出版的《一隻鳥在
想方向》中的〈岸〉：

…………

而我
一首詩是一處岸
讓我進入一片心靈的故鄉
…………

　　俗語說:「苦海無邊」。人生如果是苦海,芸芸眾生,
找到岸的有幾人?而詩人一信兄,卻告訴我們:他已找到
了岸。詩就是他所找到的岸,也是他「心靈的故鄉」。但
願所有愛詩的朋友,都能如詩人一信兄,所要找的,既非
名,也非利,更非其他的不當企圖。則詩壇幸矣,讓我們
可以讀到更多更好的詩。

　　最後,請讀他的〈老了真好〉:

飆過風,……
談過情,……
………

如今　自豪於
一身傲骨　兩袖清風
………

任皺紋在臉上開花
任老人斑在額頰身臂結實
而我朗笑在夕陽下
………

深感　能夠老　真好
·········

　　一般人都會「老來徒傷悲」或怕老，而詩人一信兄卻說：「能夠老，真好」。這使我想到一位老藝人孫越先生（將近九十高齡）所強調的「老是一種福氣」（意即有的人活不到老這個階段就已不見了）的說法，異曲同工。詩人一信兄是一個不怕老的人，而且老而彌堅，老得愈來愈漂亮，愈來愈瀟灑。他是一個在夕陽下朗笑的人，而敢於向時間老人挑戰，逆時光而行的人。望著他朗笑在夕陽下的背影，不禁讓我打心坎裡深深讚賞。

　　詩人一信兄的創作豐富，佳作不勝枚舉。許多著名的詩評家，都曾予以高度的評價。我因筆拙，只就我所拜讀過的每本詩集中，信手拈來一篇或一小段，略述我的一點管見。唯恐有失言不當之處，尚祈海涵見諒。

值得欣賞的《雕像》

很早以前，就風聞劉小梅的大名了。不過，那時候只知道她是一位很有名的廣播節目主持人。後來在書店裡，瀏覽了她寫的幾本散文集，覺得別有風味。最近發現她也寫詩，而且寫得真好。她的這種多方面才華的展現，正如白靈先生在她的這本新著《雕像》詩集序文中所說的，她就像川戲裡表演變臉的人。而且變得那麼出神入化。尤其是她的詩，更展現了她與眾不同的獨特風格。雖然她是位女詩人，可是在她的作品中卻很少脂粉氣。她的詩，有別於一般女詩人的溫柔婉約，而大都柔中帶剛，甚至很多作品是帶刺的。有的可能會叫人痛，有的會令人癢，還有叫人又痛又癢的。讓人讀來妙趣橫生，而不禁拍案叫絕。這類作品很多，限於篇幅，只舉一則。例如其組詩＜戲說書房之十八＞，諷刺那些只求一時慾望的滿足，而不知節制，後來卻又不惜代價，以求形象的改善。她說：

> 屈原大夫／人們都祭您以粽／過端午／記得您最重形象／節制點／否則還得去減肥／時價／一斤肉／八千新台幣

現代的人很少讀詩，原因很多，其中之一，不是有些詩平淡如水，讀來乏味，就是有的如丈二金剛，叫人摸不著頭腦，不知所云。劉小梅的詩，卻沒有這種毛病。不但

言之有物，內容充實，而且意象生動，語言鮮活，讓人讀來，回味無窮。當然，如果硬要吹毛求疵，她的作品也並非完全沒有缺點（即使某些大師級的作品，也在所難免），有的似乎還須再加琢磨。不過，瑕不掩瑜，這本《雕像》集中，的確有很多值得大家欣賞的好詩。至於究竟好在哪裡，還是請各位讀者自己去領略吧。

擁抱孤獨　　以詩

── 彭小梅著《潮濕的星期六》讀後感

　　在台灣，甚至在中國大陸詩壇，彭小梅，可說還是一個相當陌生的名字。一個詩人在當下知名度的高低與其詩是否禁得住時間考驗，未必畫上等號。這可從以往的歷史中，不難找到可資佐證的例子。至於彭小梅，這位籍隸上海詩人的作品，究竟如何，恐非當前任何人可以論定。不過，誠如前人民文學出版社總編輯、著名翻譯家、資深詩人屠岸先生在彭小梅新著《潮濕的星期六》的序文說：「小梅的詩，看上去形式獨特……上一節末行的語氣未斷，連續於下一節的首行，形成「藕斷絲連」。西方詩中有一種「跨行」（enjambment）手法，小梅不僅「跨行」，常常是「跨節」。……」這裡「跨節」手法，雖然並非彭小梅的獨門絕活，偶而會在其他詩人作品中見到。但的確堪稱是彭小梅十分突出的表現。據我粗略估計，她在這冊《潮濕的星期六》詩集中，所收錄的詩作中，運用這種「跨節」手法的，幾乎佔了將近二分之一。也許是我孤陋寡聞，在一本詩集中，讀到大量運用此一手法者，還是頭一遭。

　　至於這種「跨節」手法的運用，其利弊得失如何，在此暫不討論，我只想就彭小梅在其詩中運用這種手法旨趣之所在，試加探討。

　　詩，是一種富有藝術性的創作。凡是藝術都有其形式

的講究。詩的形式有很多種。分行、分節為其最基本的要求。彭小梅在其詩中採用「跨節」的手法，應非徒重外在形式之表現，而是有其內在的必要性。這種由內容來決定形式的手法，不同於為形式而形式的表現流於賣弄。

彭小梅在這冊詩集中，運用「跨節」手法的篇章甚多，我不擬佔用太多篇幅，只抽樣舉其二三例，就管見所及，提出一得之愚。

作者在開篇的第一首〈守望者〉共四節，每節八行，每節的句子或長或短，大都相同，而最特出的是，每節末句，都跨於次節第一句，顯見其用意。現在請讀：

> 他守望著時間，這是他唯一的財富／生命只是
> ／脆弱軀殼；他像麥田的守望者一樣堅持／他
> 彷彿／很忠實，又彷彿漫不經心，沒有人／在
> 意他的／破草帽，沒有人在意他的破扇子／他
> 眺望／／金色的麥穗，一望無際的金色波浪／
> 麥穗使他／神彩奕奕；他沐浴在日光下，他不
> 僅／能在陽光下／選擇，也能在黑暗中固守沉
> 默／選擇什麼／由他獨自完成；……。他是／
> 人類的／／代表，他只是一個孤獨的守望者；
> 他知道／等到麥子／成熟，他就會倒在時間的
> 鐮刀下／……。他能選擇幾次，而哪一次／使
> 他成功／／或是失敗，沒有人能教給他選擇的
> 方法／不知道／破草帽轉動了幾次，不知道破
> 扇子／指向何處／……風不會傳遞著雨的消息
> ／雨不會／打濕他的脊柱，他就這樣堅持著／

任風吹雨打

　　在這首詩中，不但運用「跨節」手法，更用了不少「跨行」的句法。她之所以如此，應非任意為之，而可看出其運用跨節跨行之必要，也顯示其運用之妙。如第一節「生命只是／脆弱軀殼……」作者將原是一句很平淡的句子「生命只是脆弱軀殼」，而以跨行手法，凸顯軀殼的脆弱，便變得較原來的句子有力多了。至於跨節的運用，如第一節末句「他眺望」空出一行，將其原為賓語的「金色的麥穗」變為第二節的起句，充分表現出那種「眺望」的神情，躍然於紙上。類此以下的跨行、跨節的運用，都可看出作者用心之所在，值得讀者仔細品味。至於作者何以如此表現，前文說過，作者並非為形式而形式，而是基於內容的必要。讀畢全詩，不難體會作者在這篇作品所要表達出對人生的無奈及其孤獨感。請再讀她的〈雪〉：

　　　　多少年前的一場大雪，對於我不是誘人的／風景／我踩著一個黑色的腳印，開始尋找我的家園／我的心／在遠方……／我要離雪的／／羈絆去遠行。……／我冰封的／記憶開始滴水，沒有人理解我的困惑／……我不知道／我是誰，為什麼來到這片北方的土地上／聆聽著／／降落的聲音……雪沒有從／我的眼睛中消失，我茫然舉起手展望／未來／／……沒有人和我同行／每個人／都有自己的道路，孤獨是永恆的主題／……在深一腳／淺一腳的步行中，我將沉重的影子／留給雪

　　這首詩依然運用跨行跨節的手法，以表現其欲斷還續，耐人尋味的詩之魅力。其內容則流露出對生命的困惑與茫然。

　　從屠岸先生的序文及作者的簡介中，得知作者早年飽經憂患，身心備受煎熬。故其作品大都呈現一種灰黯的色調。如果說：詩是詩人心靈的獨白，我們便可從彭小梅的詩中，讀到她娓娓道來的心中款曲。如：

> 黑色的椅子，坐落在黑暗中，椅子一聲不吭／黑暗／布滿大廳，也布滿靜謐；椅子不會談話／和我／一起在靜謐中沉思。我提出問題，這看不見的／問題消失在空氣中，彷彿誰都不知道／我的存在／／每天擦拭椅子的把手，彷彿為死亡／化妝／……沒有人拉開窗簾，璀璨的陽光和花朵／不屬於／／椅子。椅子坐落在黑暗中，時間／定格在／靜謐中……／椅子永遠跨不出門檻，如同我／跨不出／悒鬱……。〈與椅子對話〉

　　在這首詩中，蘊藏了多少詩人苦悶、絕望的心情。詩人運用象徵手法，將椅子擬人化。題目是〈與椅子對話〉，實際上則是詩人自言自語在與自己對話。在這冊詩集中，孤獨是作者用得最多的詞彙。可以說：孤獨是這冊詩集的主旋律。這也讓我想到作者之所以用《潮濕的星期六》作為這冊詩集的書名之用意了。

　　星期六，一般通稱為周末，是讓人暫時放下工作，或去歌廳舞榭尋歡作樂；或去遊山玩水，以紓壓解憂的假

日。詩人彭小梅則是傷心人別有懷抱，而以詩為其情感的出口。讓讀者從其詩中，領略到她那潮濕般的心情。也許會使「同病相憐」者，感到心有戚戚焉。

爲歷史人物塑像的高手

　　歷史是人類生活的記錄，所記者，無非是人與事。而人更是所有歷史的中心，也可說是歷史的締造者。任何歷史，如果將有關人的部分抽離，便會失去意義。實在說來，所謂歷史，就是人的故事。不過，這種史實性的故事與小說中的故事，並非同一血緣，前者應屬真人真事的記載（也可能人名百分百旳真，而事則不盡然），後者大都為作者所虛構（即便是那些歷史小說或寫實小說，其情節也是出於作者想像的多）。這也許就是《三國志》之列為正史，而《三國演義》卻視為小說的理由吧！

　　歷史與小說，固然不同，而同一個歷史故事或歷史人物，由不同的人來表述，給人的感受也可能迥然有別。一般史書或傳記，大都平鋪直敍，往往令人覺得枯燥乏味。如果是從事學術研究的學者，當然要埋頭鑽研，但是一般讀者卻可能敬而遠之，沒有興趣涉獵了。如何將那些「俱往矣」的歷史人物，使其「活靈活現」地浮現於讀者眼前，非得一支匠心獨運的生花妙筆不可。

　　我很高興，也感到非常榮幸，在三十年前就認識了韓廷一教授（那時他還在讀研究所吧）。雖然我們交往並不密切，別後也沒有聯繫，但是畢竟有緣，而且是緣起不滅。一天，我去逛書店，在一本雜誌上，讀到他寫的訪問古人的文章，亦莊亦諧，趣味盎然，不禁頓興停雲之思。說來

也真巧，不久，我們竟在街頭不期而遇。話過別情，當即約好第二天，我把草創伊始的《乾坤》詩刊，拿去獻醜，請他指教。並希望他能捧場，為《乾坤》寫稿。也許是出於對老朋友的一片錯愛之情，他看了竟大表讚揚，而且允諾將有關古代詩人訪談的文章，交予《乾坤》轉載。後來更放棄了在某大刊物首發的稿費，專為沒有稿酬的《乾坤》撰稿。不僅如此，還蒙他慷慨解囊，予以大力支持，成為《乾坤》的榮譽贊助人。這種古道熱腸的情義，委實令人感動，也讓我衷心感激不已。

這本書中有關詩人部分的作品，都曾在《乾坤》發表過，許多人讀後，咸表讚賞。可說是最受歡迎，叫好又叫座的一個專欄。有讀者表示：韓教授的文章實在夠味，他就是為了讀韓教授的文章而訂閱《乾坤》的。還有讀者希望韓教授能繼續以這種生動、獨到的手法，多寫一些古代詩人或文學家的故事，以後結集出書，將成為別具一格的另類文學史或文學家傳記。實則，韓教授前此已把在某雜誌所發表的這類文章，結集出版了兩冊。一為《挑戰歷史》，一為《顛覆歷史》，都冠有副標題「超時空人物訪談」。其內容不限於文學家，而涵蓋了歷史上的許多先聖先賢，以及帝王豪傑。這冊《八卦歷史》仍一本他慣有的風格，以其亦莊亦諧的筆調，將那些歷史人物，作「另類的逆向思考」（見《挑戰歷史》自序），而顯示他別具隻眼的獨特看法。尤其他善用借古諷今的手法，對當今社會、政壇上的一些不良現象，加以針砭。其入木三分之處，簡直令人拍案叫絕，堪稱為歷史人物塑像的高手。

韓教授雖然是政治學博士，但他對歷史的研究，在文學方面的造詣，絕不亞於那些專業的歷史學家與文學家，而且他還是一位卓越的教育家。從小學、中學到大學，接

受他教誨的學生，可能早已超過孔門三千。更難得的是他教導子女有方，一門數傑，備受鄰里推崇，因而榮獲當選為模範父親，受到政府表揚。韓教授之成就多矣，豈止是他在著書立說方面的特出表現，實在令人不勝景仰。

有容乃大　衆美並呈

—— 我看《中華新詩選》與《中華新詩選粹》

　　中華民國新詩學會自民國五十六年成立至今，三十餘年來，曾舉辦過無數活動，對我國詩運的推展，可說是貢獻良多。而那許許多多的活動，有的可能隨著時間的逝去，已漸漸被人們淡忘，如果有什麼足以流傳久遠，能為後人保留其具體見證者，當推所出版的兩冊詩選集。一冊為民國八十五年三月間推出的《中華新詩選》，另一冊為民國八十七年六月出版的《中華新詩選粹》。前者收錄詩人一百一十五家，篇幅厚達四百三十餘頁；後者入選詩人一百二十九家，作品三百餘篇。這兩冊詩選的主編，都由新詩學會的秘書長綠蒂與常務理事一信兩位先生擔任，而實際負責稿件的選編、校對等工作，則由一信先生包辦。在短短的兩年內能編選出這麼厚厚的兩大冊作品，其辛勞可以想見，當然，其功亦不可沒。

　　大凡各種選集的編纂，素來就難有絕對客觀的標準，因為每個人的審美觀點不同，對作品的取捨，自然會有出入。甲編者所欣賞的，不見得為乙認同；丙所不屑一顧者，丁則視若拱璧。故欲求一在各方面都能盡如人意之選集，殊為不易。至於那些心存偏見，甚至黨同伐異者所編選的集子，當然更會失之公允，而招致非議，也往往令人難免對其主編者之心態與器識生疑。而這種選集中的作品，含

金度究竟如何？有多少能禁得起時間的考驗？恐都不無疑問。現在坊間出版的詩選集，不可謂不多，惜乎不失之偏頗者卻鳳毛麟角。

在眾多各以其不同的角度與立場而選稿編印的詩選集中，非常難得可貴的是：由中華民國新詩學會所策畫編選的這兩冊詩選集，可說是採取了一種廣角度，十分公正的立場來從事的。從這兩冊詩選中，可以看出主編者毫無門戶之見，而容納了各種不同風貌的作品。其中保持一貫穩健的風格者有之，但也不乏具有前衛的表現手法者。因其所採取的原則是：「不拘派別，不問風格，更不涉意識形態、政治主張，也不管作者年齡老少與寫作年月長短，只要是好詩就選入。」（見《中華新詩選粹》後記）此一態度非常正確，足以顯示其有容乃大之胸襟。因而這兩冊詩選集中的作品，除極少數詩人由於有關手續問題（而非編者成見），未能編入外，當今詩壇的老將新秀，幾乎「一網打盡」，所有精英作品均薈萃於斯。無疑，新詩學會的這兩冊詩選集，涵蓋面之廣，選稿之客觀，較諸其他詩選，自然顯得完善多了。而其中作品的含金度之高，較諸其他詩選，也絕不遜色；甚至較某些詩選中的作品，只有過之而無不及，堪稱所有詩選中最具代表性者。因《中華新詩選》所選作品並不限於具有新詩學會會籍者，故凡當代所有重要詩人的作品，大都收錄其中；後來出版的《中華新詩選粹》雖以新詩學會會員主要邀稿對象，其他具有一定水準，以及若干新生代的優秀作品，也都一視同仁加以編入。因此，翻閱這兩冊詩選集，有如進入百花園中，可以欣賞到各種不同的奇花異卉。固然有明朗健康，清新可喜之作；也有必須細加咀嚼，方能領略其意味的佳構。其中有不少為讀者爭相傳誦的抒情名篇，也有若干反映社會現

實生活，為這時代存證的力作。出自詩壇老手者，固已爐火純青，後起之秀的表現，也都相當出色。從這兩冊詩選集中，可以看出我國詩壇的老幹新枝，相互輝映的一片生意盎然的景象。

當然，世界上的事物，鮮有真正盡善盡美者，若要吹毛求疵，新詩學會的這兩冊詩選集，也不無尚須改進之處。如入選作品的篩檢，似乎還可再嚴謹一點，宜重質不重量。凡選入作者的作品，不一定要多，即使僅僅一篇，若真正具有價值，足以傳世，也勝似充數濫竽，無負於繆斯；而深獲讀者好評的作品，應不憚手續之煩，設法予以蒐羅，盡量避免遺珠之憾。還有一點，想提供以後主編者參考，如能依作品的內容分類編輯，以便讀者「按圖索驥」，是否會好一點？另外，校對方面，雖然很難做到萬無一失，而這兩冊詩選中的錯別字，較諸一般詩刊、詩（選）集，已是少之又少，但仍有一些明顯訛誤而未校正者，如《中華新詩選》中的一四五頁下欄倒數第六行末「饑餓」的「饑」字乃「飢」之誤，二一七頁第四段第一句「萬頭攢動」的「攢」字乃「鑽」之誤，三一七頁題目＜銀髮單身非貴族＞的副題「我們也年青過」的「青」字乃「輕」之誤，三六五頁倒數第三行「搆築」的「搆」字乃「構」之誤等。再如《中華新詩選粹》中九三頁第二行「跋跊」的「跊」字為「涉」之誤，二〇三頁第十一行「降謫於床第……」的「第」字為「笫」之誤，三〇二頁下欄第四行「祇隱於……」的「祇」字為「衹」之誤，三六二下欄題目＜遣懷＞變奏曲的「遣」字為「遣」之誤等。這些錯誤，有的可能是作者筆誤（假若是，編者亦有校正的責任）；有的可能是手民誤植，校對時疏忽了。這點小疵，雖然無關宏旨，能夠避免，當然最好。不過，這兩冊詩選的編校

工作，限於人手，完全由一個人在做，而且又有時限性，忙中有錯，自然難免，也就並非不可諒解了。

　　新詩學會是所有現代詩人的航站，既有為詩人服務的功能，也肩負促進詩壇繁榮的使命。過去已有不少貢獻，但願在未來的日子裡，能更發揮其作用，除經常舉辦各種活動，例如詩歌朗誦、研討會等，並利用電子媒體，傳播會員的作品，推動詩走入家庭，進軍社會各個階層，以期淨化人心，改善社會風氣，達到弘揚詩教的目的。而出版足以代表一時之選的詩選集，則是最富意義的一種工作，因為所有詩的活動，都是源於詩人的創作，而彙整出版所有詩人精心之作的詩選集，不但是給當前讀者的一種獻禮，也將成為我們民族文化的遺產之一；當然，更是新詩學會工作的一項具體成果。希望新詩學會能與時俱進，今後會繼續有新的選集問世，而主其事的編者，仍能一本以往的精神，不存偏見，不拘一格，充分表現有容乃大的胸襟，力求眾美並呈；如此不僅可以促進詩壇和諧，消除不必要的紛爭，亦將有利於詩運的推展，而對社會有所裨益；也唯有如此，詩人也好，新詩學會也好，才不致失去存在的價值。

枝繁葉茂　園中長春

六月二日下午，剛結束了「偷得浮生數日閒」的旅遊活動，返抵家中，便接到金筑兄的電話，要我為《葡萄園》創刊卅五週年寫點東西。雖然我以種種事由來推辭，他卻一再強調我既是《葡萄園》詩刊的創辦人之一，而且刊名還是我取的，關係這麼密切，非寫不行。想不到他趕鴨子上架，我只得唯命是從了。

可是，我卻一時不知道該寫些什麼？又打哪裡寫起？只有去時光隧道中，看看能不能捕捉到當初《葡萄園》草創時的一鱗半爪。

大概是一九六二年五月間的一個星期日，我們幾個志同道合的朋友，相約在台北市寶慶路，當時的國防部福利社，討論創辦一份詩刊，來為我們的理想奮鬥。那天除了討論有關人事安排、經費的籌措，以及刊期、刊物的版型等，自然也討論刊物的名稱。開始時，先由大家各人提一個名稱，然後表決。記得有人提「長橋」，有人提「彩虹」等等，不一而足。表決結果，以我提的《葡萄園》獲得多數認同定案。

我之所以提出《葡萄園》的理由，一則是我認為寫詩有點像葡萄成長的過程，初期也許難免生澀，待成熟後，便變得十分甜美可口；再則是葡萄的外型圓潤光澤，又富營養，因此，希望《葡萄園》詩刊的作品，像葡萄一樣，

不但形式完美，且都有充實的內容；同時，葡萄也是人人都能享受，相當平民化的一種水果，以之作為詩刊的名稱，象徵其風格的平易明朗，能為廣大的讀者所接受（當時正值詩壇上晦澀之風瀰漫，一般讀者對現代詩採排斥的態度，我們為扭轉歪風，特提倡明朗化）。觀乎三十多年來，這麼長的一段時間的考驗，《葡萄園》之能在我國詩壇上屹立不搖，而且有相當重要的貢獻，未嘗不是由於所秉持的風格，數十年來，一以貫之，而建立了良好的口碑。

三十多年來的《葡萄園》，由草創時薄薄的數十頁，擴充到現在厚厚一百多頁，篇幅增加了好幾倍；作品的水準也不斷提高；紙張、印刷以及編排等，較諸往日更為精美。作者羣，早已遍及兩岸三地，並常有來自世界其他地區的作品。至於讀者方面，近來每期公佈的贊助名單，看出所受到支持程度之高。而同仁方面，雖然部分老將星散，因不時有生力軍加入，始終保持著堅強的陣容。尤其難得的是，在一些老牌詩刊中，《葡萄園》很少脫期，並且在慶祝創刊二十週年與三十週年紀念時，先後出版了頗具份量的兩冊選集。今年慶祝卅五週年，更是一口氣出版了自創刊號至一三四期為止的《葡萄園目錄》、《葡萄園詩論》《葡萄園小詩》等三大冊，還舉辦「面向二十一世紀華文詩歌學術研討會」。這在我國詩壇上，特別是一份民間刊物來講，是前所未有的壯舉。三十多年來，《葡萄園》所努力奮鬥的這些有形無形的成就及其所產生的影響，都將成為對我國詩壇不可磨滅的貢獻。

我雖曾參與《葡萄園》的籌備工作，忝為創辦人之一，但後來脫隊，做了逃兵，感到十分慚愧；不過，看到《葡萄園》一天天地茁壯繁榮，私心仍覺與有榮焉，感到非常高興。值此卅五週年，謹獻上我虔誠的祝福：願《葡萄園》果實纍纍，與日俱增；枝繁葉茂，園中長春。

理想詩刊的作法

　　宇宙的誕生有兩種說法：一是上帝創造，一是偶然形成；孰是孰非，迄無定論。不過，這世界上許多事物的出現，如果說都是出於偶然，恐未必盡為人信。即以《乾坤詩刊》而言，雖然我說：她是我一時心血來潮而著手辦的，似乎是偶然的產物。其實，這只是我用以自嘲的託詞。《乾坤詩刊》之問世，乃是我心中醞釀已久的一種想法的實現。任何刊物，尤其是希望能對社會產生正面影響者，必有其創刊的宗旨，並非率爾行之。《乾坤》創刊的旨趣，已在創刊號的代發刊詞〈乾坤詩刊信條〉中揭櫫其大要，我想在此再就一份理想的詩刊應有的作法略加申述，以就教大雅。

　　詩刊（或稱詩雜誌）不同於個人詩集，也非一種特定性質的詩選集，而是集眾多詩人、詩論家之創作、論評等之結合體；其中作品，因各個作者風格之不同，表現手法或所持之觀點自然不盡一致，也不應求其一致。因此，一份理想的詩刊，首先必須具有高度的包容性；也就是說：她是讓所有詩人（就我國而言，除了寫現代詩的詩人外，還包括寫古典詩詞的詩人）來展現身手，發表其作品的園地。應不分流派，不論體式，只要詩好，或具有一定程度的可讀性，當概予接納。詩人個人可以有其偏好或偏執，詩刊則不宜有所偏重或偏廢；如果這詩刊是要給所有詩的

愛好者欣賞，而向度夠廣的話。詩人如果是花，詩刊則是花園；花園裡有多種不同的花供人欣賞，詩刊當亦如是。基於此一理念，故《乾坤詩刊》中的作品，可謂兼容並蓄，既有現代詩之各種不同表現手法者，也有傳統詩詞的古體、絕句、律詩與各種詞牌的詞。同時還有肆應不同年齡層的童詩、少年詩，以及對若干青年詩人含有鼓勵性的新秀詩苑；並且把握時代脈動，設有網路詩界及近期開闢的數位詩路等專欄。《乾坤詩刊》目前也許還不能說是一份很理想的詩刊，卻絕非單一取向，拘於一格，而堪稱相當具有包容性的詩刊。

　　再則，一份理想的詩刊，不但是提供詩創作發表的園地，還必須在詩學探討方面有其貢獻。雖然所有文藝創作，貴在自出機杼，匠心獨運，而不應被理論牽著鼻子走；但除罕見的天才，一般而言，詩學理論不無促進創作內容深化，啟發作者思維的功能，甚至對一些尚在摸索中的人，有著燭照的作用。故凡具影響力的詩刊，不僅在於所刊出的創作有其相當水準，獲得讀者好評，所發表的論述，也必有其含金度高的學術價值。至於對某些作品的批評，如果是本諸客觀公正的態度，有所臧否（必須注意的是：詩刊乃詩人相互溝通的橋樑，切忌淪為彼此攻伐的戰場），既可供作者借鑑，復能給讀者參考，當也值得推出。同時為促進中外文學交流，譯介工作（尤其是中譯英）亦宜重視。其他如有關詩的隨筆，詩壇掌故之類的「休閒食品」，不妨加以點綴，以滿足讀者多樣化的口味。

　　一份理想的詩刊，除主要的內容－創作與論評等力求充實外，其他如封面、編排，以及校對、印刷等方面，也不可忽略。既是公開發行的刊物，當然讀者越多越好。這不僅是基於詩刊經營的觀點，就詩教的推展而言，詩或詩

刊的讀者愈多，所發揮淨化人心，美化社會的作用也必愈
大。而要讓讀者對一本詩刊發生好感，第一印象可能很重
要。如果沒有足以吸引讀者將詩刊拿來欣賞翻閱的「外在
美」，內容再好，也恐難以邀其垂青。現在是一切都講究
包裝的時代，雖然詩刊不應像那些有著濃厚商業氣息或娛
樂性的雜誌，打扮得花花綠綠太俗氣，但以一種具有藝術
性而富巧思美感的封面，先抓住讀者的眼睛，進而方能以
其內容抓住讀者的心。

　　理想的詩刊作法，也許不止區區所說的這幾點，而天
下事物也鮮有盡善盡美者，這篇蕪文只不過是野人獻曝，
聊供目前在辦詩刊或今後想辦詩刊的朋友一點參考而已。

　　　　　　　　《文學》人創刊號 2003.5.4

乾坤始奠路迢遙

出席「兩岸詩刊學術研討會」之報告

在百花競放的詩壇上，無計其數的詩刊中，《乾坤》詩刊還只是一株剛萌芽的小樹，不像那些創刊多年，甚至數十年歷史的老牌詩刊，有著輝煌豐碩的成果可言。對創刊才一年多的《乾坤》來說：過去，方自起跑線上跨出不久，實在談不上有什麼成就；未來，還是未知數，不敢侈言如何如何；現在，只能談一點創刊的動機與宗旨，以及經過的梗概。

一

一九九六年八月，筆者自服務了三十多年的教育單位退休後，一時心血來潮，沒有與任何人商量，便去主管機關登記，申請創辦本刊。不久，領到證照，發出邀稿函，詩友們才知道有一個傻子自跳火坑，要來辦詩刊了。

我當時的構想是，辦一種「新舊合璧」的詩刊，既不完全刊登現代（新）詩，也非一色的傳統（舊）詩。因為這兩種詩刊都已經有不少人在辦了，如果我再來辦這麼一份同樣的詩刊，不過是湊熱鬧而已，沒有什麼意義。若是在一本詩刊中，既有現代（新）詩，又有傳統（舊）詩，也許更能肆應所有愛詩者的需要。這種「綜合果汁」，雖然不能說是絕無僅有（據說過去台灣曾經有過這種詩刊，

現在大陸也有），我認為還是值得嘗試。因為這在台灣目前的眾多詩刊中，可以說是尚付缺如的品種。當然，這還只是一種表層的想法，主要的是：我覺得我國的詩自胡適先生鼓吹文學革命，倡導白話詩以來，詩壇上就形成新舊對立，壁壘分明的楚河漢界。寫現代（新）詩的人，認為傳統（舊）詩已不合時代潮流，應予推翻；而寫傳統（舊）詩的人，則對現代（新）詩嗤之以鼻，認為根本不像詩。互相攻擊，勢如水火，不知曾鬧過多少筆戰；後來雖然不了了之，但是這種新舊之間的隔閡，始終存在。無論是傳統詩人對現代（新）詩，或是現代詩人對傳統（舊）詩，依然有不少人，一如以往地加以排斥，老死不相往來。這種有如「漢賊不兩立」的情形，實在宜加化解；不然，長此下去，對我國詩運的發展，只有害而無益。

其實，我國的傳統詩詞（或稱古典詩詞）與現代新詩，只是表現的形式不同而已，就像唐裝、旗袍之與西服、洋裝的款式互異。現在雖然盛行穿西服、洋裝，但並非沒有人穿，或禁止穿唐裝、旗袍。傳統詩詞與現代新詩應該可以共存共榮，互補有無。因為詩的形式雖然不同，本質並無差異。傳統詩詞有傳統詩詞的優點，現代新詩有現代新詩的勝場，可以各領風騷，卻不一定非要你死我活不行。一味否定對方，以凸顯自己，那是政客們的醜陋行徑，並非溫柔敦厚的詩人風範，有違「道並行而不悖」的精神。而事實上，一脈相傳已數千年的傳統詩，並未因為有人反對就失傳了。不但從前許多傳統詩人的作品，至今猶經常為人傳誦，而始終在寫傳統詩詞，以及有志學寫傳統詩詞者，可能不比寫現代新詩的人少，這可從各地的傳統詩社，經常舉辦的聯吟活動，得見一斑。傳統詩詞在我們傳統文化中有其根深柢固的地位，是無法加以否定，也無從

取代的。至於現代新詩，幾十年來，雖然尚在摸索，不斷演進中，且時生風波：一方面外遭傳統詩人的攻擊，同時內有各種流派的紛爭，但也並未因此就停止了前進的腳步。許多優秀的現代詩人，鋒芒畢露；不少傑出的作品，較諸詩聖詩仙，恐亦不遑多讓。因此，我們對傳統詩詞與現代新詩，何妨本著一種不偏不倚的態度，祇問好壞，不論新舊。

　　就詩人個人而言，有的鍾情於傳統詩詞，有的熱愛現代新詩。因為各有所好，自然無可厚非；如兩者兼工，當更顯其難能可貴。但就匯集了眾多詩人作品的詩刊雜誌來說，則似宜摒除主其事者之好惡，著眼於全體詩人與讀者之需要。倘能將原本相互排斥的各種詩體，一例接納，兼容並蓄；讓傳統詩詞與現代新詩同台演出，可能會讓原來有所偏好的讀者獲得一種新的閱讀經驗，同時也可促進傳統詩人與現代詩人的接觸與認識，得以互相觀摩，彼此借鏡。而讓「傳統現代聯姻」，以化解過去對立的宿怨，不也是很值得做的事嗎？非但如此，或許還可藉著這種交流與結合，將來能共同探索出一條既為傳統詩人，也讓現代詩人都樂於走的路，產生出一種新的形式的詩體來。當然，這還得有待高明，找出傳統詩詞與現代新詩的盲點，加以突破，再進而尋求兩者的交集。希望將來產生一種新的形式的詩體，不但能表現我國詩歌藝術的特色，並且為大多數讀者所接受，讓人們不再對詩「敬而遠之」。如此，不但可以恢弘詩教，發揮詩應有的功能與價值，詩人也不再囿於小眾化的一隅，守在象牙塔中，孤芳自賞，徒令被視為高度精神文明象徵的詩，淪為次文化，以期「詩的盛唐」早日重現。庶幾原有「詩的民族」之美譽，方不致流於一種口號。則人心之淨化，社會風氣之改善，或將指日

可期。

《乾坤》詩刊創刊，並無什麼鴻圖大計，只是約略如上所述：融合新舊詩於一爐，促進詩壇和諧；致力拓展詩的新機，藉以宏揚詩教，裨益世道人心，或可視為創刊的旨趣。而《乾坤》現在尚屬草創階段，未來能否對詩壇有所貢獻，言之過早。目前，我們唯有默默將事，本著不問收穫，只問耕耘的精神，努力以赴。

二

當初，筆者申請創辦本刊時，原擬獨力經營（這是我事先未與任何人商量的原因）。後來朋友們知道了，都紛表支持，有一位更是非常熱誠地希望與我合作；為了減輕經濟上的負擔，他還表示可以找到有力人士提供財務支援。這位朋友就是本社名譽社長，也是現任古典詩詞主編林恭祖先生。幾乎同時，文壇前輩墨人先生也打來電話，對《乾坤》的創刊表示高度興趣，並且還提出他對古典詩詞方面的計劃（例如：配合本刊而成立古典詩詞研究所），十分懇切地希望與我合作，共同來為本刊的發展而努力。當時，我真感到有點兩難。因為他們二位都有意來參與古典詩詞的編務工作，不知該就誰是好。恭祖兄表示在先，理應由他來主持；而墨人先生一向是我尊敬的前輩，他的盛情又不便拒絕。後來幸蒙恭祖兄體諒，自願退出，而將古典詩詞的主編一職，禮讓與墨人先生。接著由王志濂（王牌）兄介紹，推薦了好幾位詩友，擔任社務委員，並敦請名詩人、評論家周伯乃先生出任社長；名醫、兼擅新舊詩的徐世澤先生為副社長。而在一九九六年十一月九日於台北市衡陽路的「秀苑」舉行第一次社務會議，通過本社的組織章程，並決定共同釀資，以作本刊的印刷費、郵資等

之開支。於是,「乾坤」詩刊便與其他許多詩刊一樣,也成了同仁刊物,而非筆者當初所打算唱的獨腳戲了。有了同仁們的合作,所發揮的力量自然比獨力經營來得好。「乾坤」之能有今天這樣的規模,完全是由於全體同仁合作的結果。未來自然還須賴同仁們的繼續合作,並且希望有新血輪不斷加入我們的行列,共同來為《乾坤》,也為我國詩運的推展而打拼。

經過一番積極準備,一九九七年的元旦,《乾坤》詩刊創刊號正式與讀者們見面了。也許是剛落地的娃兒,透露了一股清新的氣息,較易逗人喜愛,詩刊問世後不數日,便有許多識與不識的詩人與讀者朋友,紛紛來電或賜函,表示十分欣賞,尤其是喜愛古典詩詞的讀者,認為我們這種新舊合璧的作法,有如打通了人體的任督二脈,對我國新舊詩的統合有很大的幫助,是一件非常有意義的事。更有人將《乾坤》的出現,喻為空谷足音,推許有加。這些可能都過獎了,我們並沒有因此而自滿,深知所要達成的理想尚遠,必須繼續努力。

本刊雖然是新舊合璧的詩刊,但是並未昧於時勢,仍以現代新詩為主體。故在編輯方面,古典詩詞以不超過三分之一的篇幅為原則。可是,第二期出版後,無論是同仁或讀者,都認為古典詩詞的篇幅過多,而且在其部分論述文字中,有對現代新詩惡意詆毀者,引起不少人的非議。當我把這些反應婉轉地向墨人先生傳達時,不但未予理會,加以改進,甚而極表不悅。迨於第三期出版時,即藉詞不願再擔任古典詩詞的主編工作以求去。真沒料想到當初那麼熱心,且對筆者一再鼓勵,說要長期合作辦下去的墨老,遽爾變卦,不禁感慨系之。

墨人先生既然藉故而去,只好另請高明。於是,便與

恭祖兄商量。好在他寬大為懷，不計當初捨他而就墨人先生的前嫌，慨然答應由他來接編。恭祖兄畢業台大中文系，曾任中華詩學雜誌總編輯，不但在古典詩詞方面的造詣精湛，現代新詩也寫得很好，可說是學驗俱優。自第四期起，古典詩詞在他執掌編政後，對稿件之處理，極其慎重，所發刊的作品，無不是他精挑細選而來（如有欠妥者，則不憚其煩地加以潤飾），故深獲讀者好評，尤其是他接受筆者提議，而擘畫推出「一魚兩吃共品嘗」的專欄，讓新舊詩兼工者，得以大顯身手，更博得不少掌聲。

三

不久前，一位朋友以開玩笑的口吻問筆者：別的詩刊都有其崇尚或主張，不是奉行什麼主義，就是崇尚某種流派；有的則主張如何如何。你們《乾坤》詩刊屬於什麼派？主張什麼呢？我回答說：《乾坤》不屬於、也不崇尚任何流派；不主張什麼便是我們的主張。在本刊創刊號的代發刊詞，亦即「乾坤信條」中，首先便已聲明：我們尊重，卻也反對一切流派；然而，我們願意接納所有流派的作品，不置畛畦。我們並非軍隊，沒有人發號施令；也無須穿制服、踢正步。即以我們同仁作品而言，彼此的風格，便各異其趣（但這無礙於我們共同來為《乾坤》打拼的合作精神）。《乾坤》的園地是百花齊放的。我們希望讀者可以在其中欣賞到各種不同風貌的作品。無論是現代新詩中的浪漫主義、象徵派，或超現實主義、後現代；以及傳統詩中的古體、近體，或詞中的小令、長調等，都是我們所歡迎的。正如前文所述，我們只問好壞，不論新舊，也不管什麼流派。

《乾坤》詩刊始奠，未來要走的路還很迢遠，今後如

何發展，我們雖然並非沒有計劃，但不願太早將支票開出來，唯恐到時候跳票。目前只能說，我們將盡力而為。希望到了一個階段時，能夠稍微有點成果可以告慰所有愛護，支持本刊的讀者朋友。以我們同仁所秉持的無私奉獻的精神，相信未來對我國詩運的推展，多少會有一點貢獻；而且由於我們同仁的合作無間，《乾坤》的明天也必將比今天更好。當然，這還需要各位詩壇先進的愛護，多給我們指教支持，以匡不逮。

1998.4.6

《乾坤》創刊三週年感言

今年是公元的第二個千禧年，適值本刊創刊三周年。三年之於二千年，不過是小小的一個逗點。三年不長，卻也並非一段短時間。回首來時路，辛酸與欣慰，兼而有之。不論以往如何，但因距離我們理想的目標尚遠，還必須繼續努力。自然，也希望所有關心、愛護本刊的詩壇先進與讀者朋友們，繼續給我們指教、支持，以期《乾坤》能與日俱進。我們不敢說對詩壇會有什麼貢獻，只希望《乾坤》能成為各方讀者都喜愛的一份詩刊。

詩，在我們國家，過去原是受到相當重視的。我國第一部詩歌選集《詩經》，得與《尚書》、《易經》、《禮記》、《樂記》、《春秋》等並列為六經之一，可見其重要性。古代的知識份子，沒有不讀詩的；在文人雅士，甚至一般人的讌聚場合中，往往會以吟詩唱和來助興。可是，隨著時代、社會的演變，如今除了在學校的課本上讀過一點詩外，平常有多少人重視詩，接觸詩的？我們雖不致如某些人那麼悲觀，認為詩將亡矣，但是無可諱言，較諸往日，詩，的確是顯得沒落了。何以致此？因素固多，詩人們可能也須負一半責任。若非現代的詩人們所寫的詩，讓讀者「敬而遠之」，而能像古代詩人的作品那般「禁省、觀寺、郵堠、牆壁之上無不書，王公、妾婦、牛童、馬走之口無不道」，該是何等美好的事。而這種景象之出現，必定有

其吸引人的魅力在，或使人產生同感共鳴之處。可是，如果詩人們給讀者看到的都是些空洞無物，甚或不知所云，又如何能為社會大眾接受，更遑論重視。除此而外，詩壇的紛紛擾擾，若干詩人的拉幫結派，各擁山頭，互相攻訐，也難免影響了詩運的發展。

雖然在現代社會上，詩，似乎已快被人們遺忘，不再像過去受到重視，尤其不復像有唐一代的那種盛況；但是，寫詩的人口並不見得少。別的地方不說，以台灣而言，從「中華民國新詩學會」最近編印的會員資料來看，即多達數百人，而未加入該會的詩人，可能還不少。至於傳統（舊）詩人，較諸從事現代（新）詩寫作的，也許更多。這可從各地傳統詩社組織的普遍，經常參與各地詩社舉辦聯吟活動者之踴躍，得見一斑。然而，為什麼寫詩的人這麼多，詩卻並未受到社會大眾的重視，更談不上發揮其應有的功能，而淪為一種所謂的「小眾」文化，這應該是值得所有的詩人加以思考與探討的問題；如果詩人們不願躲在象牙塔裡，只求自我滿足的話。

《乾坤》詩刊之創刊，並未揭櫫什麼鮮明的旗幟或主張，只是希望開闢一個可以讓所有的（含現代與傳統）詩人們來發表作品的園地，以供廣大的讀者們能各就其所好者來欣賞，而分享詩人們創作的成果，呼吸到詩的芬芳。本刊之所以秉持兼容並蓄的精神，是希望促進詩壇和諧，尤其希望能讓現代與傳統詩人們藉著這一園地，得以相互交流，彼此觀摩的機會，而化解以往那種對立 互相排斥的情結，進而共同來拓展詩的新機，以期詩的盛唐重現，詩的復興時代早日來臨。

也許是我們的力量有限，努力得不夠，創刊三載以還，詩壇並未因我們的投入產生多少影響，一般讀者對詩

的冷漠依然。唯一讓我們稍感安慰的是：當初對我們採取
這種融合新舊詩於一爐的作法，表示不以為然者，已經不
再；且都體認到這是本刊的一大特色。若干寫現代（新）
詩的朋友，發現本刊的古典詩詞，並非沒有可讀者；寫傳
統（舊）詩的朋友，讀了本刊的現代（新）詩，也表示相
當欣賞。這不啻印證了我們創辦本刊宗旨的正確。而讓原
來彼此排斥者，一變而為互相欣賞，誠然是我們所樂見
的。我們希望兩者在這樣的基礎上，將來能產生更多的互
動作用，進而謀求為我國詩的發展，開闢出一條可供大家
並駕齊驅的康莊大道，邁向詩的新世紀。

　　為了本刊的持續發展，固然有賴我們原有同仁的合作
努力，更希望有志於我國詩運的推展，熱愛詩的青年朋友
們到《乾坤》來，共同參與這一園地的耕耘。《乾坤》是
完全開放的，竭誠歡迎志同道合者，來為實現我們共同的
理想而努力。

　　過去三年已矣，但願在未來的歲月中，《乾坤》能更
欣欣向榮。在此由衷感謝這三年來所有惠稿支持與熱心贊
助本刊的詩人與讀者朋友們，今後尚祈各位一本對《乾坤》
愛護的初衷，續予支持鼎助。維護《乾坤》之存在，本刊
同仁固然責無旁貸，尤盼各方雨露的霑濡灌溉；庶幾得以
滋長繁榮，為我國詩壇帶來新氣象。而這想必也是所有詩
的愛好者的希望。讓我們共同為《乾坤》祈福，在這千禧
年來臨之際。

乾坤日新又新

　　宇宙變易不居，人類創造未歇。盱衡整個世界文明的演進，變化不停，似已成為顛撲不破的鐵則。

　　《乾坤》詩刊創刊至今，無時不在謀求改進；這種改進，不但見諸詩刊內容、封面設計、內頁編排等之不斷推陳出新；在人事方面，也可看出新陳代謝之不時變異。這種變異，或有其主客觀因素，也是無可避免的必然趨勢。我們若了解整個世界的演變莫不如此，作為詩刊之一的《乾坤》，豈獨不然。

　　變，是一切事物的本質，宇宙中大概沒有什麼是永遠不變的。不過，無論如何變化，必仍有其不變者在。所謂「萬變不離其宗」，變的也許只是外在的風貌，不變的是基本精神。就《乾坤》詩刊而言，無論編輯方式，以及有關人事等，雖然時有變易，但其創刊宗旨，則未嘗或變，依然秉持既定原則，一以貫之。

　　《乾坤》詩刊的創刊宗旨，主要的是為促進現代新詩與古典詩詞作者之互動融合。化解以往彼此對立，相互排斥之褊狹心態。期能本諸「道並行而不悖」的精神，以謀我國詩壇之繁榮，詩教之推展。至於其做法，除做到新舊合璧，讓現代新詩與古典詩詞同台演出之外，並致力於使《乾坤》成為每一個家庭中的成員都可以分享其閱讀樂趣的詩刊。因而力求內容多元化，以肆應各個層面讀者的需

要。故除一般詩創作、詩學理論、詩評、詩話等外，還設立有兒童詩、少年詩、網路詩及中外譯介等多項欄目。我們希望《乾坤》中的作品，不但涵蓋古今中外，讀者也老少咸宜。過去我們在這方面的努力也許還不夠，距離理想的目標尚遠，有待今後繼續努力。而且希望不僅將詩刊辦得更好，並藉著各種活動的舉辦，加強詩教之推展。

《乾坤》詩刊創刊以來，除了編務不時革新，人事方面也更替頻頻。現在更自總其事之發行人、總編輯面至企劃主編、執行主編等，都有了煥然一新的部署。筆者由創刊時期之「校長兼撞鐘」，馴至今天完全卸卻仔肩，而將發行人一職交與林煥彰先生接任。這固然是筆者有感於年老力疲，尤須照顧病妻，已無多餘心力再為《乾坤》效勞；同時基於求新求變，此番人事大變動，也無非是為了冀期《乾坤》未來能有更好的發展。筆者與煥彰先生相識四十餘載，深知其才能卓越，無論在詩創作上之成就，以及編輯經驗的豐富，都可說是有口皆碑。相信今後在他的精心擘畫，及其組成之精銳編輯團隊的努力下，必將使《乾坤》變得更為出色，而邁向一嶄新的境界。當然，《乾坤》未來的發展，並非僅恃一二人之力可以竟事，尚賴有志一同的全體同仁勠力合作，更需要各位詩人朋友與讀者的鼎力支持。但願在所有愛詩人的愛護關注下，《乾坤》能日新又新，不斷力求精進。庶幾對我國詩壇有所貢獻，方不致失其存在的意義與價值。人生有限，世事多變。一個人如果在有限的歲月裡，能與志同道合者為求得共同理想的達成而克盡綿力，應該是很有意義的事。

《乾坤》為我們同仁的理想之所繫，非但值得珍惜，更應努力求其持續發展。不論在發展的過程中，會有如何變更，只要一本初衷，朝著既定方向前進，必能經百變而不墜，歷恆久而常新。每一個乾坤人，都該有這樣的信心。

十年滄桑話乾坤

　　十年，在歷史的長河裡，不過是涓埃一滴，但在台灣詩壇，一本同仁詩刊，能撐過十年，委實不易。有幾本老牌詩刊，如：已逾半世紀的《創世紀》，以及歷時四十餘載的《葡萄園》、《笠》，三十多年的《秋水》等，能一直維持出刊而不墜，更是難能可貴。較諸這些前輩詩刊，創刊才滿十年的《乾坤》，還只是一株小樹苗而已，談不上對詩壇有什麼貢獻，也沒有什麼成果可言。不過，回首來時路，倒也不無滄桑之感。

　　《乾坤》詩刊與其他許多詩刊不同的一點，或者說是最大的特色，即：採取新舊合璧，也就是融合現代新詩與古典詩詞於一體。記得當初，筆者提出這種構想時，有些現代詩的朋友，不以為然，認為古典詩詞已經是不合時代潮流的產物，若還要提供園地來發表這類作品，無異是開倒車。但我之堅持這麼做，主要的是：基於在我國文學傳統中，古典詩詞有其極具代表性的地位，值得尊重傳承；同時，據我觀察，無論在台灣或大陸，以及海外華人地區，從事古典詩詞寫作與研習的人不在少數。對於這些古典詩詞的愛好者，沒有忽視的理由。詩人個人可以有其偏好，作為一本詩刊雜誌，最好要有兼容並蓄，海納百川的精神，讓所有詩人都有一展身手的機會。再者，由於過去新舊之爭，而相互排斥攻訐，不免有傷詩壇和諧，有礙詩壇

發展，《乾坤》願來化解這種彼此對立的宿怨，而提供園地，讓其同台演出，以資相互觀摩借鏡，應該沒有什麼不好。讓我們感到欣慰的是：自創刊號推出後，各方的反應，出乎意料地備受歡迎。現在，非但不再耳聞「開倒車」之說，而且在我們曾經舉辦的幾次活動中，看到新舊詩人齊聚一堂的融洽畫面，實為我們所樂見。

如今一轉眼，十年過去了。在這段不算長，也不算短的期間，我們一路走來並不輕鬆。篳路藍縷固不待言，風風雨雨亦所難免。別的不談，即以同仁的進進出出來看，可以說是變動頻仍。同仁詩刊完全是一種道義的結合，沒有任何的約束，來去一任自由。而凡參與詩刊組織的同仁，大都只有盡義務（負擔詩刊的印刷費用，所有的同仁詩刊，大概莫不如是），並無什麼權利可享。若非具有高度的熱忱，很難一本初衷，不改其態度。《乾坤》詩刊創刊以來，除了讀者與詩友們的愛護支持，予以贊助、訂閱外，若干同仁的合作無間與甘願付出的精神，應屬得以維繫至今，並持續發展的主要因素。至於在已過的這十年期間，本刊是如何一步一腳印走過來的，可從〈乾坤創刊十年紀要〉中（見本期第184頁）略見一斑，在此就不贅述了。

不久前，我們在舉辦第三期「乾坤詩生活講座」時，有位來賓問及：「詩人寫詩的動機與詩刊出版的目的是什麼？」這個問題很有意義，尤其是：「詩刊出版的目的是什麼？」誠乃「大哉問」。當時已由擔任講席的兩位詩人，也是詩刊主編加以說明。限於篇幅，在此不擬多談，只想簡單地補充一點：出版詩刊的目的，並非只是為了滿足某些人的發表慾，或以之為聲應氣求、相互取暖的工具。而應該是有助於詩教的推展，以謀人心的淨化，社會風氣的

改善。《乾坤》詩刊的出版，即本此原則，不但在靜態方面，力求詩刊內容的改進，以肆應各個層面讀者的需要，並在動態方面，盡可能舉辦各種活動，以期將詩推展到民眾生活中去。不過，我們的力量畢竟有限，過去固然做得不夠，未來還懇盼各位詩壇先進，所有愛詩的朋友多予指教支持。並希望有更多的志同道合者，加入《乾坤》行列，為謀我國詩運的振興，詩壇的繁榮而共同努力。

　　近年來，筆者因個人的各種因素，業已卸卻仔肩，不克再如以往為《乾坤》多所效勞。好在接我棒的林煥彰先生，在各方面都有十分卓越的表現，相信在他精心而富有創意的擘畫與所領導的優秀青年編輯團隊的努力下，必能讓《乾坤》日益精進，邁向第二個十年的光輝前程。

雙十年華乾坤夢

世界上沒有人不作夢。雖然古有「至人無夢」之說，但即使聖如孔子，也有夢見周公時。每個人的夢或不同，卻不會沒有夢。人類的文明可說是都來自於夢的結晶。如果沒有愛迪生懷有比蠟燭、煤油燈更好的夢，便不可能有電燈的發明；沒有萊特兄弟突發奇想，希望能像鳥兒在空中飛行的夢，不可能有飛機的產生。雖然不見得每個人都能實現自己的夢想，但若沒有夢，可能就沒有追求進步的動力。是夢促進了世界的發展，繁榮了人類的文明。

《乾坤》詩刊創刊於一九九七年，至今已屆滿二十年。如果這份刊物不僅希望能繼續維持下去，而且還能略盡棉薄，以促進我國詩壇的繁榮，是否也會有其夢想呢？當然有，也應該有。那麼，她有什麼樣的夢呢？至少有下列三個夢。

第一個夢是：《乾坤》的內容將愈來愈充實，作品的水平愈來愈提升，編排設計也愈來愈精美，讓所有的讀者見了都至表欣賞，而愛不釋手。也讓所有詩人都樂於將最好的作品拿到《乾坤》來發表。因而來稿遍及華人地區。《乾坤》從不侷限於某種主張或流派的作品，而具有高度的包容性與多元化的特色。並且為促進國際文化，將不時開闢不同文字（如：英文、日文、韓文等）與中文對照刊出的專欄。真正讓人看到在《乾坤》創刊的信條中所言「百

花齊放」的美麗景象。

第二個夢是：由於《乾坤》的作品水平不斷提升，今後能受到各種詩選的編者，以及教育機構編選教材者的青睞，而紛紛加以採用，欣然見到《乾坤》的讀者不但遍及各個層面，也深受有識之士的重視與肯定。

第三個夢是：《乾坤》的發行量大為增加，除了直接向本刊訂閱、贊助的熱心讀者不斷增加外，總經銷更廣為舖書，在全國各地，不論是傳統的獨立書店，或新型的連鎖書店，甚至便利商店都能看到《乾坤》的陳列。當然，更希望成為各個地方政府，以及各大學院校與中等學校圖書館必有的一份刊物。並且在其他國家地區的華文書店或設有中文系所的大學圖書館，也能見到《乾坤》出現其間。

除了上述的三個夢外，希望「行有餘力」，還能舉辦各種有關詩的推廣活動，如：辦理徵詩獎、讀詩會或詩學研討會等。

當然，這些都是《乾坤》所懷的美夢。而任何夢，都要看未來能否實現。如果不能實現，便無異是紙上談兵的「白日夢」。而這些夢是否能實現，固然有賴《乾坤》的全體同仁勠力以赴，無可諱言，更需要各位詩人朋友與所有愛護《乾坤》的讀者鼎力支持。值此慶祝《乾坤》創刊二十周年之際，一方面要為過去這些年來，承蒙各位詩人朋友與讀者的愛護與支持，以及有關單位的大力贊助，表示由衷感激，同時也為迎接另一個二十年的來臨寄以無限祝福。筆者已屆耄耋之年，未必能目睹下一個二十年的盛況榮景。但深信我們《乾坤》的同仁，必能本著繼往開來的精神，讓未來的《乾坤》發展得更蓬勃，更茁壯。因為《乾坤》有夢。

附　錄

藍雲年表

一九三三年　本名劉炳彝（另有筆名鍾欽、揚子江等）。
十月四日（農曆八月十五）出生於湖北省監
利縣濱臨長江的白螺鄉東頭嶺（現已淪入江
中）。祖父敦耀公，祖母鄭氏。父倫治公，
母夏氏蓮貞。原名中秋（蓋出生於中秋節，
因以為名），字中清，譜名家森。
一九四九年秋隨軍至台灣，改名秉彝（引自
詩經〈蒸民〉篇：「天生蒸民，萬物有則，
民之秉彝，好是懿德。」）一九五五年辦理
停役申報戶口時，身分證被作業人員誤寫為
炳彝，因迄未更正，遂沿用而為本名。

一九四〇年　入私塾啟蒙讀書，受業於秦道棟先生。課讀
過的有：三字經、幼學瓊林、唐詩三百首、
千家詩、四書、詩經、左傳等。秦師曾賜詩
一首，給予勗勉。謹錄於此以留念。詩曰：
「家藏萬卷勝千丘，森通古今天下遊。鼎沸
不知何日了，鰲頭獨占步瀛洲。」

一九四三年　日寇侵入家鄉，舉家避難至鄰省湖南岳陽縣

境之某山地。

一九四五年　抗日戰爭勝利。家父以故鄉田園凋敝，故未還鄉，而遷居岳陽城廂鎮（現改為岳陽市）內，經營建材維生（後改業飯店）。當年秋天考入位於岳陽樓畔之岳陽城廂鎮中心小學五年級（當時小學分初小、高小二階段，一至四年級為初小，不須考試入學，五、六年級為高小，須經考試錄取方能入學），翌年春，跳級考上六年級。

一九四七年　暑假中略經補習，跳級考入位於長沙岳麓山之私立興華中學初中二年級。

一九四八年　轉學考入湖北省立武昌實驗中學。翌年因國共內戰，受戰火波及，學校停課，返家自修。

一九四九年　報考在岳陽招生之「陸訓部學員班」，於當年秋天輾轉來台。

一九五二年　因病離營，於高雄陸軍總醫院附近，覓居休養。原為不明之胃疾，後經診斷為重型活動性肺結核，曾數度易地療養。

一九五三年　第一首短詩〈摩登女郎〉發表於青年日報前身之青年戰士報。後來參加中華文藝函授學校詩歌班，接受名詩人覃子豪先生指導，正式學習新詩創作。

一九五五年　在埔里榮民醫院辦理停投，但仍留院中療養。

一九五六年　蒙恩得救，受浸為基督徒。

一九五九年　在宜蘭員山榮民醫院檢查肺疾痊癒，核准出院，自謀生活。初至僑務委員會任工友，後

蒙長官介紹至某民營印刷廠任校對。

一九六〇年　考入甫成立之台北榮民總醫院任助理員。

一九六一年　參加中國文藝協會舉辦之詩歌研究班。

一九六二年　處女詩集《萌芽集》出版。後與詩歌班結業之同學共同創辦，並通過由我提議之刊名《葡萄園》詩刊，任副總編輯，不久接掌總編輯。

一九六三年　考入花蓮師範專科學校。告別《葡萄園》，也遠離了詩壇一段時間。偶有作品，改以鍾欽、揚子江等筆名發表。

一九六五年　師專畢業。參加相當於全國公務人員高等考試之特種考試及格。進入台中市立某國小任教。翌年，參加台灣省中等學校教師檢定考試，並通過試教，取得中學教師合格證書。

一九六八年　參加台北市國民中學教師甄試錄取後，進入台北市立某國中服務。

一九六九年　獲聘轉入另一國中，任教學組長。不意為某同事發現係其父之詩友，輾轉相告，因而被邀「重返江湖」。在詩友們設宴迎我歸來之餐會中，得識筆名張芳明（本名張梅英）之女詩友，許是兩心相契，從此展開交往，並於翌年締結連理（我信此乃神的安排。因原已認識一將軍之女，其家長本擬定於這年暑假為我們完婚，卻由於我一時意氣造成之誤會，而告緣盡）。

一九七一年　一月長女出生，按譜序取名以德。初為人

父，備加疼愛。

一九七三年　一月長子以誠出生。由於生計負擔日重，除白天恪盡本職外，並於夜間至板橋某職校兼課。有如蠟燭兩頭燒，其辛勞不言而喻。固已無心於詩之創作，也疏於詩友間之往來（雖接獲在台北市舉行之第二屆世界詩人大會邀請函，亦未出席）。

一九七四年　於板橋購置新屋，從此定居於斯。

一九七九年　兩岸隔絕數十年，音訊杳然。後來政府終於准許經由第三地（香港）轉信，而與家鄉取得聯繫。

一九八○年　接獲胞妹金仕輾轉來信，告以父母均健在（實則母親已先此一年去世，因恐我遽聞母喪不勝悲，故瞞之）。並稱父親見到我寄去的信及照片，極為高興。原以為我們不久就可以全家團圓，讓我能略盡孝心。詎料未幾，即傳來父親突然病故。妹也以實情相告：母親早於一年前便已辭世。聞此噩耗，頓感傷心欲絕，跪地痛哭不已，梅英亦陪我哀泣良久。今我尤感悲慟的是：格於政府規定，竟未能前往弔喪。爰作〈心祭〉、〈遙祭母親〉二詩，以誌其哀。

一九八二年　三月間突患急性胰臟炎，住院治療月餘。為排遣枯臥病榻之無聊，草成《奇蹟 —— 台灣的另一個名字》五百餘行長詩一首，於出院後，略加修飾，以鍾欽筆名，投去＜中央副

刊＞，積壓數月後，終於當年十二月二十二
日起分三天連載完，備受矚目。不數日即有
讀者撰文投書該刊抒發其讀後感。

一九八三年　　四月間完成二百餘行之〈永恆的火炬〉一
詩，復投《中央副刊》，未幾，分兩天連載
刊出，甚獲好評。暑假時，完成三十首十六
行體的短詩，應徵國軍文藝金像獎。獲獎
後，即準備將這段時間完成的長短詩，結集
出版。

十月七日接受台灣新生報「新生兒童」專欄
記者陶令瑜專訪（十二月三日刊出。蓋近兩
年多來，在該專欄陸續發表了不少兒童詩，
備受矚目）。

一九八四年　　第二本詩集《奇蹟──台灣的另一個名字》
問世，除由中山文化學術基金會贊助出版
外，並獲頒中興文藝獎章及詩教獎。

一九八八年　　暑假時，攜同梅英、以德、以誠全家至香港，
與來港之胞妹金仕及妹婿德山會面。兄妹久
別重逢，不禁淚溼衣襟。

一九八九年　　應邀加入《秋水》詩刊社。

一九九〇年　　第三本詩集《海韻》出版。政府解除前往大
陸之禁令。暑假時，攜同以德首度返鄉探親
（以誠因準備考試，由梅英在家照顧，故未
同去）。完成〈上墳〉、〈重返岳陽樓〉等返
鄉詩鈔。

一九九四年　　集每首四節，每節四行，姑稱之為「四四體」

　　　　　　　的作品一百篇，以《方塊舞》為書名，結集
　　　　　　　出版。
　　　　　　　名錄重慶毛翰主編之《中華詩歌大辭典》暨
　　　　　　　北京古繼堂主編之《台港澳暨海外華文新詩
　　　　　　　大辭典》（古編將藍雲、鍾欽分條列述），並
　　　　　　　將〈無頭獸〉一詩列入其詩歌名篇中加以賞
　　　　　　　析。

一九九五年　出席《墨人半世紀詩選》學術研討會，並發
　　　　　　　表評論〈繁華落盡見真醇〉一文。

一九九六年　三月間與張朗合編三月詩會同仁作品《三月
　　　　　　　交響》出版。
　　　　　　　八月間自服務三十餘年的教育單位退休。旋
　　　　　　　即向主管單位申請核准創辦融合現代新詩
　　　　　　　與古典詩詞於一體之《乾坤》詩刊，自任發
　　　　　　　行人兼總編輯。十一月詩集《燈語》出版。

一九九七年　一月《乾坤》詩刊創刊號問世，各方反應熱
　　　　　　　烈，讚響有加。
　　　　　　　五月偕妻遊印尼峇里島。九月復偕其同遊長
　　　　　　　江三峽，並至北京參觀，登萬里長城，歷時
　　　　　　　兩週，盡興而歸。

一九九八年　出席中國詩歌藝術學會舉辦的「兩岸詩刊學
　　　　　　　術研討會」，並發表論文〈乾坤始奠路迢遙〉
　　　　　　　一文。
　　　　　　　名錄香港世界人物出版社暨中國國際交流
　　　　　　　出版社主編之《世界名人錄》（中國卷）。

一九九九年　籌畫「迎向二〇〇〇年詩宴」，舉辦第一屆

乾坤詩獎徵詩活動。

名錄行政院文建會出版之《中華民國作家作品目錄》。

二〇〇〇年　一月二十三日舉行乾坤詩刊創刊三週年慶祝大會，並頒發第一屆乾坤詩獎。

九月間隨中國詩歌藝術學會「九州行訪問團」，至成都、重慶、北京等地參訪，完成＜九州行吟＞組詩。

二〇〇一年　台北市政府主辦「二〇〇一年國際詩歌節」，應邀參與展出＜向歲月致敬－台灣前輩詩人攝影集＞。

舉辦第二屆乾坤詩獎徵詩活動，並籌畫出版「乾坤詩選」。

四月二十六日接受中國廣播公司節目主持人劉小梅錄音訪問（五月八日播出）。

九月十六日專程前往岳陽辦理父母遷葬事。以誠當時正在北京中科院從事交流訪問，亦於稍後應命趕至岳陽。九月二十日上午九時許，我在金仕全家陪同下，並由以誠恭捧父母骨灰罈至岳陽市郊之長山墓園安葬。

二〇〇二年　二月二日舉行乾坤詩刊創刊五週年慶祝大會，並頒發第二屆乾坤詩獎。

第一部乾坤詩選《拼貼的版圖》出版，並於七月二十一日假「文協」藝文中心舉行新書發表會，與會者十分踴躍。

《藍雲短詩選》（中英對照版）由香港銀河

出版社列入中外現代詩名家集萃「臺灣詩叢」系列出版。

梅英由糖尿病導致腎病變而造成腎功能衰竭，於六月廿五日開始洗腎。

長子以誠於六月八日與陳雅萍小姐舉行訂婚禮，同年十一月十六日於台北市豪園大飯店舉行結婚典禮，席開五十桌，由詩壇大老鍾鼎文先生福證。金仕及妹婿德山亦應邀自湖南來台觀禮。後來由我陪其至台灣環島遊覽，歷時月餘賦歸。

十二月間由中國詩歌藝術學會贈予詩歌藝術編輯獎。

二〇〇三年　專任《乾坤》發行人，總編輯一職交由須文蔚擔任。

與國立東華大學聯合舉辦第三屆乾坤詩獎徵詩活動。

五四文藝節獲贈中國文藝協會文藝工作獎。

名錄北京王景山主編，人民文學出版社出版之《台港澳暨海外華文作家辭典》、中國國際交流出版社出版之《中華名人大典》（當代卷 II）、《國際文化藝術名人檔案》。

二〇〇四年　一月十六日舉行第三屆乾坤詩獎頒獎典禮。

策畫舉辦乾坤讀詩會，於六月十九日假台北市新生南路基督教論壇報讀者俱樂部舉行。

二〇〇五年　策畫辦理「乾坤詩生活講座」，並徵得金石堂書店同意聯合主辦。自一月七日起，每週

五晚間於該店大安店舉行，為期三個月，於三月廿五日圓滿結束。

為悉心照顧病妻，決定將《乾坤》詩刊發行人一職交由林煥彰接任。

二〇〇六年　十二月，長孫女出生，按譜序取名政瑜。

二〇〇七年　詩集《隨興詩鈔》出版。

札記《宮保雞丁——信筆璅語》問世。

二〇〇八年　二月，梅英右腿下肢受創，遭細菌感染而截肢，身心備受煎熬。

七月，列入國立台灣文學館出版之《台灣作家作品目錄》。

九月，應邀參加台北縣政府主辦之資深作家照片展。

十二月，長孫出生，按譜序取名政寬。

二〇〇九年　自一月一日起，每天寫詩一篇，準備以《日誌詩》出版。

應邀加入臺灣文學發展基金會附設之「文藝資料研究中心」建立之「華文文學資訊平臺」。

二〇一〇年　五月，胞妹金仕與妹婿德山二度來台探訪。

二〇一一年　十二月，詩集《日誌詩》由文史哲出版社出版。

二〇一二年　五月，詩集《海韻》修訂再版，由文史哲出版社出版。

十月，詩集《袖珍詩鈔》由文史哲出版社出版。

十二月十七日，梅英因心肌梗塞去世。老年折翼，不勝哀慟。

二〇一三年　一月一日為梅英舉行追思禮拜後火化，其骨

　　　　　　　　灰罈安置於台北慈恩園。

　　　　　　　　六月中旬返鄉，拜謁父母墓前。後由金仕、德山陪同前往桂林、西安等地遊覽，歷時半月返台。

二〇一四年　　三月下旬，由以德陪同至大陸華西村、無錫、上海等地遊覽。

　　　　　　　　九月短詩〈傘〉入選林德俊著《玩詩練功房》。

二〇一五年　　七月上旬陪同以誠至新加坡遊覽，草成〈新加坡植物園巡禮〉一詩。

　　　　　　　　十二月中旬，將梅英骨灰罈，從慈恩園移至陽明天境安葬。那裡也將是我預定安息之處。

二〇一六年　　八月下旬同以德回岳陽，拜謁父母墓前。後去桂林旅遊，於九月上旬返台。

二〇一七年　　一月下旬，由以德陪同，參加旅行團去青島、威海等地遊覽。

　　　　　　　　九月十一日，住進台大醫院，施行大腸瘜肉切除手術，九月二十三日出院，回家休養。

　　　　　　　　九月下旬，《方塊舞》增訂版，由文史哲出版社出版。

　　　　　　　　十月下旬《宮保雞丁》增訂版，由文史哲出版社出版。

　　　　　　　　十二月中旬，《雙重奏》初版，由文史哲出版社出版。